U0128122

武漢近代工業史

——第二冊

唐惠虎、李靜霞、張穎　主編

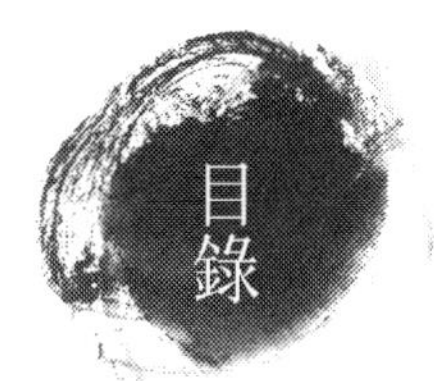
目錄

第二冊

第三冊

第四冊

第四章——張之洞「興實業」：官辦工業的勃興與轉型

一八四〇年，「清王朝的聲威一遇到不列顛的槍炮就掃地以盡，天朝大國萬世長存的迷信受到致命打擊，野蠻的閉關自守的，與文明世界隔絕的狀態被打破了」[1]。從這年起，在近半個世紀裡，割地、賠款，不間斷地蠶食著中國。在苦難面前，中國人一方面表現出了不屈不撓、堅韌頑強的抗爭精神；另一方面，以「放眼看世界」的胸懷，接受西方啟蒙思想的洗禮，在抵制—碰撞—認同中，掀起一場轟轟烈烈的以「富民強國」為主旨的洋務運動，幻想以「師夷之長技以制夷」。中國近代工業就在這場運動中緩慢孕育，上海、廣州、天津、福州、南京等地成為這場運動的實驗場，金陵機器局、福州馬尾船政局、天津機器製造局等首批近代軍事工業在中國大地上誕生，並湧現了以林則徐、魏源、李鴻章等為代表的洋務俊傑。廁身其間的武漢在這股潮流的引領下也開始了近代工業的探索，然而武漢正式進行近代工業的創建是在一八八九年之後。一八八九年張之洞調任湖廣，至一九〇七年離任返京，張之洞在湖北十八年，創辦了當時亞洲最大的鋼鐵企業和中國第二大兵工廠，興建了中國第一條貫穿南北的鐵路，創辦了「紗、布、絲、麻四局」，延請外教，操練新軍，開創「湖北新政」，促使武漢快速由內陸「堂奧」向外向型城市轉換，實現與世界的接軌，成就聳動中外。日本首相伊藤博文譽其為「中國第一能辦事之人」。孫中山先生譽其為「不言革命之大

1 馬克思著《中國革命與歐洲革命》，載於《馬克思恩格斯選集》第2卷，人民出版社，1972年版，第2頁。

革命家」。

第一節 ▶ 湖廣總督的經濟觀及產業規劃

晚清中國，「外敵駸駸內向，內亂此起彼伏」，「中原幾無可以禦敵之兵，且無可以充餉之銀」，在此艱難時局，清政府內部有一股強烈要求進行經濟改革的呼聲，漢員大吏李鴻章率先提出了「外需和戎、內需變法」的變革主張，皇室宗親、總理大臣奕訢更是提出了「治國之道，在於自強。而審時度勢，則自強以練兵為要，練兵又以治器為先」的改革思想。於是，一場由清王朝發起的旨在富國強兵，抵禦外侮的改革開放運動即「洋務運動」，在中國大地上推動開來。

這場經濟改革運動，自十九世紀六〇年代始，清政府花費七千二百萬兩白銀，先後創辦江南製造局、福州船政局等十餘所官辦軍工廠，七〇年代又先後投資一千七百萬兩白銀創辦輪船招商局、上海機器織布局、開平煤礦等二十多家民用企業，槍炮、船艦、鐵路、電報、採礦、紡織、機器、磨坊等官辦和民辦的實業競相出現，形形色色的學館、學會和學社交相並起。因此改革開放運動不僅勢已有成，向西方學習亦漸成風氣。在這場變革運動的前期，武漢是滯後的。在其開埠的前二十年間，既沒出現如上海、廣州等早期開埠城市的建設高潮，也未產生諸如西安、蘭州、長沙、濟南、昆明等內陸地區的萌動生機，直到一八八九年張之洞督湖廣，在一片洋務喧囂聲中，張之洞親自督導「湖北新政」，以「敷宣德意，期蘇澤野之嗷鳴，整飭戎行，務靖江湖之伏莽」為治鄂總方針，締造了武漢近代輝煌的歷史。

一、南皮督湖廣　新政開啟

臺灣學者蘇雲峰說：「張氏抵鄂之年，應為湖北從傳統走向現代化的起點。」[2] 也是湖北歷史新紀元的開始。

（一）南皮督湖廣

張之洞，字孝達，又字香濤，號壺公、香崖居士等，晚年自號抱冰。張之洞原籍山西洪洞縣，明永樂年間遷滮縣，繼遷今河北南皮縣。張之洞道光十七年（1837 年）八月初三生於貴州。張氏出身於官宦世家，祖父、父親皆為清代地方中下級官員，其父張鍈家教甚嚴，張之洞四歲入塾，八歲即遍覽四書五經，十二歲名冠貴州，十六歲應順天鄉試，為第一名舉人，「一時才名噪都」。一八六三年，二十七歲的張之洞入都會試，經兩宮皇太后拔置為一甲第三名，也就是「高中探花」，賜進士及第，授翰林院編修。

・一八九八年盧漢鐵路動工，一九〇六年全線正式通車，改名京漢鐵路。圖為京漢鐵路大智門火車站

2　蘇雲峰著《中國現代化的區域研究・湖北省》，臺灣「中央研究院」近代史研究所專刊，1987 年版，第 564 頁。

張之洞為官數十年，累官至體仁閣大學士，與曾國藩、李鴻章、左宗棠並稱晚清「四大名臣」。

張之洞入仕之途一路通達，在短短的十餘年間，從翰林編修、鄉試副考官、京城洗馬，青雲直上，直達山西、兩廣、兩湖總督，成為掌控一地治權的封疆大吏，這與其長期儒家教育有關。張之洞自小受儒家薰陶，加之父輩衛道精神對其影響深遠，因而其主觀中治國平天下的理念根深蒂固，他認為「儒者自有十三經教人為善，何說不詳？果能身體力行，倫紀無虧，事事忠厚正直，自然行道有福，何用更求他途捷徑哉」[3]。因而在其官途中，愛國、救國、愛民、利民貫穿始終，正是因為他始終秉持此道，在清末黑暗的官場，他深得當道者的器重，成為清朝末世的能臣幹將。

縱觀張之洞的一生，為官之重舉發軔於山西、廣東，開放於湖北，其在山西、兩廣任上的實踐為其在湖北的作為做了前期準備。

一八八一年十二月，張之洞出任山西巡撫。此時的山西「積弊相沿，吏治日紊，又當災祲之後，民困未舒」，[4] 以致「公私困窮，幾乎無以自立，物力空匱，人才艱難，上司政出多門，屬吏滑不畏法，民習頹惰以蹙其生，士氣衰微而廢其學，軍律日弛

3 張之洞著，趙德馨主編《張之洞全集》第十二冊《軒語．語行第一》，武漢出版社，2008 年版，第 198 頁。

4 許同莘編《張文襄公年譜》卷 2，商務印書館，1946 年版，第 31 頁。

蕩弛。吏胥敢於為奸。臂如桎羸之軀而後為百病諸創所攻削」[5]，張之洞可謂受命於危難之際。為了改變山西「公私困窮」的面貌，他「清明強毅」，整頓吏治，禁革種種陋規，薦舉人才，褒獎循良之吏，創辦令德書院，勸民墾荒，建倉積穀，清仗土地，減免苛稅，禁種罌粟，禁食鴉片。儘管他殫精竭慮，然而現實卻並非如其所願，他的諸般改革無不遭遇重重阻礙，張之洞隱隱察覺到「聖經賢傳」提供的方略無法奏效，從而變通陳法，改弦更張之思開始悄然萌生。特別是自咸豐、同治以來，個別省份通過興辦洋務，財力軍力增加，張羨慕不已，遂生仿效之念。正當張彷徨之際，偶見英國傳教士李提摩太呈送給曾國荃的條陳，條陳中李提摩太提出的開礦、築路、興學等「西化」方案，張頗為心動。便召見李氏，請聞其詳。李提摩太向張之洞及山西官紳宣講天文、地理，聲光、電化、醫藥衛生等近代科學知識，並現場演示磁石吸鐵、氧氣助燃等簡易實驗，與會者對「泰西新學」驚詫不已，李提摩太還單獨向張之洞講解最新「別西墨煉鋼法」。這一切，對於僅接受中國傳統經史典籍教育的張之洞和其他官紳，不啻打開了一扇新知的視窗。通過與李提摩太的接觸，張之洞對「西技」開始有了初步認識。在李提摩太的協助下，張之洞在山西著手興辦洋務。他結合山西的實際情況，以開礦、築路、興學諸事為要務，開設桑棉局，鐵絹局，操練軍隊，並在全國範圍內招聘通曉天文、算學、公法、條約、兵械、礦學等方面

5　許同莘編《張文襄公年譜》卷2，商務印書館，1946年版，第31頁。

的專業人士。正當張之洞山西之洋務逐一開展之時，朝廷調其任駐守邊防的兩廣總督。在兩廣任上，張之洞的人生發生顛覆性的轉變，張之洞由一名清流黨發展為洋務派的中流砥柱，一步步實現其治國為民的為官之道。

・一九〇六年張之洞出席京漢鐵路通車典禮

在張之洞的人生中，有一件事對其觸動極大，那就是一八八三年他所領導的中法戰爭（1883 年法國侵佔越南，覬覦中國的廣西，越南向中國求助。當時朝廷內出現了兩派，一派是以李鴻章為首的主和派，一派是以清流黨為主的主戰派，張之洞即屬後者。中法之事，他雖遠隔京師，聞聽後，積極上書朝廷，極力主動對法交戰，為此，他被調督兩廣，到兩廣後他以全域為重，積極地備戰、督戰，籌餉濟械，在他協調、運籌下，中國軍隊取得鎮南關大捷，舉國歡呼），「中國不敗而敗，法國不勝而勝」的戰爭結局，令張之洞憤懣之極，也讓他徹底醒悟，追隨他多年的幕僚辜鴻銘說：「洎甲申馬江一敗，天下大局一變，而文襄之宗旨亦一變，其意以為非效西法圖強無以保中國，無以保中國即無以保名教。」[6]

思想的轉變，加速了張之洞的洋務舉措。張之洞在粵設立槍彈廠、鐵廠、槍炮廠、鑄錢廠、機器織布局、礦務局等，設廣東水陸師學堂，並以新式裝備和新式操法組軍練兵，立廣雅書院等眾多舉措，為籌措實業經費，他甚至冒天下之大不韙，收取「闈姓」稅（所謂「闈姓」，即早期彩票之一，有的分上下兩聯，上聯印應試者的名字，下聯印彩票的編號，在會試前夕定價出售。購買人在彩票上選出他認為可能中榜的名字，然後撕下上聯，交給彩票出售點；放榜後，按猜中的多少，依次獲得頭等、二等或三等彩），由此可見其創辦洋務的決心與信心。正當粵省洋務如火如荼，五十二歲的張之洞又因「路政」之爭，調任湖廣總督。

所謂「路政」之爭，即是清廷大臣之間關於修建鐵路而發生的一場爭論。十九世紀八〇年代，清廷的「路政」之爭日趨激烈，一八八〇年十二月，直隸提督劉銘傳曾上折請求大修鐵路，由北京向北修至瀋陽，向西修向陝西，東南修至江蘇，而向南則提到修至漢口，遭到頑固派的反對，一八八九年北洋大臣李鴻章提議修津通（通城）鐵路，慈禧令沿海督撫大員發表意見。時任兩廣總督的張之洞上了一篇四千餘字的《請緩造津通鐵路改建腹省幹路折》，在折中他提出緩建津通鐵路，修建盧漢鐵路，並列舉了修築盧漢鐵路的七大利，其要義即「富國」「強兵」「利民」。張之洞的建議得到當時主持朝政的醇親王奕譞的贊許，於是，張

6　辜鴻銘著《張文襄幕府紀聞・清流黨》，宣統庚戌中秋。

之洞便有移任湖廣總督之命。

（二）湖北新政

一八八九年的武漢，開埠將近三十年，雖然身處水災之中，然而「江漢路下二點二平方公里的租界，從建築，到下水道、人行道，從電燈、電話、電報、自來水、公廁、公園，到近代化的市政管理和文化舉措，再到西方人的生活方式，這些過去從書刊上看到的『西洋景』都活生生地展現在中國人面前。從前難得一見的金髮碧眼的洋人，三五成群地出現在街頭、江灘，他們時髦的舉止成為青年追捧、效仿的對象」。馬車、轎子奔跑在大街上，立興洋行、渣甸洋行、怡和洋行等貨架上琳琅滿目的洋煙、洋酒、洋布、洋刀叉、糖果、餅乾及各種洋器皿讓你目不暇接。麥加利銀行、滙豐銀行、花旗銀行、匯理銀行等新式金融機構代替舊式錢莊、票號，矗立在武漢街頭。碼頭、倉庫裡茶葉、牛皮、中藥、棉花、芝麻、桐油、苧麻、豬鬃、腸衣等土特產堆積如山，碼頭工人肩扛、擔挑，穿梭來往，運往船上，江面上的船隻川流不息。江漢關大廳內人聲鼎沸，進出的中國人、外國人絡繹不絕。順豐磚茶廠、和記蛋廠、平和打包廠等現代化工廠悄然興起，滾滾濃煙似烏龍從高大的煙囪騰空而起。「漢口被列強視為重要的商業中心而加以建設……現代化的大廈與銀行、巨大的倉庫、美麗的花園別墅和高級旅館，都是漢口有代表性的建築物。不管什麼時候看上去，漢口給人的印象與其說是中國的城市，不如說是國際性的都會。」[7]

張之洞在這樣一個國際性的都會裡，開始了長達十八年的新政，揭開了湖北在中國近代史上的新篇章。在他主政湖廣十八年間，推行「湖北新政」。修築京漢鐵路，創辦了漢陽鐵廠、湖北槍炮廠、湖北布紗絲麻四局在內的一大批新式輕、重工業，建立了從高等學校到幼稚園不同等級的、較完備的近代新式教育體系，委派留日學生，編練了一支擁有新式裝備和新式訓練的湖北新軍。創辦了近代化的圖書館、報刊、編譯、製圖等文化事業。創辦了近代商務局、商務公所及商品交易會（武昌勸業場），他的新政舉動得到世人的公認，有外人如此描述他：「他熱心公務，這在總督中並不常見。他把財政費用用於兩湖的資源開發，在武昌創辦三萬五千支紗錠的織布局。織布局占地六英畝，安裝了電燈照明，還有一個三點五英畝的倉庫。建成了鑄幣廠。漢陽鐵廠也建成了，高爐轟鳴著，並配齊了最新的機器設備。還有鐵路、煤礦，從礦區到長江邊有一條十七英里長的鐵路相通。江邊停有特製江輪和起重機器。他花錢如流水，可能是全中國唯一離任時一貧如洗的高官。」[8] 張之洞是湖北洋務運動的奠基人、先驅，是武漢近代化的開拓者，而他所開創的武漢近代工業，更使武漢成為中國重工業的發源地和近代中國工業基地之一。

7 王安娜著，李良健、李希賢校譯《嫁給革命的中國》，三聯書店，2009年版，第199頁。

8 莫理循著，竇坤譯《一個澳大利亞人在中國》，福建教育出版社，2007年版，第6頁。

「昔賢整頓乾坤，締造先從江漢起；今日交通文軌，登臨不覺歐亞遙。」這是張之洞這位近代先驅人物的心聲，也是他治鄂大志的真實寫照。

二、張之洞的經濟思想

一八八九年十月二十二日，張之洞交卸兩廣總督篆，二十七日啟程，經香港、上海，於十一月二十五日抵達湖北武昌，次日接掌湖北，開始了長達十八年之久的湖廣總督生涯。在十八年中，張氏「視鄂事如家事，昕夕經營，思為鄂省謀永久之利」。[9]以倡「開利源、塞漏卮、裕民生」為宗旨，發展湖北經濟，湖北的工業、農業、商業、教育等諸方面在其主持下，表現卓異，「淩駕津、京」，武漢被外人豔稱為「東方的芝加哥」。在這期間，張氏的經濟主張得到充分的貫徹，並在實踐中不斷得到完善，進而形成一套超越中古的、完整的近代經濟思想。

(一)「中體西用」的經濟倫理觀

「中體西用」在歷史上主要是作為一種文化觀而出現的，它醞釀和萌芽於兩次鴉片戰爭之際。鴉片戰爭後，國門洞開，西方各種新奇器物大量湧入中國，中國人的思想也隨之產生波動，特別是精英階層從初期「開眼看世界」，「師夷長技以制夷」的西洋觀，發展為「今誠取西人器數之學，以衛吾堯舜、禹湯、文

9　張繼熙著《張文襄公治鄂記・文襄督湖廣之時代及其環境》，第4頁。

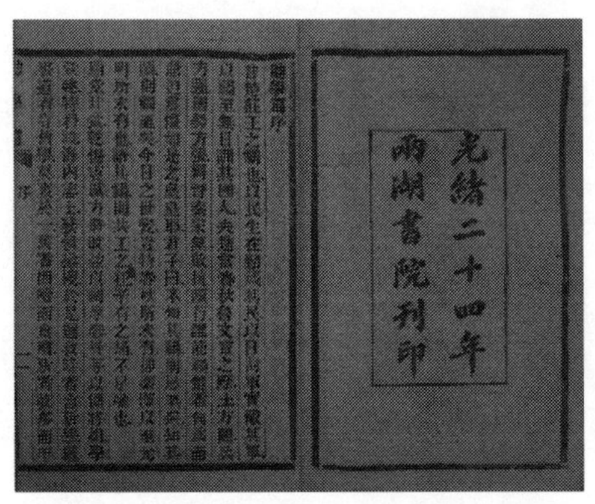
光緒二十四年
兩湖書院刊印

・一八九八年兩湖書院刊印的張之洞《勸學篇》

武、周孔之道，俾西人不敢蔑視中華」的「中體西用」觀，[10] 這一變化的主旨是使中學與西學這兩種異質文化在中國本土有機地結合，落腳點則是引進西方的各種技藝為我所用。「中體西用」的提出順應了時代潮流，符合社會各方之訴求。「中體西用」論集大成者就是湖廣總督張之洞。

一八九八年五月張之洞的名作《勸學篇》發表，在該書中他對「中體西用」觀做了較全面的闡述。他寫道：「知外不知中，謂之失心；知中不知外，謂之聾瞽。」[11]「中學為內學，西學為外學；中學治身心，西學應世事。」[12] 明確地表達了他對中、西學的態度，即修身靠「中學」，治世用「西學」，同時，為了更進一步強調「中學」的主導作用，他指出：「我聖教行於中土數千年而無改者，五帝、三王明道垂法，以君兼師；漢、唐及明，宗尚儒術，以教為政；我朝列聖，尤尊孔、孟、程、朱，屏黜異

10 中國近代史資料叢刊，《戊戌變法》（一），上海人民出版社，1957 年版，第 160 頁。

11 張之洞著，趙德馨主編《張之洞全集》第 12 冊之《勸學篇．廣譯第五》，武漢出版社，2008 年版，第 178 頁。

12 張之洞著，趙德馨主編《張之洞全集》第 12 冊之《勸學篇．會通第十三》，武漢出版社，2008 年版，第 190 頁。

端，纂述經義，以躬行實踐者教天下。故凡有血氣，鹹知尊親。蓋政教相維者，古今之常經，中西之通義。」[13] 充分體現了張之洞對「無理不包」的儒學的至誠與崇拜，對儒家教義的擁護。而且，為使儒學得以傳承、延續，他主張學堂「立學宗旨」，應「以忠孝為本，以中國經史之學為基，俾學生心術以一歸於純正」。[14] 不可捨四千年之實理不學而去遠騖數萬里外的西學空談，「不可講泰西哲學」，[15] 否則，將「大患不可勝言」，這更加證明張之洞對儒家所宣導的「忠孝、禮義、廉恥」的愚忠。但是，張之洞是一個身處封建末世的士大夫，在傳統儒家思想的包裹下，有著一種尋求變革的近世心態，在「西學」東漸的時代，他的思想逐漸為「西學」浸潤，體味到「西學」的合理性及實用價值，甚至提出「滄海橫流，外侮薦至，不講新學則勢不行」。[16]「中學為體，西學為用」，兩者「不使偏廢」，「以西學瀹其智識，練其藝能，務期他日成材，各適其用」。[17] 等近代世觀，表明他有條件地接納「西學」，辯證地看待「西學」，透出他對「西學」

13 張之洞著，趙德馨主編《張之洞全集》第 12 冊之《勸學篇・同心第一》，武漢出版社，2008 年版，第 160 頁。

14 張之洞著，趙德馨主編《張之洞全集》第 4 冊之《釐定學堂章程折》，武漢出版社，2008 年版，第 168 頁。

15 張之洞著，趙德馨主編《張之洞全集》第 4 冊之《籌定學堂規模次第興辦折》，武漢出版社，2008 年版，第 94 頁。

16 張之洞著，趙德馨主編《張之洞全集》第 4 冊之《勸學篇・守約第八》，武漢出版社，2008 年版，第 169 頁。

17 張之洞著，趙德馨主編《張之洞全集》第 4 冊之《釐定學堂章程折》，武漢出版社，2008 年版，第 168 頁。

的首肯與認同，以及為我所用的積極姿態，因而，張之洞的「中體西用」觀較之李鴻章等認識更深、更具前瞻性，影響也更大，所以，他的「中體西用」觀得到社會的廣泛認同，他本人也成為這一理論的旗手。從本質上來說，張之洞的「中體西用」觀的核心就是在弘揚封建綱常制的前提下，學習借鑑西方先進技術，達到富國強兵的目的，這一方面是程朱理學「體用觀」的延續，另一方面是張之洞對時與勢的靈活態度。在張之洞身上充分體現了政治、思想上的專制保守與經濟軍事上的實用，這正是張之洞相容新舊，穩健明達而又與時俱進。從某種意義上說，張之洞將「中體西用」當作療治時弊的「靈丹妙藥」，成為其實現「治國平天下」不可或缺的重要理論主張及手段，是其經濟理論的根源。

（二）「開闢利源、杜絕外耗」的經濟務實觀

張繼熙在《張文襄公治鄂記》一書中評介張之洞道：「公一生政治，主張在開利源，以救中國之貧弱。而開利源，首在發展實業。故在鄂設施，皆本一貫之政策以進行。或疑公趨重官營事業，亦進奪民利。不知公主旨在奪外人之利，以塞漏卮而裕民生。」[18] 可見，「開闢利源、杜絕外耗」乃張之洞經濟思想之核心，是其畢生之追求，為實現該目標，張之洞心力交瘁，傾其半生。

18　張繼熙著《張文襄公治鄂記・實業之提倡》，第 28 頁。

十九世紀六〇年代以後，隨著洋務運動向縱深發展，以李鴻章為首的洋務主將們意識到以軍事工業救國的道路依然無法改變中國落後、挨打的困局，唯有強大的經濟財源，才使中國擺脫被掠奪的命運，因而，「求富」「求強」成為洋務推手們新的追求。在這一認知過程中，張之洞的經濟思想也發生了轉變，特別是撫晉督粵的洋務實踐，張之洞已從清流黨「不敢為功利操切之計」的迂腐官員，轉變為「開利源」「發展實業」的洋務後起之秀，故他到湖北之後，特別強調發展近代工商業對於富民強國的重要意義，尤其是張之洞親眼目睹土貨滯銷，農民及城市手工業者破產，生計難以維持，中國自給自足的封建經濟遭到嚴重破壞，國家經濟處於崩潰之境地，他憂心如焚，提出「今日之自強之端，首在開闢利源，杜絕外耗」。[19] 在外人入侵，洋貨氾濫之時，號召民眾「自擴其工商之利，以保利權」，[20] 且針對各省洋務企業「所造皆係軍火，於民間日用之物尚屬闕如」的情況」，[21] 張之洞主張：「華民所需外洋之物，必應悉行仿造。雖不盡斷其來源，亦可漸開風氣。洋布、洋米麵外，洋鐵最為大宗。我多出一分貨，即少漏一分之財，積之日久，強弱之勢必有轉移於無形

19 張之洞著，趙德馨主編《張之洞全集》第 2 冊之《籌設煉鐵廠折》，武漢出版社，2008 年版，第 262 頁。

20 張之洞著，趙德馨主編《張之洞全集》第 2 冊之《籌設織布局折》，武漢出版社，2008 年版，第 262 頁。

21 張之洞著，趙德馨主編《張之洞全集》第 2 冊之《籌設鐵廠折》，武漢出版社，2008 年版，第 263 頁。

者。」[22] 從中，我們看出張之洞經濟思想的基本宗旨是：通過引入西洋各國的先進機器工業生產手段，充分發掘本國資源，廣興農、工、商、交通等實業建設，以達到塞漏卮、裕民生、固國本的目的。即「自強之本，以操權在我為先，以取用不窮為貴」[23]。他在廣東、湖北進行一系列以工、商為主的經濟舉措，均是出於發展國計民生，擴大土貨，增強中國經濟的抵禦能力，正是在這一務實的經濟觀主導下，其實業計畫一步一步向縱深推進。

（三）「以工為本」，農工商「互為鉤貫」的經濟夢想

廣東五年的洋務實踐，給予張之洞的不只是政績的增加，更重要的是其經濟觀的變化，隨著其對「西藝」的瞭解，他對西方工業社會的本質有了進一步的考量，那就是「外洋富強之術」，是以「百工之化學、機器、開採、製造為本，商賈行銷為末」[24]。導致其在湖北經濟政策的轉變，發展湖北工業，尤其是創辦湖北鋼鐵工業成為其任上的重中之重。他在《籲請修備儲才折》中提出「宜講求工政」，強調工業的重要性，對西方「講格

22 張之洞著，趙德馨主編《張之洞全集》第 2 冊之《籌設鐵廠折》，武漢出版社，2008 年版，第 263 頁。

23 張之洞著，趙德馨主編《張之洞全集》第 1 冊之《籌議海防要策折》，武漢出版社，2008 年版，第 295 頁。

24 張之洞著，趙德馨主編《張之洞全集》第 2 冊之《遵旨籌辦鐵路謹陳管見折》，武漢出版社，2008 年版，第 267 頁。

致，通化學，用機器，精製造，化粗為精，化賤為貴」[25]。「較原來物料木質，價貴至三四倍、十餘倍不等。甚至氈羽、煉油、洋火、水泥之類，則尤屬賤質棄物，一加製造，便成天下大利」[26]的機器工業的羡慕與推崇。一九〇一年，清政府宣佈實行「新政」，張之洞在《遵旨籌議變法謹擬採用西法十一條折》中再次提出「勸工藝」，他說：「世人多謂西國之富以商，而不知西國之富實以工。蓋商者運已成之貨，工者造未成之貨，粗者使精，賤者使貴，朽廢者使有用。有工藝然後有貨物，有貨物然後商賈有販運。」[27]大力鼓吹國家「富實以工」，「工藝」在國民經濟中的主導地位。為說明「工」的重要性，他闡述道：「欲養窮民，查荒地不如勸百工；欲塞漏卮，拒外人不如造土貨。」視發展工業為中國致富圖強的根本途徑和舉措，為號召世人創辦「工藝」，建議成立「工藝局」。他說：「今宜於各省設工政局，加意講求……中國人數之多，甲於五洲，但能於工藝一端蒸蒸日上，何至有憂貧之事哉！此則養民之大經富強之妙術。不僅為禦侮計，而禦侮自在其中矣」[28]。同時，他對社會上「以商為本」的

25 張之洞著，趙德馨主編《張之洞全集》第 3 冊之《籲請修備儲才折》，武漢出版社，2008 年版，第 261 頁。

26 張之洞著，趙德馨主編《張之洞全集》第 3 冊之《籲請修備儲才折》，武漢出版社，2008 年版，第 261 頁。

27 張之洞著，趙德馨主編《張之洞全集》第 4 冊之《遵旨籌議變法謹擬採用西法十一條折》，武漢出版社，2008 年版，第 31 頁。

28 張之洞著，趙德馨主編《張之洞全集》第 3 冊之《籲請修備儲才折》，武漢出版社，2008 年版，第 261 頁。

論調加以批駁，稱其為「皮毛之論也」。張之洞反復強調工業乃「外強富強之術」「富民強國之本」「養民之大經，富國之妙術」[29]。凸顯了張之洞希望中國自設廠家，仿造洋貨，抵制洋貨，達到維護國家利權的積極經濟主張。之外，張之洞還十分強調農、工、商三者應「互為鉤貫」，以及「工」在國民經濟中的樞紐作用，他說：「工者，農商之樞紐也，內興農利，外增商業，皆非工不為功……大抵農工商三事，工鈍則病商，工商聾瞽則病農，三者交病，不可為國矣。」[30] 突出了工業經濟在整個國民經濟中的重心，以及對國家整體實力的重大影響，指出工業生產對商品流通的決定作用。他還從人口、軍事等方面論述了發展新式工業的必要性，「中國生齒繁而遺利少，若僅恃農業一端，斷難養贍，以後日困日促，何所底止！故尤宜專意為之，非此不足養九州數百萬之遊民，非此不能收每年數百萬之漏卮」[31]。張之洞「以工為本」的經濟觀，標誌著張之洞的工業思想已漸成熟，近代經濟體系已初現端倪。

張之洞的「以工為本」並不是以工業一端發展經濟，張氏在肯定工業經濟的支配地位的同時，也強調發展農業、商業、交通，認為農、工、商各業均是國家的經濟命脈，而各業之間的協

29 張之洞著，趙德馨主編《張之洞全集》第 3 冊之《籲請修備儲才折》，武漢出版社，2008 年版，第 261 頁。

30 張之洞著，趙德馨主編《張之洞全集》第 12 冊之《勸學篇．農工商學第九》，武漢出版社，2008 年版，第 185 頁。

31 張之洞著，趙德馨主編《張之洞全集》第 3 冊之《籲請修備儲才折》，武漢出版社，2008 年版，第 261 頁。

調發展是利國利民的關鍵之所在。他說：「為政以利民為先，然必將農工商之事合為一氣。貫通講求，始能阜民興利。」[32] 這說明張之洞對國民經濟各業具有深思熟慮的考量。

武漢是商業重鎮，但直到張之洞督湖廣之前，雖然漢口的直接對外貿易有不少年份在全國位居第三，但所占全國的比例卻很小，大都在 0.41%～5.32%之間，既不能與上海相比（同期上海占 47.85%～63.63%），也與位居第二的廣州有較大的差距（同期廣州占 10.50%～13.39%）。張之洞雖不贊成「以商立國」，但重視「商戰」，看重商業對武漢經濟的重要性。他視「商務為當今之要政」，認為商業與工業的關係是「相因而成」「如環無端」。[33] 一方面「工有成器，然後商有販運，是工為體，商為用也」[34]，商業通過「貨暢其流」來促進、刺激工業生產的規模擴大和產量提高；另一方面是「其精於商術者，則商先謀之，工後作之，先察其何器利用、何貨易銷、何物易變新式、何法可輕成本、何國喜用何物、何術可與他國爭勝，然後命工師思新法，創新器，以供商之取求，商為主，工為使」[35]，通過搜集商業市場

32 張之洞著，趙德馨主編《張之洞全集》第 3 冊之《開設繅絲局片》，武漢出版社，2008 年版。

33 張之洞著，趙德馨主編《張之洞全集》第 12 冊之《勸學篇 · 農工商學第九》，武漢出版社，2008 年版，第 184 頁。

34 張之洞著，趙德馨主編《張之洞全集》第 12 冊之《遵旨籌議變法謹擬採用西法十一條折》，武漢出版社，2008 年版，第 184 頁。

35 張之洞著，趙德馨主編《張之洞全集》第 12 冊之《勸學篇 · 農工商學第九》，武漢出版社，2008 年版，第 184 頁。

訊息，以引導工業生產。為此，他在湖廣任上設立商務局，對商業進行「啟發」「宣導」「保護」「體恤」「獎勵」，他授權漢口商務局擬訂《關於漢口商務情形條議》，創辦《湖北商務報》，為湖北商人瞭解國際國內、省內省外商情，提供了一個重要視窗；與此同時，為擴大湖北土貨的影響，他興辦商品博覽會、交易會推介商品。在張之洞全力營造下，武漢商業空前繁榮——傳統商業屢創新高。以漢口的米穀年均流轉量為例，張之洞督湖廣前的一八八一至一八九〇年為 67362 擔，一八九一至一九〇〇年即增長為 507630 擔，一九〇一至一九一〇年更增長為 1073185 擔。自此漢口成為國內最大的米穀集散中心。對外貿易飛速增長。張之洞移督湖廣的當年，漢口直接對外貿易進出口總額為 5581695 海關兩，間接對外貿易進出口總額為 370600898 海關兩。到一九〇七年張之洞離開武漢的當年則分別上升至 31683214 海關兩和 115071383 海關兩，二十世紀初葉的十年間，漢口的對外貿易總額始終占全國外貿總額的百分之十左右，常居全國第二位，「駕乎津門，直逼滬上」。漢口也由此成為僅次於上海的全國第二大通商口岸。這與張之洞所採取的「商為用」經濟觀是密不可分的。

對於農業，張之洞認為「中國以農立國……無農以為之本，則工無所施，商無可運」[36]。他對於中國農民的貧困、中國農業

36 張之洞著，趙德馨主編《張之洞全集》第 4 冊之《遵旨籌議變法謹擬採用西法十一條折》，武漢出版社，2008 年版，第 29 頁。

經濟的不足有比較清醒和超前人的認識，張之洞說：「大凡農家率先皆謹愿愚拙，不讀書識字之人，其所種之物，種植之法，止系本鄉所見，故父老所傳，斷不能考究物產，別悟新理新法，惰陋自甘，積成貧困。」[37] 而與之形成的鮮明對比是，西方「各國農務最為興盛」，由於我國與西方國家農業技術的巨大差距，「西人謂一畝之地種植最優之利，可養三人；若中國一畝所產能養育一人，亦可謂至富矣」。[38] 為此，他強調我國農業必須大力發展科學技術，提高農業生產技術，推廣優質品種的栽種。他的農業經濟觀主要體現在修農政、興農學、利農器、植百物。在張之洞看來，農業發展首先必須修農政，即制定完善的科學制度，以加強對農業的管理。張氏提出「農政有官」，「以昭示國家重農之意」，這得到清朝政府的接納和重視，並於一九〇六年設立農工商部，內置農務一司，管理農業行政。張之洞的農業經濟觀的另一點即是利農器。他認為中國農業之所以落後，就是傳統的手工勞作，使得農業生產效率低下，因此，他強調要大力推廣農業機械化，提出「要在切實勸導，使民間曉然於機器之妙用，實能興利，決不至或奪其利」[39]。只有農民瞭解機器之大用，「自能聞風仿效」。第三則是植百物。他認為「勸農之要如何？曰：講化

37 張之洞著，趙德馨主編《張之洞全集》第 4 冊之《遵旨籌議變法謹擬採用西法十一條折》，武漢出版社，2008 年版，第 29 頁。

38 張之洞著，趙德馨主編《張之洞全集》第 12 冊之《勸學篇・農工商學第九》，武漢出版社，2008 年版，第 183 頁。

39 孫毓棠編《中國近代工業史資料》第 1 輯下冊，科學出版社，1957 年版，第 764-765 頁。

學。田谷之外，林木果實一切種植、畜牧養魚，皆農屬也。生齒繁，百物貴，僅樹五穀，利薄不足以為養」[40]。他打破傳統的單一種植，號召農民搞多種經營，充分利用土地資源，積累財富。進一步闡釋道：「故昔之農患惰，今之農患拙。惰則人有餘利，所遺者一二，拙者地有餘利，所遺者七八。欲盡地利，必自講化學始。」[41]

張之洞以上農業之主張與封建的「農本商末」之舊轍不可同日而語，他是對西方「以農致富，且制器造物，翻陳出新，務求利用」[42]瞭解之後，順應時代發展的新的農業觀。

在張之洞的經世致用的經濟觀中，我們注意到他除了對工、農、商三事做了較詳盡的闡釋外，對交通在經濟運行中的作用尤為看重，他將交通比喻為人之「氣脈」，他說：「氣脈暢通而後運動。」所以他積極倡建鐵路。十九世紀八〇年代，清廷內部圍繞修鐵路爭論得不可開交，或反對或支持莫衷一是，而支持者中也因認識不同，有主張以軍事鐵路為重，有主張以固邊陲為要，而張之洞經反復考察，提出修盧漢鐵路，打通內陸與京師的通道，以利民生。他認為「鐵路之設，有形之利在商，無形之利在

40 張之洞著，趙德馨主編《張之洞全集》第12冊之《勸學篇・農工商學第九》，武漢出版社，2008年版，第18頁。

41 張之洞著，趙德馨主編《張之洞全集》第12冊之《勸學篇・農工商學第九》，武漢出版社，2008年版。

42 張之洞著，趙德馨主編《張之洞全集》第6冊之《札發農務、工藝學堂學生報名聽候定期開學告示附單》，武漢出版社，2008年版，第130頁。

國，有限之利在路商，無限之利在四民。運費棧租，此有形有限之利也，徵兵、轉餉、通商、惠工、暢土貨、出礦產、增課稅、省差徭、廣學識、開風氣、速政令、去壅蔽，此無形有限之咎也」[43]。他對鐵路的認識，較之當時單純的運兵、運糧進步得多，也全面得多。他將鐵路納入國計民生，「農有鐵路，則土苴糞壤皆無棄物；商有鐵路，則急需者應期，重滯者無阻；工有鐵路，則機器無不到，礦產無不出，煤炭無不敷」。[44] 這是對交通認識上的提高與昇華。「竊謂盧漢一路，乃中國鐵路之大綱，將來南抵粵海，北接吉林，中權扼要在此，生髮根基亦在此。氣勢暢通全域自振，運載之利尤其末也。…… 論近效由聯中國各省之氣脈，論遠效則通歐洲各國之轉動，但患路工之不速，不患路利之不豐。」[45] 他視鐵路為「氣脈」，抓住近代社會的生產、交換、消費、分配諸領域，均以鐵路為紐帶，協調發展，這也是他後半生力排萬難，修築盧漢路、籌辦粵漢路，直至臨終之際，「尤惓惓於鐵路」的原因。除鐵路之外，他對其他交通的建設也投入頗多，他還說「查利民之方，修路即為要義，必須運載迅

43 張之洞著，趙德馨主編《張之洞全集》第 3 冊之《蘆漢鐵路商辦難成另籌辦法折》，武漢出版社，2008 年版，第 389 頁。

44 張之洞著，趙德馨主編《張之洞全集》第 12 冊之《勸學篇．鐵路十二》，武漢出版社，2008 年版，第 188 頁。

45 盛宣懷著《愚齋存稿》卷 21 之《複陳借款保息並無流弊電奏》，光緒二十三年四月，第 7 頁。

速，資訊靈便，人貨流通，則街市日增，民生日富」[46]。他在山西修築晉冀通道，兩廣又將開通道路作為開發海南島的前期工程，移督湖廣，於市政馬路建設尤多致力，這些都是他近代交通思想的體現。

張之洞對農、工、商、交通等方面的務實理論，是近代中國經濟在飽受摧殘之後，中國士人階層覺醒的產物，他所表述的「農、工、商三事互相表裡，互相鉤貫」[47] 是對封建經濟規律的再認識、再重構。難怪張繼熙稱讚道：「推究公之治鄂為他人所不能及者，一曰遠識，公治在一方，而能統籌全國之利害；治在一時，而嘗為數十百年之計。」[48]

三、輕重並舉，「自相挹注」的產業體系

張之洞沿著其「中體西用」觀及工農商「合為一氣」的經濟思路，自山西、廣東始，開始他的「開利源、塞漏卮、裕民生」的實業探索之路，尤其是在湖北以前無古人、後繼來者之手筆，「銳意以振興工業為己任」之志向，構築武漢近代工業之藍圖，建武漢近代工業之體系，推動武漢輕、重工業之發展。

46 張之洞著，趙德馨主編《張之洞全集》第 3 冊之《金陵設立躉船修造馬路片》，武漢出版社，2008 年版，第 326 頁。

47 張之洞著，趙德馨主編《張之洞全集》第 12 冊之《勸學篇・農工商第九》，武漢出版社，2008 年版，第 185 頁。

48 張繼熙著《張文襄公治鄂記・文襄督湖廣之時代及其環境》，第 5 頁。

表 4-1 張之洞主持官辦和官商合辦工廠一覽表（武漢部分）

設立年份	廠名	所在地	經營性質	創辦人	開辦經費和資本	職工人數
1890	湖北鐵政局	漢陽	官辦	湖廣總督張之洞	至 1898 年止共用經費 5687.000 餘兩	3000
1890	湖北槍炮廠	漢陽	官辦	湖廣總督張之洞	開辦經費 700.000 兩	4540
1891	湖北織布官局	武昌	官辦	湖廣總督張之洞	開辦經費約 1300.000 兩	2000
1894	湖北繅絲局	武昌	官辦	湖廣總督張之洞	開辦經費 470.000 兩	470
1898	湖北製麻局	武昌	官辦	湖廣總督張之洞	開辦經費 200.000 兩	453
1898	湖北紡紗官局	武昌	官辦	湖廣總督張之洞	開辦經費 1100.000 兩	1500
1903	武昌製革廠	武昌	官辦	湖廣總督張之洞	資本 500.000 兩	206
1907	白沙洲造紙廠	武昌	官辦	湖廣總督張之洞	資本 300.000 兩	
1908	湖北氈呢廠	武昌	官商合辦	張之洞	資本 600.000 兩	246
1908	湖北官磚廠	漢陽	官辦	張之洞		
1908	湖北針釘廠	武昌	官辦	張之洞	資本 300.000 元	
1909	湖北印刷局	武昌	官辦	湖廣總督陳夔龍	資本 42.000 元	
1912	漢口諶家磯造紙廠	漢口	官辦	度支部	資本 2000.000 兩	100

設立年份	廠名	所在地	經營性質	創辦人	開辦經費和資本	職工人數
1912年以前	京漢鐵路漢口機器廠					332

注：錄自陳真編《中國近代工業史資料》第三輯，第 22-25 頁。

從表中我們可以看出，張之洞在武漢創辦近代工業之時，他曾對湖北地區的資源、經濟特色做了深入的考察。湖北是礦產資源豐富之地，在武漢周邊地區的大冶、陽新、馬鞍山等地蘊藏著豐富的銅、鐵、煤資源。湖北又是魚米之鄉，境內不僅米谷充裕，棉、麻等經濟作物產量極高，是工業生產原材料的重要基地，同時武漢是商業之城，是有名的商業重鎮，民眾生活較其他地區富庶，所有這些可為創辦工業提供一定的物質資源儲備與經濟支援。

十八世紀，在商品經濟比較發達的歐洲，發生了具有偉大歷史意義的工業革命，標誌著工業化的開始，世界進入工業經濟時代。從大體相同時間，英國在一七六〇至一八三〇年，法國在一八三〇至一八六〇年，德國在一八四〇至一八七五年，美國在一八六五至一八九〇年，日本在一八六八至一九〇〇年，相繼發生工業革命，在這些國家中，農業科技的運用，大量剩餘勞動力滲入城市，珍妮紡織機和飛梭的發明，新的煉鋼、煉鐵技術的出現，撬動了各國的工業革命，推動國家工業革命的運行，實現國家工業化。中國工業革命是在第二次鴉片戰爭以後，以英國為首的國家在實現工業化後，開始了對中國的野蠻的殖民掠奪，中國被迫捲入工業化的浪潮，起點是軍工，繼而是鋼鐵。

・一八九三年湖廣總督署、湖北巡撫衙門官員及漢陽鐵廠中外職員觀看漢陽鐵廠出鐵

張之洞在帶領武漢向近代工業化道路邁進時，採取國際通行的慣例，也就是後發國家在工業化進程中，通常直接採用最新的技術，通過強有力的手段積聚資金投入到耗資大、建設週期長的基礎產業和設施中，以確保經濟增長的「底氣」和「後勁」。在具體的實踐中，張之洞把新興的鋼鐵工業作為帶動武漢工業的主導產業，他以鋼鐵工業為肇始，繼而鋪以紡織，再推至造紙、製革等其他領域，這種先重後輕，再民生的工業布局具有很強的科學性、實用性與操作性。他說：「采鐵煉鋼一事，實為今日要務。海外各國，無不注重此事。而地球東半面凡屬亞洲界內中國之外，自日本以及南洋各國各島暨五印度，皆無鐵廠。或以鐵礦不佳，煤不合用；或以天時太熱，不能主辦。中國創成此舉，便可收回利權。各省局廠商民所需，即已甚廣。且聞日本確已籌備鉅款，廣造鐵路，原擬購之西洋，若中國能製鋼軌，彼未必舍近圖遠。是此後鋼鐵煉成，不患行銷不旺。不特此也，各省製造軍械輪船等局，所需機器及鐵鋼各料，歷年皆係購之外洋。上海雖亦設煉鋼小爐，仍是買外洋生鐵以煉精鋼，並非華產。若再不自

煉內地鋼鐵，此等關係海防邊防之利器，事事仰給於人，遠慮深思，尤為非計。」[49]

張之洞從國際、國內的市場需要和國防的角度闡明，鋼鐵工業乃國家之要務，是近代發達國家的支柱產業，也是衡量一國工業化發展程度的代表性產業，具有廣闊的發展前景。因此，將鋼鐵工業作為重點發展的產業，適應了世界經濟發展的潮流，符合中國的利益。在漢陽鋼鐵廠、湖北槍炮廠建成不久，張之洞並沒有就此止步，而是將眼光投向紡織，他在一份奏摺中說：「現計中國織布商局僅有上海一處，經營十餘年尚未就緒。若粵省開設官局營運有效，再推廣於沿江各省，悉變洋布為土布，工作之利日開，則漏卮之害日減。」[50] 因此，他由布而紗，由紗而絲，由絲而麻，連續創辦四大紡織企業，創中國紡織之奇跡，既體現其民生觀，又充分利用了湖北的棉、絲資源，其考慮不可謂不周全。他所建立的紡織企業有力地推動了民族紡織工業的發展，抑制洋紗、洋布的衝擊，在中國紡織史上抒寫了濃墨重彩的一筆，為後來湖北乃至中國紡織業的發展奠定了基礎，不僅如此，湖北織布局的開辦，還打破了上海織布局十年專利的壟斷，推動了其他地區紡織企業的出現；近代機器紡織工業在內地的出現，對全國機器紡織工業的合理布局與整體發展，都起到了重要的促進作

49 張之洞著，趙德馨主編《張之洞全集》第 3 冊之《豫籌鐵廠成本折》，武漢出版社，2008 年版，第 79 頁。

50 張之洞著，趙德馨主編《張之洞全集》第 2 冊之《擬設織布局折》，武漢出版社，2008 年版，第 224 頁。

用。「漢陽之鐵政局，武昌之織布、紡紗、製麻、繅絲四局，規模之大，計畫之周，數十年以後未有能步其後塵者。」[51]

張之洞在湖北興辦的企業有十七家，資金共約一千三百萬兩。最大的工業企業為漢陽鐵廠，共耗資金達七百八十四萬餘兩，占資金總額百分之六十。武漢官辦工業約占全國官辦工業的百分之十七，興建工廠的數量、規模與速度均居全國城市的前列。如冶煉、造紙等工業居全國之首，紡織工業僅次於上海居第二位，城市供用電也一直處於全國城市中較高水準。此期間盧漢鐵路建成通車，粵漢鐵路開始興建，更為武漢近代工業的發展提供了契機。這些工廠引進的新式機器設備，技術先進，規模較大，堪稱國內較先進的工廠，在當時國內同行業中均佔有重要地位。

同時，張之洞還非常注重工業體系內部各部門間的關係協調、共同發展，他在一份奏摺中提出：「以湖北所設鐵廠、槍炮廠、織布廠自相挹注，此三廠聯成一氣，通盤籌畫，隨時斟酌，互相協助，必能三事並舉，各睹成功。」[52] 他的設想是以紡織業的盈利去彌補冶金、軍事工業的虧耗，「以布局與鐵政局聯成一氣，協濟鐵廠經費」。與重工業投資大、週期長相比，輕工業具有投資小、見效快的特點，以輕工業的盈利作為發展重工業的重

51 源出自楊銓著《五十年來中國之工業》。轉引自陳鈞、任放《世紀末的興衰》，中國文史出版社，1991 年版，第 139 頁。

52 張之洞著，趙德馨主編《張之洞全集》第 3 冊之《豫籌鐵廠成本折》，武漢出版社，2008 年版，第 79 頁。

要資金來源，符合經濟運行的自身規律，因而是近代各國工業發展的共同做法。就此而言，張之洞在武漢實施的一系列工業舉措，具有一定的科學成分，是符合時代的、進步的、合理的經濟構想。

張之洞以鋼鐵工業為主導，採取輕、重工業並舉，軍用、民用並重的辦法，興建近代工業體系，對武漢經濟產生了深遠的影響。由於張之洞的不懈努力，此後十多年的時間裡，一個以武漢為中心，以鋼鐵工業為主體，包括採礦、冶金、機械、槍炮、紡織、鐵路、造紙、水泥、銀錢、氈呢、皮革、制磚等比較齊全的近代工礦經濟體系基本形成，就規模、設備和工藝水準而言，在當時中國企業中均屬領先水準。

第二節 ▶ 締造江漢兩大工業區

張之洞在湖北宣導「商業」，力主工業乃「立國之本」，先後在江北創建了以鋼鐵、軍工為主的漢陽鋼鐵工業區，在江南建立了以紡織及其他工業為主的武昌紡織工業區，這兩大工業區的建成，是中國近代工業的創舉，是近代武漢工業的驕傲，影響延續至今。

一、以鋼鐵、軍工為龍頭的漢陽工業區

漢陽是風景名勝之區，境內湖光粼粼、山水相間，名滿天下的佛教寺院歸元禪寺、楚天名樓晴川閣、高山流水古琴臺錯落其間，美不勝收。一八八九年，張之洞來到了這佳境勝地，篳路藍

縷，歷經十餘年，創辦了以漢陽鐵廠、湖北兵工廠為龍頭，以大冶鐵礦、江西萍鄉煤礦以及鋼軌廠、機器廠、釘針廠、官磚廠等企業為基石的規模龐大、擁有當時世界最先進技術的鋼鐵、軍工工業區。這是一個偉大的創舉，這一創舉揭開了中國鋼鐵工業的序幕，開啟了中國軍事工業的新時代，奠定了武漢近代工業的基礎。

（一）漢陽鐵廠——中國鋼鐵企業之搖籃

第二次鴉片戰爭以後，隨著中國軍用工業和鐵路建設大量用鐵，致使鋼鐵匱乏。為緩解供需矛盾，清政府允許地方試辦新式煉鐵企業，湖北、山西、四川、貴州等地出現採礦煉鐵，但均未取得成功，直至一八九一年，張之洞在武漢開辦漢陽鐵廠，一八九四年鐵廠建成投產，中國才開始擁有了自己的鋼鐵業，中國鋼鐵業也才開始了艱難的起步。

張之洞是中國近代鋼鐵業的締造者。早在撫晉期間，張之洞就認識到進口洋鐵非強國之道，他在《奏設煉鐵廠折》中曾指出：「今日自強之端，首在開闢利源，杜絕外耗。舉凡武備所資，槍炮、軍械、輪船、炮臺、火車、電線等項，以及民間日用、農家工作之所需，無

・一九〇九年漢陽鐵廠遠景

一不取自於鐵。」[53] 遂萌生建立近代鐵廠的想法。督粵之後，即興辦了鑄鐵局、製鐵所等小型鋼鐵企業，採用土法開採露頭礦苗，燒炭冶煉，但因開採、冶煉的規模較小，加之生產成本高，品質低劣，不久即夭折。儘管如此，他仍抱守不棄，為打破「洋鐵」的壟斷，決心效西法，建立具有近代技術與國際接軌的中國的鋼鐵企業。他委託駐英、德使臣劉瑞芬、洪鈞代為訂購機器爐座，擬在廣州城外建鐵廠，此舉卻因其調往湖北而流產。

來到湖北的張之洞仍繼續他的鋼鐵之夢，並於一八九一年將此夢付諸實踐。開辦近代鋼鐵工業，對於十九世紀末的中國人是陌生的，張之洞對此也是霧裡看花，他與他的團隊只得邊幹邊摸索，其艱難可想而知。更何況張之洞規劃漢陽鐵廠時，不是孤立地興辦一個鐵廠，他以「世界」的眼光，將漢陽鐵廠定位於世界鋼鐵工業的前沿，打造中國的「鋼鐵巨輪」。十九世紀末，在英、法等新興的資本主義國家出現一種新的工業發展形式——創建工業園。工業園集生產、研發、物流等為一體，以優質的規劃、管理，促進工業開發，為企業構建一個多元化的發展平臺，它的出現有力地刺激了地區經濟發展，向社會提供了各種效益，是社會價值的最大化。雖然在儒家傳統思想教育下的張之洞不具備這些先進的工業理念，然而他已經注意到了西方成熟工業技術

53 湖北省檔案館編《漢冶萍公司檔案史料選編》，上冊之《李維格為公司招股事在漢口商會上的演説詞》，中國社會科學出版社，1992 年版，第65頁。

及工業管理的優勢，以及其所帶來的巨額經濟利潤，他迫切希望中國出現這種先進的企業，以「開利源」「塞漏卮」，維護國家的利益與尊嚴。因而，在鐵廠建設的過程中，高標準、嚴要求把好每一道關。

・漢陽鐵廠總辦蔡錫勇

第一，一八九〇年在武昌寶武局公所成立湖北鐵政局，後遷至三佛閣，並委派湖北候補道蔡錫勇為總辦，以統籌管理鐵廠的建設與採礦事情。一八九八年鐵政局改為鐵政洋務局，兼管鐵路、礦務兩事。蔡錫勇（1847-897年），福建龍溪人。同治六年（1867 年）廣州同文館畢業，同文館是清朝為培養外交翻譯人才而專門設置的一所學校。蔡錫勇是廣州同文館第一批學生，在校七年，蔡錫勇學習了英、法、俄、德、日語，及天文、數學、萬國公法、測量、醫學生理、物理、化學等課程。一八六七年參加北京英文考試，以優異成績獲唯一「監生」稱號。一八八四年，經人介紹，蔡錫勇進入張之洞幕府，開始了他長達十三年之久的幕府生涯，他是張之洞所倚重的洋務奇才。張之洞派其充廣東洋務局總辦，負責辦理交涉事務，開設銀元局、槍炮廠、水陸師學堂以及製造兵輪等事，所辦之事甚合張之洞之要求。張之洞評價其是「器識閎遠，熟悉洋情，曾充美、日各國翻譯、參贊等官，奏明辦理粵省洋務有年。近來粵防、交涉、創造一切事務，悉以諮之。該員力持大體，動中機宜，深資倚任」[54]，愛惜倚重之情溢於言表。所以，當張之洞在湖北辦理鐵政等洋務時，立即招其來漢，並委以鐵政局總辦，總理鐵廠一切事宜，蔡錫勇為漢陽鐵廠的建設傾其所有精力，漢陽鐵廠的興辦成功，蔡錫勇功不可沒。

第二，派人勘查湖北地區的礦藏資源。創辦鋼鐵企業，離不開煤、鐵資源。湖北礦藏資源十分豐富，境內礦藏儲量大、礦質佳，大冶鐵礦「含鐵質百分之六十四，礦質露出山面者，約二千七百萬噸，在地中者，雖歷百年，采之不絕」[55]。「且大冶附近之興國州（今湖北陽新）有豐富的錳鐵礦，亦煉鐵之所必需」[56]。光緒十五年（1889 年）底，張之洞從廣州赴漢，途經上海時，召見盛宣懷，與盛宣懷面談過鐵礦事宜（自光緒 1875 年盛氏來鄂辦礦到一八八一年李鴻章下令裁撤荊門礦務局，盛在湖北曾有 7 年的開礦史），後來盛宣懷在致張之洞的信中再次提到湖北、湖南、四川等地勘礦一事，盛寫道：「如大冶一帶不得佳煤，聞興山、馬東有好煤，須令白乃富赴上游查勘。職道於光緒二十三年間督湖廣率郭師敦親自履勘……上游至歸、巴等處，所見煤礦甚多，煤質無一可煉鐵者，宜昌之上，運道尤難，即有佳

54 張之洞著，趙德馨主編《張之洞全集》第 2 冊之《調蔡錫勇等赴鄂差委片》，武漢出版社，2008 年版，第 306 頁。

55 湖北省冶金志編纂委員會編《漢冶萍公司志》，華中理工大學出版社，1990 年版，第 40 頁。

56 許同莘《張文襄公年譜》舍利函齋刻本，1939 年版，第 71 頁。

煤，運費斷不合算……應請憲臺飭白乃富等只須在沿江尋覓，似不必拘定鄂界，凡不通水路之處，縱有好煤亦不足取。」這使張之洞舉辦鐵廠心裡有底。加之，蔡錫勇任鐵政局總辦後，他委派中國官員和外籍礦師、工匠前往湖南、湖北多地勘採，擴大對長江兩岸的煤鐵勘查。從光緒十五年至光緒二十年之間委派中外礦師勘礦達二十六次之多，參加的礦師有三十七人。

第三，選址審慎。我國傳統的土法採煤與冶鐵業因為規模小，對資源要求不高，故分布較廣。而近代煤鐵工業對資源的儲量、品質要求較高，其布局必須以易採掘、便運輸、節省成本為准，因此在選址上費力甚多，且眾說不一。李鴻章主張設在產煤區，盛宣懷力主設大冶黃石港，比利時礦師白乃富希望設在武昌城，而蔡錫勇則想設在武昌府江夏縣（今武昌區）和黃石港之間另覓佳地。僅在武漢市內，也考察了多處，有武昌郊外的武勝門塘角，有武昌城東南的湯遜湖，後又勘測了武昌府黃岡縣沿長江南北百餘里及省城各門外漢陽沌口、江夏縣（今江夏區）所屬金口、青山、金沙洲、沙口一帶，均不理想，最後張之洞力排眾議，為管理之便，定址今漢陽龜山腳下。龜山腳下的這一塊美麗的地方成為武漢近代工業的肇始之地，中國鋼鐵的搖籃。

第四，廠房建設宏偉、壯觀。鐵廠初期劃地 43938.76 平方米，後因需要又圈地 7104.52 平方米，兩次共計 51043.28 平方米，廠區占地面積如此之闊，在當時絕無僅有。廠房建設，他邀請英國人設計，採用西方鋼樑、磚混結構，採用起重機與人工相結合的方法，進行整體或分段起吊安裝，是當時中國最先使用鋼結構的單層工業廠房，整個廠房大小共一百零七處，雇用了三千多建築工人，在中外督工的監督下，費時二年零十個月才算完工。規模宏偉，是當時中國乃至亞洲首屈一指的鋼鐵企業。

第五，引進國外先進生產設備。張之洞移督湖北後，由於繼任者李瀚章無心洋務，拒絕接辦其在廣州事宜，張之洞上奏海軍衙門與戶部，在得到批准後，將廣州鐵廠訂購的設備改運湖北，接著，張之洞又向英、比、德各國增購設備和材料，包括煉生鐵廠、煉熟鐵廠、煉鋼廠、軋鋼廠在內的全部設備，兩座日產七十五噸的煉鐵高爐、煉熟鐵廠的二十座攪煉爐、西門子—馬丁煉鋼廠的一座十二噸平爐、貝塞麥煉鋼廠的兩座五點五噸貝塞麥轉爐以及軋鋼廠的兩條生產線，一條是鑄錠生產線，配備有可逆軋鋼機；另一條擁有一個一千八百馬力的垂直雙向軋鋼機。這些設備運到漢陽鐵廠後，被迅速安裝進各生產廠房及車間，漢陽龜山腳下很快就建成漢陽鐵廠以及與其配套的煉生鐵廠、煉熟鐵廠、貝塞麥鋼廠（轉爐煉鋼廠）、馬丁鋼廠（平爐煉鋼廠）、造鋼軌廠、機器廠、鑄鐵廠、打鐵廠、魚片鉤釘廠、造鐵貨廠等大大小小上十個工廠。另興築江邊碼頭、斜坡、躉船，安裝自動爪式吊杆等配套工程，岸上建有大型捲揚機和起重機，廠內修築了六公里長普通軌距的鐵路，並建有卸礦斜橋等設施。一座近代大型鋼鐵工業區在漢陽這片土地上誕生了，工業區內高聳入雲的煙囪昭示著近代武漢工業的勃勃生機，那一爐爐火紅的鐵水傾瀉而下，滔滔不絕。

漢陽鐵廠的生產可謂一波三折。一八九一年漢陽鐵廠動工興建，一八九四年六月二十八日，漢陽鐵廠基建工程尚未完全竣工，在各方的催促下，鐵廠匆匆舉行試產典禮，張之洞親自參加了開工典禮。鐵廠 1 號高爐、攪煉熟鐵爐，煉鋼、軋鋼同時開工生產，六月三十日開始出鐵，高爐日夜出鐵八次，日產生鐵五十餘噸。後因天氣炎熱，大多數工匠病倒，鐵廠只得停止生產。一八九五年九月十六日鐵廠第二次開爐生產，這次連續生產九十三天，出鐵 4360.25 噸，平均日產 49.85 噸，達到設計能力的 50%，利用率為 100%，後因焦炭不能滿足需要，於光緒二十一年（1895 年）底再度停止生產。

漢陽鐵廠自建廠以來長期聘有外籍工程師、技師，以解決產品生產技術問題。漢陽鐵廠生產指數是按照國際鋼鐵的生產標準執行的，其生產的產品符合當時國際標準。漢陽鐵廠煉鐵的原料、燃料，均根據各自的化學成分，按比例配置。礦石來自大冶，依所含鐵、矽、硫、磷、錳、銅等區分。初期使用的礦石分為 7 號，以後又按成分分為 5 號，礦石規格，通常為 2.5-5 英寸，最大不得超過 6 英寸。焦炭初期以歐洲威斯伐利亞焦炭為主，後用國產的碎焦和歐洲炭混合使用，其比例為 3：7，由於馬鞍煤礦沒有按時提供焦炭，被迫使用無煙煤進行試驗，並把外國焦炭和無煙煤的混合比加大到 1：9。在正常情況下，每 24 小時裝料 22 次，鼓風機每分鐘提供 200-350 毫米的風量，爐溫一般在 400-550 攝氏度之間，3-4 小時出鐵一次，鐵液流出，經過沙槽，流入模中，冷卻後成生鐵塊。煉熟鐵是由礦石用炭直接還原，或由生鐵經過熔化並將雜質氧化除去而成，熔爐所排出的廢氣經過一個立式的中等蒸汽鍋爐。每 12 小時裝料 6 次，每次 250 公斤，由於生產費用高，生產不久就停產了。漢陽鐵廠的產品銷往海內外。張之洞創辦鐵廠之初衷是為盧漢鐵路服務，因此其生產大宗產品為鐵軌，只有小部分生鐵、熟鐵以及鋼錠（坯）和多種規格的方、扁、角、工字、丁字、槽形鋼，八角鋼和板材。其產品銷往國內的以鋼軌為主，國外的則以生鐵為主。國內當時京漢鐵路除盧保（北京至保定）一段外，其餘 2000 餘裡所用鋼軌及配件，皆為漢陽鐵廠提供，此外，正太、淞滬、滬寧、滬杭甬等鐵路都購買了漢陽鐵廠的鋼軌，自光緒二十四年至光緒三十四年，漢陽鐵廠先後供應京漢鐵路鋼軌 8 萬噸，魚尾板、鉤釘等 6000 噸，供給正太鐵路鋼軌 3000 噸，光緒三十二年供給國內各條線路 2224 噸，海外主要是日本，光緒二十五年（1899 年）運銷日本八幡製鐵所 68000 擔，光緒二十六年（1900 年）又運銷 41000 擔。

表 4-2 漢陽鐵廠歷年銷售國外鋼鐵數量表（1894-1911 年）

年份	生鐵（含馬丁鐵）		鋼貨		全國鋼鐵出口量（噸）
	國家或地區	數量（噸）	國家或地區	數量（噸）	
光緒二十至二十一年	?	2965	?	52	
光緒二十二至二十三年	/	/	/	/	/
光緒二十四至二十五年	日本	4250			
光緒二十四至二十五年	日本	2500			
光緒二十七至二十八年	/	/	/	/	/
光緒二十九年	日本	138			138
光緒三十年	日本	12334			12334
光緒三十一年	日本	25130			25130
光緒三十二年	日本	34320			34320
光緒三十三年	日本	33326			33326

年份	生鐵（含馬丁鐵）		鋼貨		全國鋼鐵出口量（噸）
	國家或地區	數量（噸）	國家或地區	數量（噸）	
光緒三十四年	日本	30890			30890
宣統元年	日本	38713			38713
宣統二年	日本	65362			65362
宣統三年	日本	70875			70875
宣統三年	美國	19164			

注：錄自《漢冶萍公司志》，湖北省冶金志編纂委員會編，華中理工大學出版社，1990 年，第 33 頁。

漢陽鐵廠的建成投產，引起國際社會的廣泛關注，這座當時亞洲最大的鋼鐵聯合企業，比日本的第一家近代鋼鐵企業八幡製鐵所早七八年，西方輿論視其為中國「狂睡初醒，眼光霍霍，振刷其精神，磨礪其膽略，以搜羅遺利，步武西法」[57] 的標誌，外國人更稱其「為二十世紀中國之雄廠」[58]，認為中國「宏興工業」「與歐美爭霸」「較之強兵勁旅……尤可慮也」[59]。

漢陽鐵廠是封建時代的產物，它雖然誕生在時代劇變的前夜，體內孕育有近代化的進步因數，然因其總掌舵人是封建官僚，官本位意識重，官僚習氣濃厚，漢陽鐵廠從上馬到轉入官督

57 《漢冶萍煤鐵廠礦記略》，《東方雜誌》1910 年第七卷第七號「調查」，第 66 頁。

58 顧琅編輯《中國十大礦廠記》，商務印書館，1916 年版，第 2 頁。

59 《漢冶萍煤鐵廠礦記略》，《東方雜誌》1910 年第七卷第七號，「調查」，第 66 頁。

商辦期，自始至終未建立與之配套的近代企業管理制度。雖然張之洞委蔡錫勇任總辦，負責全廠具體事物，並聘請外籍工程師及其他外籍專家為總監，總管煉鐵、煉鋼等鐵廠各項工務。工廠也設文案、銀錢、採辦、物料、化驗和機器等部門，各領其事。但實際上全廠事務由張之洞一人掌握，人事任免也由張氏一人說了算，因此，擺脫不了其夙命。一八九六年，漢陽鐵廠第二次停產後，張之洞仍無力解決資金缺口問題，加之清政府令張之洞將鐵廠改歸商辦，於是，官辦漢陽鐵廠進入尾聲，邁入新階段——官督商辦時期。

張之洞在創辦鐵廠之時，即派人到各地勘礦，先後探得大冶鐵礦、大冶王三石煤礦及江夏馬鞍山煤礦，並在此三處創辦大冶鐵礦、大冶王三石煤礦和江夏馬鞍山煤礦。

1. 大冶鐵礦

大冶鐵礦礦區位於淮陽「山」字形前弧西翼、新華夏構造體系第二隆起帶次級構造大幕山——鄂城隆起帶鐵山雜岩體南緣，有北—西—西向的鐵門檻、龍洞、尖林山、象鼻山、獅子山和尖山六個礦體，除尖林山為潛伏礦體外，其餘均為裸露礦體。從光緒三年（1877 年）始，不斷有礦師到大冶勘礦，光緒十五年（1889 年）十二月下旬，張之洞委派比利時礦師白乃富等人前往詳勘，探得大冶鐵礦「鐵質可得六十四分有奇，實為中西最上之礦。其鐵礦露出山面者達二千七百萬噸，在地中者尚不計」。張之洞即令組織人馬開採大冶鐵礦。大冶鐵礦是中國第一家用機器開採的大型露天鐵礦，始建於一八九〇年（光緒十六年），至今每年仍以百萬噸的產量供應鐵礦石。它利用西方先進技術與設備進行礦石開采，是漢陽鐵廠的原料基地。大冶鐵礦主要生產鐵礦石，所產鐵礦石大部分由楚強、楚富、漢順、漢興等 7 艘輪船運至漢陽晴川閣卸鐵碼頭，接著用火車運往漢陽鐵廠冶煉，所餘部分則運往日本、美國。

2. 大冶王三石煤礦

王三石煤礦位於大冶王三石村，是黃石地區第一家用機器開採的煤礦。一八九二年投產，整個煤礦有大煤井二處、小煤井二處。在洋匠師的指揮下，礦工最多時超過一千人，所產煤炭由二十輛獨輪車運到鐵山盛洪卿車站裝火車外運，並安裝卸煤躉船一隻。王三石煤礦安裝抽水設施、鑽機等大小機器，機器之動力則由鍋爐供給蒸汽。王三石煤礦前後經營三年，共費銀五十萬兩，後因礦井積水過多，加上經費不支，只得永遠關閉，其礦山機器設備移於江夏馬鞍山煤礦。

3. 江夏馬鞍山煤礦

馬鞍山坐落在湖北江夏縣南鄉。光緒十六年（1890 年），張之洞派人探明，光緒十九年（1893 年）八月出煤。馬鞍山煤礦採用人工採煤，煤巷中鋪設輕便鐵路，采出的煤裝入小礦車，用人力推運至碼頭，然後運至漢陽。到一九〇四年，馬鞍山煤礦日產煤一百二十噸，日煉焦炭二十噸，有工人二千餘人，後因塌方事故及煤中含硫高，不符化煉而停產。

（二）湖北兵工廠——中國近代兵器工業之牛耳

一八六一年，安慶軍械所的問世，標誌著中國近代軍工企業的誕生，從此，中國的軍工邁出國產化的第一步。此後，洋務大臣李鴻章、左宗棠、張之洞等先後辦起了金陵製造局、江南製造局、福州船政局、天津機器局、湖北槍炮廠等大小二十個軍工企業，其中以張之洞創辦的湖北兵工廠最著名，所產的「漢陽造」更是獨領中國兵器風騷五十年之久。湖北兵工廠是張之洞到湖北後主持創辦的軍工企業。起於一八九二年，一八九四年建成，初名湖北槍炮廠，一九〇四年改為湖北兵工廠，亦稱漢陽兵工廠。湖北兵工廠雖晚於上海、南京、天津等地軍工企業，但由於張氏不惜鉅資從德國購買了當時最先進的製造連珠毛瑟槍和克虜伯山炮等成套設備，生產出漢陽式七十九步槍（漢陽造）、陸路快炮、過山快炮等一批較先進的軍事裝備，因此，成為晚清規模最大、設備最先進的軍工企業。

一八八八至一八八九年八月間張之洞任兩廣總督，曾擬籌建一家規模較大的槍炮廠，後因調任湖廣而作罷。一八八九年張之洞出任湖廣總督，在完成了漢陽鐵廠及王三石與馬鞍山煤礦的建設後，決定在武漢創辦兵工廠。十九世紀四〇至六〇年代，兩次鴉片戰爭、中法戰爭，皇皇天朝不堪一擊，張之洞眼見「各營猶沿用舊式前膛槍炮，於後膛槍炮操演之法多未通曉」，即以「軍旅之事，無一仰給於人為志」[60]。於是，電奏海軍衙門，力請將槍炮廠移鄂，獲得批准。一八九〇年三月十六日，選址鄂省漢陽龜山北麓建兵工廠，與漢陽鐵廠一步之遙。仍委派蔡錫勇總其事。一八九二年五月湖北槍炮廠破土動工。張之洞建湖北槍炮廠

60 張繼熙著《張文襄公治鄂記・武備之改進》，第25頁。

時，堅持一貫之「器必求精求新」，特通過駐德公使許景澄訂購當時先進的小口徑、新式快炮、炮架、炮彈、槍彈等成套設備，並為此向德國高林洋行借銀一千萬元，聘德籍鑄造師一人。一八九五年三月湖北槍炮廠建成，並開始運行。不久，為配合槍炮廠，又陸續擴建了炮架、槍彈、炮彈三廠。

・一八九八年湖北槍炮廠全景

兵工廠基礎工程的建成，僅僅只是第一步，還有更為艱難的則是如何將兵器造出來。眾所周知，中國是一個兩千年儒家文化統治的國家，雖然是火藥的發明國，然而要生產技術含量高的近代「利器」，談何容易，尤其是對於內陸城市武漢，更加困難重重。為解決槍彈技術問題，張之洞延攬一大批國內外人才，聚集漢陽兵工廠，攻克一道又一道難關。

湖北槍炮廠初期製造抬槍與步槍，後仿製德國 1888 式的 7.9 毫米 5 響毛瑟步槍，在仿造的過程中也對原槍進行了一些改進。德國 1888 式步槍（Gewehr 88 或簡稱 Gew 88），因存在裝彈退彈困難、抽殼可靠性不佳、容易炸膛等問題，被德國軍方淘汰，就是這款淘汰產品對於剛起步的中國軍工來說卻如獲至寶，花重金買回設計資料和生產機械。從一八九六年開始，漢陽兵工廠開始生產此型步槍，並定名為「八八式」。漢陽兵工廠初期的仿製品稱之為「老套筒」，後隨著中國人對槍支技術的掌握，對「老套

・一八九八年湖北槍炮廠生產的槍炮

筒」進行改造，主要去除了 88 德式槍管的套筒，以上護木取代，刺刀庭改在前護箍下方，其他則參考了德國 1898 式步槍，改進了照門，通條改放在護木之中等，將德國 88 式改造成漢式七九步槍，俗稱為「漢陽造」。這款新式步槍是我國早期槍支中的代表，在我國軍事工業史上佔有重要的地位。七九式「漢陽造」在中國前後生產了幾十年，為當時中國生產時間最長的一種輕武器，也是自清政府的新軍到抗日戰爭時期，國內各個武裝部隊的輕武器裝備的主要槍型。一八九四年成功製造了格魯森 73 毫米口徑過山炮。一八九五年製造黑色有煙炮彈，一八九六年成功製造 7.9 毫米口徑毛瑟槍彈，初為鉛彈頭，後改為銅包鉛彈頭，一八九七年成功仿製格魯森 53 毫米口徑過山炮。一八九九年又成功仿製格魯森 57 毫米口徑過山炮。

張之洞十分重視武器產品的自主研發與技術創新，為了儘快掌握製造技術，張之洞督促中國工匠認真學習洋匠傳授的技術，多次派人赴德國、日本等先進國家的工廠進行考察和學習兵器製造，派員與江南製造局、天津機器局、金陵製造局等廠進行技術交流，親自到槍炮廠觀看各種炮彈的研製與生產，為了擺脫無煙藥全靠進口的局面，張之洞聘請我軍早期著名軍事專家徐建寅總辦無煙藥廠研造之事。徐建寅為不受制於洋人，挑起研製無煙藥的重擔。為儘快研造出合格的無煙藥，徐建寅「日手杵臼，親自研煉」。經過多次試驗，終於研造成功。一九〇一年三月三十一日（光緒二十七年二月十二日），他親自和藥拌料時發生爆炸，因公殉職。為表彰徐建寅的功績，清廷照張之洞等請奏按軍營提督陣亡的例子給予優恤，並追贈其為二品銜內閣學士，交國史館立傳，入祀昭忠祠等。

徐建寅（1845-1901），字仲虎。江蘇無錫人。我國著名科學家。徐氏從小受其父徐壽影響，熱愛自然科學。一八六一年隨其父在安慶軍械所供職。一八七五年在山東機器局任總辦。一八七九年前往德、英、法等國進行技術考察。一八八六年在會辦金陵機器局時，採用西法製成新式後膛抬槍和鑄鋼。一八八九年維新變法時任農工商督辦。後任福建船政局馬尾造船廠提調，湖北省營務總辦，保安火藥局、漢陽鋼藥廠督辦。一九〇一年三月，在鋼藥廠與員工試製無煙藥時，失事殉職。著譯有《造船全書》《兵學新書》《化學分原》《水雷錄要》《歐遊雜錄》等四十餘種。繼自主研製無煙藥後，一九一〇年，湖北槍炮廠鋼藥廠成功實現硝酸自造。湖北槍炮廠雖然建立較晚，但卻較早從德國引進整套的製槍設備和技術，因而製槍工藝先進。在機械加工槍件時採用的是型模鍛造工藝，小件採用的是一次加熱，兩次鍛造成型，大件採用兩次加熱，兩次鍛造成型。型面零件採用成型刀具，仿型車床、仿型銑床加工而成。槍管膛線加工用的是深孔鑽、鉸、拔來複線、擦膛線、內膛校直等專用設備。槍托加工採用各種仿型車、銑、刨、插、鑽等木工專用設備，因此零件的生產效率比較高。湖北槍炮廠最先採用焦煤爐加熱，油或水冷卻淬火，塗黃血鹽滲碳劑進行局部滲碳處理的熱處理技術，表面處理採用藥水珐藍和火珐藍進行氧化處理。這些生產工藝和技術在當時來說是比較先進的，也是比較難掌握的。湖北槍炮廠「所有子彈火藥、銅料貴在能夠自製，無一外購」，以避免出現有械無彈、無料製械的局面。

隨著生產的需要，此後又相繼設立了銅廠、銅殼廠、煉罐子鋼廠、鋼藥廠、機器、鍋爐、翻砂、木樣、打銅、打鐵等輔助工廠。湖北槍炮廠自一八九二年開辦，到一九〇九年止，經過多年的改建和擴建，擁有大小分廠十五個，共支用購買槍炮各機械價銀 1721700 兩，建築廠屋用銀 458800 兩，購買材料用銀 5230000 兩，經費 438500 兩。該廠在張之洞離鄂前共造步槍十一萬支，槍彈 4000 萬餘發，各種炮 985 尊，各種炮彈 98 萬餘發。繼任者陳夔龍稱：「其制度宏闊，成效昭然，歎為各行省所未有。」[61]

湖北兵工廠等軍工企業在中國大地的嶄露頭角，客觀上對中國社會生產力的發展和資本主義民用企業的產生起了一定的促進作用。尤其是這些軍工企業生產的槍支彈藥，改變了清軍的刀矛弓箭、土槍土炮的落後狀態，這對於維護清王朝統治和抵抗外國侵略者起了一定的作用，增強了清王朝的國防力量，為中國軍隊走向現代化邁出了可喜的一步。

61 轉引自馮天瑜、何曉明著《張之洞評傳》，南京大學出版社，1991 年版，第 122 頁。

漢陽人傑地靈，龜山腳下的那一片神奇的土地更是因為漢陽鐵廠、湖北槍炮廠而名揚四海，漢陽鐵廠、湖北槍炮廠又因張之洞而聞名中外，人們只要提到中國近代鋼鐵、兵工史，不得不提到漢陽鐵廠、湖北兵工廠，提到漢陽鐵廠、湖北槍炮廠就不得不提到張之洞，這是歷史對武漢的恩賜，更是武漢的驕傲。

二、以紡織為主的武昌工業區

一八九〇年剛任湖廣總督不久的張之洞即開始著手創建織布局、紡紗局、繅絲局、製麻局、氈呢廠、蠶桑局以及湖北工藝學堂。這一系列舉措開中部地區紡織業之先河，促進武漢近代紡織業的更新換代，武漢儼然成為近代中國第二大紡織工業基地。「湖北織布局一開，而江漢關進口之洋布，已歲少十萬匹。」[62] 一八九三年底，上海織布局因發生火災毀於一旦，湖北棉紡錠 30440 枚，占全國紗錠 77.1%；布機 1000 臺，占全國 100%。到一八九九年，湖北紗錠 90665 枚，占全國紗錠 497270（含外資 160548 枚）的 18.23%；布機 1000 臺，占全國 2016 臺的 49.6%。誠然，繼滬、漢織布局之後，陝西也「集股開設機器紡織局，已遣人來鄂考求工作之法。」[63] 可見，武漢紡織業在全國的影響很大。

62 張之洞著，趙德馨主編《張之洞全集》第 3 冊之《華商用機器制貨請從緩加稅並請改存儲關棧章程折》，武漢出版社，2008 年版，第 414 頁。

63 劉興豪著《報刊輿論與中國近代政治》，中央編譯出版社，2011 年。

（一）湖北織布官局

・武漢最早的近代紡織工業區——湖北官辦布紗絲麻四局遠景（煙囪聳立處）

一八四〇年鴉片戰爭以後，洋商利用簽訂的一系列不平等條約所獲得的特權，向中國傾銷洋布、洋紗等機器紡織品，進口額從一八八二年的 2300 萬海關兩增至一八九一年的 5200 萬海關兩，增長了 1.26 倍。中國的城市、鄉間「衣大布者十之二三，衣洋布者十之八九」[64]，中國傳統手工紡織業損失慘重，對此，中國江浙、廣東地區，相繼出現機器紡紗織布，武漢繼起效之，其肇端即為張之洞創辦的湖北織布官局。

張之洞任兩廣總督時，就曾電請洋務大臣李鴻章，徵詢其創辦紡織局的意見，且上書朝廷，表達欲立織布局之願望。張氏在奏摺中說：「自通商以來，中國之財溢於外洋者，洋藥而外，莫如洋布洋紗」[65]，「棉布本為中國自有之利，自有洋布洋紗，反為外洋獨擅之利。耕織交病，民生日蹙，再過十年，何堪設想？今既不能禁其不來，唯有購備機器，紡花織布，自擴其工商之

64 轉引自朱麗霞、黃江華著《中國近代紡織工業的歷史地位》，《武漢紡織大學學報》2013 年第 04 期。

65 張之洞著，趙德馨主編《張之洞全集》第 2 冊之《擬設織布局折》，武漢出版社，2008 年版，第 224 頁。

利，以保利權」[66]。在其殷殷懇切下，終獲准辦理。

一八八九年，廣東織布局正式籌建，為了使織布局達到國際紡織工業的水準，張之洞電請駐英國大臣劉瑞芬，請其在英通盤代籌建廠計畫。為解決 120 餘萬兩建設資金，張之洞以「闈姓」派捐的辦法，分別於光緒十五年（1889 年）集「闈姓」款 40 萬兩，光緒十六年集「闈姓」款 56 萬兩，用以購置機器及其他開辦經費（實際經費只有光緒十五年的 40 萬兩，十六年的款卻被繼任者李瀚章扣壓，只允許張之洞在粵時向山西善後局所借 20 萬兩以年息 9 釐（後減至 4 釐）移撥給了湖北，加之張之洞向廣州滙豐洋行以年息 5 釐貸款 16 萬兩，繼後，又向湖北善後局挪借 10 萬兩，官錢局借墊 10.09 萬兩，槍炮局撥借 78375 兩。）

一八八九年，張之洞移鄂，廣東織布局隨之移轉湖北，廠名自然就變為「湖北織布官局」。

湖北織布官局位於武昌文昌門外江邊，占地 10.3 萬平方米，一八九〇年十二月動工，一八九二年初廠房建成，隨之機器逐步安裝到位。一八九二年二月十九日《捷報》報道：「長江江岸的織布局已漸呈熙攘氣象。……工廠的煙囪已吐著煙，一部分發動機已轉動。廠房都是平房，所以全廠占地面很廣，房屋很多。九十九架清花機已經在一間大廠房裡安裝妥當，許許多多的年青的工徒正準備要動工了。當然，全廠工程還很多未完成，但

66 張之洞著，趙德馨主編《張之洞全集》第 2 冊之《擬設織布局折》，武漢出版社，2008 年版，第 224 頁。

估計在夏季以前許多廠房即可全部竣工。」

整個織布局有紡綻 3 萬枚，布機 1000 張，發動機 2 臺（開足可至 2000 馬力）。工廠採用西式電燈照明，有工人 2500 人，可年產布匹 36 萬匹，紗 36500 擔。此後，隨著「中國棉紗銷流最廣，利亦最厚」，張之洞又「擬添紡紗機一倍」，擴大生產。他將布局 150 萬兩成本，撥出 50 萬兩招商入股，每股 100 兩，共 5000 股，規定每股每年年息銀 5 兩。剩餘盈利提四成分作紅利，添機之費。下餘六成，照股攤分。[67] 將織布局改為兼管紡紗、軋花的綜合紡織業。托駐英大臣劉瑞芬、薛福成代向英國柏辣德、布魯克等廠商訂購機器，聘英國技師摩里斯負責安裝。並聘湖北試用知州趙毓南為布局總監工，英技師德金生為洋總監工。

湖北織布局開始生產時，只有清花與紡紗兩部分全部開工，織布未上馬，一是因織布工人上崗前需要培訓（布局曾找了本地手工織布匠試過，均因不會使用機器而作罷）。二是由於張之洞反對使用女工，織布局工人都是男工，有的年齡竟達四五十歲，訓練工作困難，即使是通過訓練的男工人，上崗後日織布也僅三十匹，效率低下。為此，張之洞又致電薛福成追加聘請洋師，培訓中國的織布工。

同時，為提高棉布品質，張之洞採納英國廠商的建議，決定種植美國棉花以替代土棉。一八九二年張之洞托駐美大臣引進美

67 《皇朝續經世文新編卷》，第 18 頁。

國棉花良種，購回三十四擔，兩個品種，一類適宜於燥地，一類適宜於濕地，通知產棉州縣試種。當年江夏、漢陽、漢川、孝感、黃陂、大冶、鄂城、黃岡、廣濟、荊州、麻城、天門、應城、陽新等州縣試種，結果因不熟悉美棉習性，播種較遲，只收了數千斤棉花。一八九三年張之洞又從美國引進適宜於燥地的棉種十噸以及「洋書」數種，曉諭有關州縣如法再種，當年收成比上年好，棉花產量增加，花又大又白，全省所產棉花除少部留作自用外，大部分均賣於湖北織布局。

一八九四年織布局開機達六百臺，每月產布二千餘匹，所產原色布、紋布、棉布等銷量日旺，市場佔有率不斷提高，以至於紡紗部只得晝夜開工，才能滿足市場需求。為扶持織布局布的銷售，張之洞奏請朝廷在稅收上給予一定的優惠，凡湖北官布在武漢銷售，免稅收，銷往外省，只需交江漢關一道稅，沿途不再完稅，這樣便刺激了湖北官布的銷路，採購者爭先恐後，通達各省，遠至陝甘。織布局生產最盛時期為一八九四至一八九五年。一八九四年生產棉布 6258 匹，棉紗 4413 擔，一八九五年生產棉布 8945 匹，棉紗 7263 擔。織布局管理機構龐大，企業等級森嚴，布局內封建衙門習氣嚴重，一八九四至一八九五年生產順利，經營頗有盈餘，之後則每況愈下，無法繼續，只得招商承辦。

表 4-3 織布局歷年生產情況表

年代	原色布（匹）	紋布（匹）	棉紗（擔）
1893			2013
1894	70288	5970	4413
1895	74690	4255	7265
1896	72980	1560	18868
1897	40870		7281
1898	26501		18952
1899	14886		41162
1900	4731		25419
1901	5970		10331
合計	30916	11785	135702

注：《海關十年報告》，1892-1901 年，漢口。

（二）湖北紡紗官局

一八八九年英、印洋紗輸華量突破 1519200 磅，「近來體察沿海各口商務情形，洋紗一項進口日多，較洋布行銷尤廣。江、皖、川、楚等省或有難銷洋布之區，更無不用洋紗之地」[68]。布局所產紗銷路也比布更俏，遂萌生增辦紗廠，既解決布局困境，又接濟鐵廠經費，還可以容納數以千計的貧民就業，一舉三得。一八九四年，張之洞於武昌文昌門外織布局東設立湖北官紗局。

官紗局初建時採取官商合辦，預備建南、北兩廠，官、商雙

68 張之洞著，趙德馨主編《張之洞全集》第 2 冊之《增設紡紗廠折》，武漢出版社，2008 年版，第 244-205 頁。

方股本各三十萬兩，「官任宣導，商任經營，官商協議興辦，期於相互維繫，各不相妨，其勢維均，權力不宜偏重」[69]。官紗局的籌建款一部分是以湖北官布局的名義向上海華商借銀十萬兩，一部分來源於上海富商，官、商各三十萬兩，合計六十萬兩。

官紗局的設備訂自於上海比利時良濟洋行及德國瑞記洋行，主要紡十至十六支紗。北紗局安裝五萬零六十四錠。在設備安裝過程中，良濟洋行故意刁難拖延，設備延至一八九七年才安裝完工，北紗局也只有在此年建成開工。南紗局卻因張謇籌辦紗廠缺乏資金，張之洞將南紗局紗錠折價二十五萬兩，作為官股投入，由張謇領去辦南通大生紗廠。

湖北官紗局以盛春頤任總辦，瞿臬為督辦，另有王常川任商務督辦，此外還有「大批無用的人做監督」，官僚習氣濃厚，官商之間矛盾重重，最終商董們以官權太重、掣肘太多、難以合作，請求以官為保護，以商為經理。張之洞主張全由商辦，官方不管虧盈，按三十萬兩取息。商董們則又提出全由商辦雖可，但官方須再撥銀三十萬兩，否則請官方收回。張之洞是一個官本位意識極重之人，他雖然鼓勵民間資本進入工廠，但始終認為工廠應由官方主導，商人只能聽其行事，因而雙方談判失敗，後來張之洞認為官商難容，隨即決定收回官辦，並撥還商本十五萬兩，其餘十五萬兩發給印票，暫作存款，年息八釐。一年後辦有成

69　湖北紡織工業編委會編《武漢紡織工業》，武漢出版社，1991 年版，第 39 頁。

效，再行招商承辦。

官紗局招有男工一千八百人，日產紗約一點二萬磅，生產銷量時好時壞，據一八九八年九月十九日《中外日報》載：「湖北紡紗廠及織布局今春生意甚旺，近因川幫倒塌三百餘萬，銀根奇緊，紗布因之滯銷，現兩局均各紗二三千捆」。一九〇〇年三月三日該報又載：「去年官紗局獲利約五萬金……然僅除局用，未除股息。」同年六月二十六日該報又稱：「紗布兩局，經費不充，銷場太滯，現議於六月初旬暫且停機。」這樣反復無常中，官紗局勉強支撐了五年，最終於一九〇二年招商承租。

（三）湖北繅絲官局

張之洞在增添紡紗局的同時，又著手籌建繅絲廠。湖北鄂東及荊宜一帶盛產生絲，但因手工製造不精，絲質欠佳，售價始終不高。張之洞在任兩廣總督時，即瞭解到機器綢絲的售價為土法綢絲售價的三倍，到鄂後見湖北有豐富的生絲原料，乃決定在鄂籌建絲綢官局。光緒十九年（1893）十一月二十八日，張之洞委派湖北候補道劉保林赴上海、廣東，就「上海、廣東等處商人多有依照西法用機器繅絲者，較之人工所繅，其價頓增到三倍，專售外洋，行銷頗旺」[70] 事宜詳加考察，並指示劉保林對兩地機器繅絲廠「每機一張，每日可出絲若干？需用人工若干？每一大廠

70 張之洞著，趙德馨主編《張之洞全集》第 2 冊之《開設繅絲局片》，武漢出版社，2008 年版，第 205 頁。

應設機若干張？其機器是否必須外洋定購，抑或在滬制？銷路是否暢旺？每年此項機器繅成之絲出口共有若干？上海機器繅絲廠共有幾家？一一考核明確回鄂詳細稟覆」[71]。不僅如此，一八九四年張之洞還曾親自「將湖北蠶繭寄至上海，用機器繅出」[72]。在驗明湖北生絲「質性甚佳，與江浙之絲相去不遠」[73]之後，建議朝廷允准「亟應官開其端，民效其法，庶可以漸開利源」[74]。張之洞在等候朝廷的批復的同時，籌得資金八萬兩（撥善後局揚州紳士嚴作霖善捐存款銀三萬兩、鹽道庫外銷款銀一萬兩及商股四萬兩），交予商人黃晉荃承辦湖北繅絲局。黃曾在上海開設機器繅絲廠，在漢口設有絲行，對繅絲一行輕車熟路，張之洞希望能借助黃的經驗，創辦湖北繅絲官局。經張之洞的多方籌措，一八九五年湖北繅絲官局動工，一八九六年建成。地址設於武昌望山門外巡司河北岸（今武昌造船廠內），占地一點二萬平方米。主要設備由上海瑞記洋行提供，瑞記洋行欺詐隱瞞，以次充好，致使機器零部件缺損嚴重，後經黃晉荃全力爭取，退回零部件千餘件，挽回部分損失。

71 孫毓棠編《中國近代工業史料》第 1 輯下冊，科學出版社，1957 年版，第 951 頁。

72 張之洞著，趙德馨主編《張之洞全集》第 2 冊之《開設繅絲局片》，武漢出版社，2008 年版，第 205 頁。

73 張之洞著，趙德馨主編《張之洞全集》第 2 冊之《開設繅絲局片》，武漢出版社，2008 年版，第 205 頁。

74 汪敬虞編《中國近代工業史資料》第 2 輯，科學出版社，1957 年版，第 582 頁。

繅絲官局有職工四百七十人，其中女工約四百人，大部分是從上海招募的。有機器二百零八臺，每日產絲五十斤，上等品三十斤。繅絲局所用的原料全為湖北所產黃絲，以沔陽居多。所製成的絲雖然沒有江浙絲質好，然其色澤亦甚細潔勻潤。

・二十世紀初湖北繅絲官局

一九〇三年《關冊》載：「武昌絲局繅成黃絲二百五十擔，全運上海，轉售外洋，每擔價銀八百至九百兩。」[75]

繅絲局生產經營八年（1895-1902），其間一八九七年，黃晉荃提出經營繅絲局，張之洞未答應，黃亦不願再留絲局，張之洞又招上海樊時勳來鄂商辦，但仍有虧蝕，於一九〇二年招商承租。

（四）湖北製麻官局

湖北是種麻大省，豐產時年產約三十萬擔。但湖北沒有製麻

75 張之洞著《張文襄公全集・牘稿》卷 12 之王秉恩《購德機器設製麻局稟報》。

工廠，農民只能將苧麻賣給外商，外商加工後再高價賣給中國，道員王秉恩向張之洞稟報：「川鄂所出之苧麻皆屬上產，只以商民不諳製造，視為粗質，悉以賤價售諸洋商，販寄回國，織成各樣匹頭，仍運來華銷行。」並感歎道「皆由於中國無此項製麻專廠以盡物之用，以為民之倡，坐使美材供人利用。若不因時設法抵制，實為一大漏卮」。[76] 他強烈呼籲創辦製麻廠，制止利權外溢。此建議立即得到張之洞採納，並於一八九七年正式籌創製麻局。這是我國製麻業之濫觴。

湖北製麻局設在武昌平湖門外（今武昌生物製品所一帶），占地約 3 萬平方米。一九〇四年開建，一九〇六年建成開工，有職工 453 人。創辦時官本 70 餘萬兩，撥官銀 20 萬兩，向德商瑞記洋行訂購脫膠、紡紗、機織整套設備，連同運輸、保險等費用，共 14043 英鎊，約合白銀 10 萬餘兩。同時雇用日本技師做技術指導，培訓職工，經過培訓，工人對製麻技術已基本掌握，並能在生產上獨立操作。製麻局分一、二兩廠。一廠機器主要有織麻機 100 臺、紡細麻機 66 臺、繅絲機 19 臺。二廠機器主要有椿布機 1 臺，織水喉機 5 臺，寬織布機 18 臺，織麻帆布機 14 臺。製麻局生產原料由湖北各地供給，產品有麻紗、粗細麻布及麻袋，每日產麻紗最高達 300 斤（80-140 支），織物平均每日出 500 米，供於漢口市場。

76 原出自《布萊克本商會訪華團報告書》，轉引自《武漢紡織工業》編委會編《武漢紡織工業》，武漢出版社，1991 年版，第 43 頁。

可是，製麻局終因用人欠妥，經營管理不善，經營四年，連續虧損，難以為繼，於一九〇二年與其他三局一起招商承辦。一九二六年北閥軍攻進武漢時，麻局第一工廠的折布廠和細麻廠毀於炮火，後來廠房撥借給武昌水廠，一九三一年大水，淹沒廠房，一切均損，武漢淪陷前夕，舉廠遷往四川萬縣，易名湖北省建設廳麻織廠。

四局從開辦到招商，歷時十六年，用銀三百一十六萬兩，開始幾年，略有盈利，每年股息或一分半，或一分，到一八九八年之後因虧損，停發股息。湖北布紗絲麻四局，以布、紗兩局規模最大，四局紡織工人是我國第一批機器紡織工人，「工人年齡從七八歲到四五十歲不等，但童工占大部分，並多係幼童。進廠後先當學徒練習，通過所謂『查工』，根據檢查當時工作如何，一二年成為幫手，四五年成為正車，逐漸升級。工廠內十二三歲的孩子實在多得很，外國人參觀時，對於在各種機器上使用這麼多兒童，感到驚訝」。[77]「織布局全為男工。紡紗局一八九七年移交官辦，過去一直雇用女工，立即解雇，由男工接替。」工人們工資低，工作時間長，受監工的欺詐。織布局英國技師總監工德金生一八九三年給英國曼徹斯特的一家報紙寫信說：「這工廠中的工人都是男工和幼童。

工人們離開工廠出去散步的機會都很少，因為廠中工作是早

77 原出自《捷報》1897 年版，轉引自《武漢紡織工業》編委會編《武漢紡織工業》，武漢出版社，1991 年版，第 43 頁。

晨五點鐘直到下午六點鐘，每隔一個星期日才休息一天。這些工人很可憐，因為他們瘦到只有皮包著骨頭，五十人裡面，也找不到一個體格健康的人。」[78] 工人們夜班「通夜工作，僅僅只帶有一點稀粥作為糧食」找機會匆忙地吃掉。[79] 當時美國絹業協會曾調查美、法、意、日、中等國紡織工人工資和工作時間，得出結論：中國工人勞動最多，所得最少。中國紡織工人比美國紡織工人工作時間長四至六小時，工資卻是美國工人的 3.3%-6.6%。[80] 除了工資外「沒有分紅，沒有俱樂部設施，沒有勞工保護法，沒有疾病治療設備」。工人的勞動條件極其惡劣，安全也不能得到保障。一八九三年一月，布局剛開工，幾個幼童因工作不慎，幾乎慘死，一個幼童把手攪進機器，軋落了一個手指，另一個手背的皮全被碾掉。[81] 一八九五年「有結換紗頭之小孩，忽為機器所傷，旋即斃命」。[82] 一八八九年，鍋爐爆炸，轟斃四人。[83] 四局的工人遭到殘酷的經濟剝削外，「還受到非人的暴力壓迫」，工人不堪忍受，自發地用怠工、毀損機器等方法進行反抗鬥爭。一八九四年九月，織布局和紡紗局的紗布暢銷正需人員，但因工人

78 原出自《捷報》1897 年版，轉引自《武漢紡織工業》編委會編《武漢紡織工業》，武漢出版社，1991 年版，第 43 頁。

79 原出自《布萊克本商會訪華團報告書》。轉引自武漢紡織工業編委會編《武漢紡織工業》，武漢出版社，1991 年版，第 43-44 頁。

80 1910 年 3 月 5 日《商務官報》。

81 原出自《捷報》卷 50。轉引自武漢紡織工業編委會編《武漢紡織工業》，武漢出版社，1991 年版，第 44 頁。

82 《申報》1895 年 5 月 29 日。

83 《中外日報》1900 年 11 月 13 日。

們反抗，不得不開除「頑鈍者」數百人，致使夜工聚停。[84]

雖然四局工人待遇惡劣，但工人們的技藝優秀，當時參觀四局的外國訪華報告團如是描述：「棉紡織方面，所有雇用中國工人的配方雇主和監工都同意中國工人在手藝的輕巧方面是特出的。他們表現出特有的耐性，能和英國工匠一樣熟練地安裝並修理機器。」[85]

（五）湖北氈呢廠

湖北氈呢廠，占地約一百三十畝。創辦於一九〇八年，地址在武昌下新河營坊口，為武漢地區毛紡織工業之始。氈呢廠以候補道嚴開第為總辦。議定官商合辦，資本總額六十萬銀元，除官股三十萬銀元已由官錢局如數撥給外，所有商股，則由嚴陸續向滬、漢各地及外埠華僑方面募捐。到開工時，僅招得商股十三萬二千九百五十元。從德國禮和、信義兩家洋行購進設備六十八部，毛呢機十八部，毛紡錠一萬零八百零二枚，招收工人二百四十六人。氈呢廠創辦時是制軍呢氈毯，以供軍警郵差及鐵路人員等服裝用。後因資金周轉不靈，不到一年，停工數次。一九一〇年十二月，因經費不敷，即停工結帳，一面呈請撥款救濟。這時瑞澂任湖廣總督，以嚴辦廠不力，管理不善為由，於一九一一年

84 《申報》1895 年 1 月 2 日。

85 原出自《布萊克本商會訪華團報告書》。轉引自武漢紡織工業編委會編《武漢紡織工業》，武漢出版社，1991 年版，第 43-44 頁。

改委試用道王潛剛接辦，由官錢局墊借銀二十萬元，籌備復工。開工不久，辛亥武昌起義，廠中職員紛紛逃散，損失嚴重。光復後，炮隊營長張正基渾水摸魚，自詡護廠有功，請示湖北都督黎元洪委任他為氈呢廠廠長。黎即答應，由其繼續開辦。實際張無心開工廠，他趁混亂，將廠中所存氈呢及已制產品賣出，從中獲得資財一筆，當混亂結束，股東催開股東大會時，張為搪塞耳目，以賤價購買下等羊毛及廠存殘料，並用腳毛摻棉花，趕造粗製貨物，以蒙蔽股東，也就是這批次貨賣出後，使廠子聲譽受損。一九一三年張又接玩花招，使該廠無以為繼，遂由商人承辦，然而終因無力回天，停工待產。後由陸軍部接管，改為陸軍織呢廠。

表 4-4 清政府在武漢創辦紡織工廠統計

廠名	開設年份	資本額	工人數	主要生產設備
湖北織布官局	1892	1342700 元	2500	紗錠 40592 枚 布機 1000 臺
湖北紡紗官局	1897	1200000 元	1800	紗錠 50064
湖北繅絲官局	1894	40000 元	300	繅絲鍋 208 臺
湖北製麻官局	1897	70 餘萬兩	453	紡麻機 66 臺 織麻機 100 臺
湖北氈呢廠	1908	60 萬元		

表注：①湖北織布官局一八八八年在廣州籌備，一八九二年在武昌建成，一八九三年開工生產，一九〇二年應昌公司承租，一九一一年九月大維公司承租。

②湖北紡紗官局一八九四年籌辦，一八九七年建成，原計畫增建南廠，未成，紗錠於一九〇二年交張謇辦南通大生紗廠。

③湖北繅絲官局一八九四年建成，一九〇〇年開車生產，一九〇二年租給應昌公司。

④湖北製麻官局一八九七年建成，一九〇四年開工生產。
⑤湖北氈呢廠初辦時為官商合辦，各出資三十萬銀元。

（六）其他官辦工業

張之洞繼開辦漢陽鐵廠、湖北兵工廠，以及布、紗、絲、麻四局，湖北氈呢廠之後，又陸續在武漢興辦了湖北銀元局、湖北制幣局、武昌製革廠、白沙洲造紙廠、湖北官磚廠、湖北針釘廠、湖北印刷局等其他一些企業，這些企業延伸了武漢工業門類，填補了武漢工業企業的空白，使武漢近代工業形成出立體發展網絡。

1. 湖北銀元局

銀元，又稱銀洋。十九世紀中葉，隨著中外貿易增長迅速，外國銀元大量流入中國，其中尤以西班牙本洋和墨西哥鷹洋輸入最多。西班牙本洋自明朝末年至清朝道光二十三年（1643-1843年），二百年間輸入一億多元，墨西哥鷹洋到清朝末年輸入近三億元之多。洋商用鷹洋、本洋套購我國白銀（因外國銀元一般重七錢二分，含銀率百分之九十，即實含銀六錢四分八釐，在兌換中國元寶、銀錠時可兌到七錢二分甚至八錢，每枚銀元導致虧損實銀一錢左右，即鷹洋「以九成之銀，易我十成之銀」），我國白銀「歲耗以萬億計」。清廷許多大臣提議自鑄銀元，與洋元相抗衡，張之洞是最積極的倡議者。

張之洞主政湖北，鑑於「漢口、宜昌兼為華洋通商口岸，商賈雲集，用錢量廣」，[86] 又「因銀元大小輕重均有定式，取攜甚便，尤利行遠，商民便之。不獨閩、廣、江、浙及江西、安徽、湖南等省商民貿易通用銀洋，如湖北漢口、沙市一帶向來亦多行用。至商輪來往，則全用洋銀交易。利權所在，尤當因時制宜」。[87] 即與巡撫譚繼洵聯銜向清廷奏請在武昌「開鑄銀元」，援照其創建廣東銀元局的成案，創辦湖北銀元局，以「補製錢之不足」，以應武漢洋務事多、市面流通的製錢嚴重不足的局面。

湖北銀元局創於清光緒十九年（1893 年），地址在武昌三佛閣街舊守備署（原稱「湖北機器鑄錢局」）。道員蔡錫勇為銀元局總辦，負責局內一切事務，同時令其遴選廉潔人員及洋匠，光緒二十年（1894 年）十二月，湖北銀元局正式建成投產。

湖北銀元局鑄造銀元種類有大銀元（重庫平七錢二分）、兩開（重三錢六分）、五開（重一錢四分四釐）、十開（重七分二釐）、二十開（重三分六釐）五種規格。所鑄銀元面文、圖案均仿照廣東「龍洋」，重量、成色仿照墨西哥鷹洋，正面有「光緒元寶」及「湖北省造」等字樣，背面為蟠龍圖案（兩側有「本省」二字，後刪除），含銀九成。為保證銀元成色，湖北銀元局早期多用外國銀條，並聘有洋化學工程師一人，「較准成色，依法配

86 張之洞著，趙德馨主編《張之洞全集》第 3 冊之《請鑄銀元折》，武漢出版社，2008 年版，第 120 頁。

87 張之洞著，趙德馨主編《張之洞全集》第 3 冊之《請鑄銀元折》，武漢出版社，2008 年版，第 120 頁。

合製造……實與市行外洋銀錢輕重相同，成色亦好」。[88]

為了保證湖北銀元的銷路，張之洞積極謀劃，利用江蘇省用銀元最多，正擬籌設銀元局之機。與湖北巡撫譚繼洵商議後，一八九五年一月上奏朝廷，主動將「湖北銀元局歸併南洋（南洋本指江蘇、浙江、福建、廣東等南方沿海省份，這裡僅指兩江總督所管轄的江蘇、安徽、江西三省）經理，餘利協濟鄂省」。[89] 這年十一月，張之洞仍奏請「將鄂局歸南洋經理，江南（本指江蘇、安徽兩省）不另設局，以免相妨」。[90] 其具體辦法是「籌款行銷，南洋任之，如有盈餘，酌量津貼鄂省」。[91] 經張之洞的一再請奏，得到朝廷允准，由江南籌集鑄本和負責銷售，湖北負責鑄造，直到光緒二十三年（1897 年）冬江南自行設局鑄造為止。此外，湖北銀元局在開鑄之初，其所鑄銀元在上海並不暢銷，上海人對它也不信任，認為其成色低，有的甚至將其銷毀。張之洞得知此事後十分重視。他一面令上海道「傳諭各銀行錢鋪通行使用……嚴禁銷毀」，同時，電請蔡錫勇「速即督同洋化學師將所出銀元詳加考驗」。經洋化學師將湖北銀元與鷹洋當眾化驗比

88 張之洞著，趙德馨主編《張之洞全集》第 3 冊之《進呈湖北新鑄銀元並籌行用辦法折》，武漢出版社，2008 年版，第 266 頁。

89 張之洞著，趙德馨主編《張之洞全集》第 3 冊之《進呈湖北新鑄銀元並籌行用辦法折》，武漢出版社，2008 年版，第 266 頁。

90 張之洞著，趙德馨主編《張之洞全集》第 3 冊之《湖北銀元局請仍歸南洋經理折》，武漢出版社，2008 年版，第 308 頁。

91 張之洞著，趙德馨主編《張之洞全集》第 3 冊之《湖北銀元局請仍歸南洋經理折》，武漢出版社，2008 年版，第 308 頁。

較，證明湖北銀元比鷹洋成色還好，「以釋群疑」。經此風波後，湖北銀元乃得以在沿江沿海各省暢行無阻。為了盡量擴大湖北銀元的流通量，張之洞還決定湖北、武昌地區的軍費、各機構官員的薪俸、學堂師生的薪金和津貼等，不再發銀兩和製錢，而「一律改發湖北局所鑄龍紋銀元」。

隨著銀元鑄造發行機構越來越多，成色參差，一時銀元市場混亂，光緒二十五年（1899 年）四月，朝廷因「各省設局太多，分量、成色難免參差，不便民用，且徒靡經費」[92]，決定關停大部分省份銀元局，而湖北、廣東兩省銀元開鑄較早且已有信譽，乃令其他「各省如有需用銀元之處，均歸併該兩省代為鑄造應用，毋需另籌設局，以節糜費」。[93] 光緒二十七年（1901 年）七月，朝廷因湖北、廣東兩省銀元「成色較准，沿江沿海均已通行」，[94] 又令「該兩省多籌銀款，源源鑄造……此外各省並可撥款附鑄，不必另行設局」。[95] 由於銀元鑄造有一定餘利，有些省份並未遵照朝廷命令列事。光緒二十九年（1903 年）至三十年（1904 年），張之洞奉命在京師釐定學堂章程，可能受到朝中保守派的影響，不僅積極支持以兩省銀元為新銀元的鑄造標準，而且力圖儘快付諸實行。光緒三十年（1904 年）八月，他向朝廷

92 中國人民銀行總行參事室金融史料組編《中國近代貨幣史資料》第一輯（下），中華書局，1964 年版，第 798 頁。

93 中國人民銀行總行參事室金融史料組編《中國近代貨幣史資料》第一輯（下），中華書局，1964 年版，第 798 頁。

94 《清實錄》卷四八五，光緒二十七年七月丙子。

95 《清實錄》卷四八五，光緒二十七年七月丙子。

奏請在湖北試鑄一兩重銀元，張之洞奏請試鑄一兩銀元得到朝廷允准，湖北銀幣局（光緒三十年十一月銀元局改稱銀幣局）於當年十二月正式開鑄，新銀元面文為「大清銀幣」，背面有雙龍戲珠圖案及「壹兩」面值。一兩銀元鑄成後，張之洞飭令有關「司道關局」及「全省府廳州縣，無論何項賦課稅捐，一律應照庫平足銀收介，不准稍有抑勒」。同時規定「以後舊日銀元，即作為生銀，仍聽民間照常行用，隨市漲落，不得視為國幣」。可惜的是張之洞採用先進的鑄造技術鑄造一兩重「大清銀幣」一上市即流通不暢，僅鑄造了七十多萬枚便被迫停鑄。

湖北銀元局的銀元鑄造量，起初每日 5000 兩，一月後增至每日 14000 餘兩，每月可鑄 40 萬兩，據民國二十四年《財政年鑑》載：湖北銀元局光緒二十五年（1899 年）鑄銀元 154 萬餘元，光緒二十六年（1900 年）為 165 萬餘元，光緒二十七年（1901 年）為 121 萬餘元，截至民國十七年共鑄 9600 萬元。

表 4-5 湖北所鑄銀元的成分

年代	種類	每千分		每元重量（庫平）	每枚含銀（庫平）	每枚含銅（庫平）	附注
		純銀	銅並雜質				
光緒	一元	903.703	96.297	0.7226	0.6530	0.0696	含金極微
宣統	一元	901.697	98.303	0.7261	0.6547	0.0714	
光緒	半元	863.720	136.280	0.3536	0.3053	0.0482	
光緒	二角	820.080	179.920	0.1415	0.1160	0.0255	
光緒	一角	821.085	178.915	0.0684	0.0562	0.0122	

注：《中華幣制史》第一輯，1925 年。

2. 湖北銅幣局

銅錢是我國最久遠的貨幣，歷代帝王改元，每更鑄銅錢冠以年號。清代的銅錢亦稱「製錢」。雍正時，湖北設寶武局鑄造製錢，每文重一錢二分，曆乾隆、嘉慶、道光三代。光緒二十二年（1896 年），張之洞督湖廣，以寶武局舊址，改建鑄銅錢局，採用洋銅鑄造製錢，每文重七分。光緒二十三年，湖北市場「錢無來源」「商民益形艱困」，私鑄的鵝眼小錢流通廣泛，商民納稅則需大錢，形成湖北幣制紊亂，張之洞請奏設湖北鑄錢局，經朝廷允准，光緒二十四年湖北鑄錢局成立。

・武昌造幣廠造幣鍛壓機

湖北鑄錢局機器設備均為從美國進口的先進設備，每日可出錢一百串，開足時每日可出錢三百串，後因銅價上漲，加之西洋造幣機器不適宜鑄造有孔銅錢，虧折大，湖北鑄錢局隨即停辦，設備和廠房歸併入湖北銀元局。鑄錢局停辦後，武漢銀元吃緊，市場流通滯緩，而廣東鑄造銅元獲利大，福建、江蘇等省相繼開鑄銅元，獲利頗豐，張之洞複又主張開辦湖北鑄錢局，並於光緒二十七年（1901 年）令湖北銀元局試鑄當十銅元一百萬枚，由官錢局試銷，與製錢相輔使用，商民甚覺便利，反響甚好。光緒二十八年（1902 年）八月，湖北鑄錢局才正式就銀元局東舊鑄錢局廠屋開辦，改名為銅幣局，與銀元局分開，「此後，銅幣局專管鑄造事宜，其籌撥工本、購買銅鉛、推廣行銷，均責成官錢局經理」，[96] 並委候補知府高松如為提調，統管鑄幣局日常事物。

隨著武漢商業的繁盛，市場對製錢需求量日益增多，湖北銅幣局先後數次進行擴建，並引進各種先進設備。光緒二十九年（1903 年），擴充庫房及熔銅、輾片兩廠及大力推進各項工程。三十年，擴充電爐房、馬力房、印花搖洗兩廠及庫房各項工程。三十一年，又擴充熔銅、輾片、印花等廠及汽爐各項工程，經過幾次擴建後，湖北鑄幣局共計有廠房十七間，庫房三所，辦公及員司雜役住房四十四間，熔銅及烘片、烘餅等爐二百四十口，小池一口，水櫃二具，大小煙筒二十九座，引擎十一副，鍋爐十一座，輾片輥三十副，舂餅機二十三架，光邊機十三架，印花機一百五十架，電燈機二架，各項零星機件皆備，其規模為各省之冠。鑄幣局開鑄之始，日出銅元四萬枚。二十九年冬，增至日出百萬枚。三十一年（1905 年）後，日夜趕鑄，最多時，可日出四百萬枚。有人評論「銅元局全盛時代，實可謂光緒三十一年之時。共計全國有局者十二省，為局十有五。……湖北則曰武昌局，其機器之多，則尤以武昌為最，凡百五十具」。[97]「自開辦起至三十二年（1906 年）十二月十五日止，鑄造當二十、當十、

96 張繼熙著《張文襄公治鄂記・幣制之更新》，第 40 頁。
97 沉剛著《武漢銅元史述略》，《銀行雜誌》第二卷第七、八號合刊，1925 年 2 月。

當五三種，均交官錢局如數行銷，廠中無存。」[98]「當時商民以銅元式樣新穎，攜帶便利，咸樂為使用。需要日盛，幾於應接不暇，開辦未幾，而鑄數已數千萬枚，獲利一日數十萬，與天津銅元局大有頡頏之勢。」[99] 光緒三十二年，戶部侍郎陳壁考察幣局後，擬定將鑄幣局定名為度支部造幣鄂廠，由部委會辦一員，來廠會同省委總辦，辦理廠務，每年部提四成盈利。

隨著全國各省銅元局蜂擁而上，銅元氾濫，成色參差不齊，光緒三十一年十月二十三日，朝廷鑑於「現查各省鑄造銅元，毫無限制」[100]，「銅元充斥，民用足敷」。[101] 戶部出臺了「業經開辦之局，不准增機，未經設局之處，不准添設」[102] 之規定，同時，擬令「江蘇、湖北、廣東等大省每日造數不得愈百萬，直隸、四川兩省每日造數不得逾六十萬，其餘各省每日造數不得逾三十萬，成色分兩均須遵照財政處、戶部奏定章程，不得稍有歧僅。並由臣等隨時派員稽查，如不遵照奏章，將承辦人員嚴行參

98 《武漢金融志》編寫委員會辦公室，中國人民銀行武漢市分行金融研究室編《武漢近代貨幣史料》，1982 年版，第 6-7 頁。

99 沈剛著《武漢銅元史述略》，《銀行雜誌》第二卷第七、八號合刊，1925 年 2 月。

100 《武漢金融志》編寫委員會辦公室，中國人民銀行武漢市分行金融研究室編《武漢近代貨幣史料》，1982 年版，第 14 頁。

101 《武漢金融志》編寫委員會辦公室，中國人民銀行武漢市分行金融研究室編《武漢近代貨幣史料》，1982 年版，第 14 頁。

102 《武漢金融志》編寫委員會辦公室，中國人民銀行武漢市分行金融研究室編《武漢近代貨幣史料》，1982 年版，第 14 頁。

辦」。[103] 這項規定的下發，嚴重衝擊湖北銅幣局的利益，張之洞趕緊上奏《請勿限湖北鑄額折》，折中列舉「勿限制湖北鑄額」的三大理由，望朝廷能根據湖北的實情，酌量考慮，撤銷對湖北的限令，未得到朝廷應允，張之洞不得不停止湖北銀元局和漢陽兵工廠鑄銅幣，並且限制銅幣的數量，之後，在湖北接任總督陳夔龍及江蘇總督端方、湖南巡撫岑春煊等一再請奏下，湖北、江寧、湖南幾省銅元雖未完全停止，然數量已大為減少，使用每況愈下，一九〇九年五月湖北銅幣局停止鑄幣。

湖北大量鑄造銅元，僅光緒三十二年以前就達八百四十餘萬元，銅元的鑄造不僅完全解決了製錢斷鑄後所造成的錢荒問題，而且為當時張之洞的「湖北新政」提供了大量的資金。

表 4-6 清末湖北銅幣局歷年鑄造銅幣概況

年份	鑄造數目				
	當十銅幣（枚）	當二十銅幣（枚）	當五銅幣（枚）	當二銅幣（枚）	一文銅幣（枚）
光緒二十八年	2874455				
光緒二十九年	160033000				
光緒三十年	440049200				
光緒三十一年	1217676000				
光緒三十二年	696980000	267500	5258000		1680000
光緒三十三年	668258000	26000	4046 000	784000	418000

103 《武漢金融志》編寫委員會辦公室，中國人民銀行武漢市分行金融研究室編《武漢近代貨幣史料》，1982 年版，第 14 頁。

年份	鑄造數目				
	當十銅幣（枚）	當二十銅幣（枚）	當五銅幣（枚）	當二銅幣（枚）	一文銅幣（枚）
光緒三十四年	493160000		542000	60000	29180000
宣統元年	219790000				
宣統二年		2144370			
宣統三年	68630000	2619790			

注：1930 年 1 月《財政部錢幣司章制彙編》及中國人民銀行總行編《中國近代貨幣史資料》。

3. 武昌製革廠

武漢是有名的皮革銷售地，「舉凡河南、四川、湖南、湖北、陝西、甘肅、江西、貴州、山西等省之所產，大都以本市為外銷之總匯」。因而武漢的皮貨原料十分豐富。光緒四年（1878 年），武漢就有西式皮革的加工，漢陽人黄永紅在漢口設攤為外國人修理皮鞋，從修理中學會了皮革的製作技術。光緒三十三年清政府創辦武昌善技場，內設皮革科，生產皮靴、皮鞋，設在武昌蘭陵街的陸軍工廠、漢口勸工院亦生產各種靴鞋，此外還有商人宋煒臣開設華勝公司、張開文的製革公司等私營作坊生產皮鞋，這些均為零星生產，未成規模。

光緒三十三年（1907 年）湖廣總督張之洞在省城保安門外南湖岸旁建造廠屋，購機開辦製革廠。起初擬招商承辦，然無人問津，後只得由湖北官錢局撥款五萬兩自辦。

湖北製革廠廠房由德國洋匠詔德士設計，所用機器設備也均采自德國，雇請德籍工程師做指導，該廠所生產的皮件主要供漢陽槍炮廠所應需配用之皮帶、彈盒、刀鞘、馬鞍及軍靴、皮袋等件，「每日盡〔僅〕能制皮數張，近經力加整頓，頗有進步，每日已增至十餘張，並仿製洋式革物如皮包等類，約有數種，頗能合用」。[104]

4. 白沙洲造紙廠

一九〇七年湖廣總督張之洞委派候補道程頌萬、高如松在武昌白沙洲望山門外白沙洲占地一百零一畝，費銀一百萬兩，興辦白沙洲紙廠。一九一〇年正式投產，以破布、竹、木、棉、草等為原料，日產三點五噸毛邊紙、連史紙和印書紙，年產量達十二萬七千噸。

白沙洲造紙廠的機器是從美、英、比利時購回，聘有外國技術人員做指導。但因缺乏管理經驗，加之洋貨傾銷，生產日漸萎縮，企業嚴重虧損。白沙洲造紙廠生產一年後停產，一九一三年轉租給商人經辦，斷斷續續經營到一九二〇年，終於停產。

5. 湖北針釘廠

一九〇七年張之洞以湖北所需針釘多係進口，市場需求量大，有利可圖，申請籌建湖北針釘廠。湖北針釘廠在漢陽赫山銅幣局舊址，毗臨襄河，占地面積約一千七百方丈。是由張之洞委派候補道黃厚成會同官鐵局候補道高如松籌建的。湖北針釘廠一九〇七年開工，一九〇九年正式投產。由官方投資銀三十萬兩。除鍋爐、馬達仍用造幣廠舊機外，又向德商瑞生洋行購造釘機三

104 《時報》，1907 年 9 月 12 日。

十部，螺釘機、造針機（拉鋼絲機）、電燈機件等全套機器，費用二十一萬兩。為使中國機匠能獨立操作機器，針釘廠雇用英籍工程師三人，定期一年教會中國機匠藝徒操作。湖北針釘廠產品除在省內批發外，並銷往長沙、蕪湖、鎮江等埠，且在省境銷售者，繼任總督陳夔龍特「准其專利十五年」，奏准「免稅三年」。為確保官款投資的五釐利息，規定在該廠獲利較豐後，「酌提紅利以為報效」。但是，由於貪污浪費極其嚴重，管理十分混亂，弊端百出，商人卻步不前，以致建設週期過長，「開辦數年，未曾獲利」，最後，只好將虧空巨額公款的總辦黃厚成革職監禁，一九一一年租予南洋僑商染祖祿續辦，只製針而不製釘，不久也停辦。

6. 漢陽官磚廠

一九〇四年張之洞在省城武勝門外建一小型磚廠，其時正值武漢發展時期，民用建築與工業用房建設的高潮需要大量磚瓦，該廠所生產的機制磚根本無法滿足市場的需求。一九〇八年，張之洞擴大生產，決定在漢陽赫山北麓再造官磚廠，生產紅磚、青磚、耐火磚、紅瓦等產品，以供公私建造之需。

漢陽官磚廠開工後，日出紅磚三萬塊，紅瓦及火磚一千塊。最初磚廠所生產的磚瓦僅供漢陽兵工廠及武漢各署司、學堂、商家，其後隨著武漢日漸繁盛，新式建築日多，磚廠擴大規模，開始向民間供應機制磚瓦。

為擴大生產，漢陽官磚廠曾遷至艾家嘴，建築英式磚窯十三座、火磚窯一座、增添青磚窯四座，生產一段時間後，一九一一年磚廠又遷回原址，並更名湖北官磚廠，繼續生產。

張之洞在督湖廣期間，除主辦了上述一系列較大型企業外，還創辦有一些諸如貧民大工廠、手工善技廠、武昌印刷局、湖北模範工廠等一批小型手工企業，傳播西技，舒解民生。

第三節 ▶ 盛宣懷與漢冶萍公司

漢陽鐵廠從投產到一八九五年，投資巨大，耗損嚴重，又因焦煤問題，生產時常處於半停半開的狀態，加之所生產的鋼鐵只賣出銀子三萬四千八百二十五兩，僅占投產後兩年開支六十萬兩的 1.55%，投入產出相差甚遠，鐵廠進退維谷。時值中日甲午海戰失敗，政府需承擔億兩戰爭賠款，而朝庫空虛，朝中大臣、武漢官紳對連續虧折的鐵廠非議頗多，鐵廠生存難以為繼，「夙夜焦急」的張之洞數度向清廷拍發求援電報，當所有的求援宣告無效時，年近花甲的張之洞終於「心力交瘁」，支撐不住，只得遵皇命將漢陽鐵廠招商承辦。一八九六年五月二十三日，漢陽鐵廠正式轉為官督商辦，漢陽鐵廠從此由張之洞時期進入盛宣懷年代。在盛操控下，一九〇八年漢陽鐵廠再一次股權變更，邁進商辦的洪流，成為中國第一家集採礦、煉鐵、製軌於一身的股份製鋼鐵聯合企業，贏得「亞洲第一雄廠」的美譽。

一、盛宣懷接管漢陽鐵廠

從漢陽鐵廠決定招商承辦之日起，鐵廠的命運就頗費周折。開始張之洞擬招外商，他的這一想法遭到湖南巡撫陳寶箴、鐵政局總辦蔡錫勇的堅決反對，只好作罷，轉而改招華商。在招華商的問題上，張之洞也躊躇不已，經再三斟酌，決定保舉具有洋務經驗的官商盛宣懷來漢經營漢陽鐵廠。盛宣懷此時正好因在甲午海戰中貪污採購軍糧的公款，被禦史參劾，賦閑在家。張經過與盛的溝通後，雙方同意，並協商簽訂了招商章程（主要內容是：從接辦之日起每出一噸生鐵提銀一兩以還官本，官本還足之後，繼續提取以為報效；並先招商股一百萬兩，年利八釐，商辦之後，用人理事，均由督辦一人經手，重要事情隨時報湖廣總督考查等。且為了保證鐵廠產品銷路，清朝廷於同年九月任命盛宣懷創辦鐵路總公司，要求全國所需鋼鐵應向漢陽鐵廠購買，還批准漢陽鐵廠的產品減免釐稅 5 年），一八九六年盛氏接管漢陽鐵廠，漢陽鐵廠迎來了第二任掌門人。

・漢冶萍公司總理盛宣懷

（一）盛宣懷對鐵廠的初期整改

盛宣懷（1844-1916 年），字杏蓀，號愚齋，江蘇武進人，秀才出身，他曾任天津海關道、山東登萊青兵備道、會辦商務大臣、郵傳部尚書等職，清同治九年（1870 年）入李鴻章幕，協助李鴻章辦洋務。李鴻章曾稱讚他：「一手官印，一手算盤，亦官亦商，左右逢源。」作為直隸總督北洋大臣李鴻章的得力助手，盛宣懷一生經歷傳奇，成就不凡，是中國近代工業化的開創者之一。一八七三年創辦輪船招商局，一八七五年受委託辦理湖北煤鐵礦務，一八八〇年創建中國第一個電報局——天津電報局，一八九四年開辦中國規模最大的紡織企業——華盛紡織總廠，一八九六年起盛宣懷開始督辦鐵路。一八九七年他還在上海外灘開辦了中國通商銀行，這是中國第一家銀行。這一系列的洋務重舉，為其贏得良好的聲譽，因之被李鴻章、張之洞等洋務重臣刮目相看，相繼倚重，而他對西方近代企業管理方式與組織架構的瞭解，又使他成為繼張之洞後接管漢陽鐵廠的合適人選。

盛氏願接辦漢陽鐵廠，一方面是因為他對洋務的精通，另一方面則是其對湖北鐵務的熟悉與瞭解。盛宣懷接辦漢陽鐵廠之前，對湖北鐵務已有所涉及，他對湖北鐵礦的勘探較張之洞更早，舉辦湖北礦務的興趣較張之洞更熾。一八七三年，李鴻章、沈葆楨奏請在湖北廣濟、興國（今陽新）等處開辦煤礦，時任湖廣總督李瀚章受其兄李鴻章委託，於一八七五年六月會同湖北巡撫翁同爵、直隸候補道盛宣懷、湖北江漢關道李明墀、湖北候補知縣史致謨前往上述地區查勘，經查勘，發現該地區煤礦資源豐富，同年七月，盛宣懷就擬在廣濟縣盤塘設立「湖北官煤廠」，後因該廠旁落於招商局總辦唐廷樞之手，盛宣懷致電李鴻章將其改為官辦煤礦；一八七七年，盛宣懷又聘請英國礦師郭師敦、譚克、派克等人赴大冶鐵山踏勘；一八七九年，礦師郭師敦又探得湖北當陽觀音寺一帶煤質優良，僅窩子溝一脈與三里崗兩脈藏量就達兩百萬噸，具有較高的開採價值。盛宣懷聞訊，具文請開荊煤，旋獲批准，盛隨即著手在當陽觀音寺成立「荊門礦務總局」，並在上海招商集股，以官督商辦的形式開採此礦。雖然該礦盛氏僅開採兩年，即被飭令撤銷，但這為盛氏進軍礦業積累了一定的經驗。

所以，盛宣懷接管鐵廠後，即對鐵廠進行整改。他曾明確指出：「此鐵廠自四月十一日起，即屬公司歸於商辦，斷不能如從前官辦樣式，處處虧本。從前辦事均屬不合，現今必須將廠務辦法預先商定，總以得利為主。」[105] 這裡他直接表達了對漢陽鐵廠官辦時期的不滿，以及他扭轉鐵廠劣勢，改變鐵廠現狀的決心與信心。為此，他從上海輪船招商局將會辦鄭觀應調到漢陽鐵廠，委任其為鐵廠總辦，全權掌管鐵廠，並改漢陽鐵廠為總廠，大冶礦屬之。而且，面對鐵廠亂麻一團，他希望先從制度上固本清源，他在致鐵廠舊員德培的函中指出：「執事到廠已久，利弊自能洞曉。一、焦炭應如何辦為最省？二、生鐵爐應如何兩爐齊開？每出生鐵一噸，應合何價？三、熟鐵廠能否得利？每出熟鐵料一噸應合何價？四、鋼軌每日須造三四里，兩爐盡造鋼軌，每噸成本應合何價？五、馬鞍山、李士墩兩煤礦應如何辦，方能得利？六、三廠開銷應如何實在節省？此外，各事應如何整頓方能獲利？……凡公司辦事，必須通籌利益，立定章法，方能一一按

105 湖北省檔案館編《漢冶萍公司檔案史料選編》上冊，中國社會科學出版社，1992年版，第139頁。

照辦理。」[106] 他從利益角度出發，審慎思考鐵廠管理規則，以量化管理，指導鐵廠的生產與銷售。同時，為解決資金緊張，盛宣懷先後從輪船招商局、電報局及中國通商銀行、紡織公司等商辦公司集股兩百萬兩白銀作為廠礦生產的周轉資金。

（二）成立萍鄉煤礦總局

自漢陽鐵廠創辦以後，焦炭問題一直困擾著鐵廠。盛宣懷接任後，為徹底解決這個問題，派人到安徽、河南、江西等地探礦調查，探得江西萍鄉安源煤礦儲量豐富，煤質「礦輕灰少，煉焦最佳」，「為環球不可多得之礦」，符合漢陽鐵廠的標準，一八九八年張之洞與盛宣懷聯名奏請開掘萍鄉煤礦，成立「萍鄉等處煤礦總局」，委張贇宸為萍鄉煤礦總局總辦，委德國礦師賴倫負責工程，派武漢商人盧鴻滄、張韶甄前往開辦，先後購得宋家山、桐梓坡、大沖尾等處一千七百餘畝山田，並禁止另設公司，另開商井，各小產的煤由萍鄉煤礦統

・漢陽鐵廠高爐及其附屬設備熱風爐

106 湖北省檔案館編《漢冶萍公司檔案史料選編》上冊，中國社會科學出版社，1992年版，第139頁。

一收購，使安源周圍數十里內的煤井都為萍鄉煤礦所有，且設有機焦爐、土焦爐以及輔助設備等廠。一九〇七年（光緒三十三年）基建工程完成，萍鄉煤礦「廠屋連雲，深入腹山，則煤巷如市，電車、汽車之紛馳，輪船、駁船之挽運，其如火如荼之觀，外人到此者，蓋無不驚歎也」。[107] 投入生產，每日可出煤一千噸，出焦七百八十噸左右，其中土焦一百七十至一百八十噸左右。從此中國煤礦「北有開平，南有萍鄉」。而且萍鄉煤礦後來居上，超過開平煤礦規模。礦師賴倫在當時德國報刊上還專門撰文介紹該礦。萍鄉煤礦以其豐富的資源，引進國際先進的技術設備，而質優價廉的煤焦，蓬勃發展之勢蜚聲中外，被譽為中國人自辦的「第一之實業」「東亞有數之大煤礦」。萍鄉煤礦共投資計銀七百四十餘萬兩，由輪船招商局、漢陽鐵廠、鐵路總公司陸續入股一百萬兩，向德商禮和洋行借款四百萬馬克，年利息七釐，其餘是向各錢莊借貸，輾轉挪用，扯東補西，借款支付利息銀達一百五十萬兩。

（三）攻克煉鐵技術

在燃煤解決之後，擺在盛宣懷面前的另一道難關，即鋼鐵的品質問題。眾所周知，盛宣懷在接辦漢陽鐵廠之時，曾取得「鐵路總公司」的授權，也就是取得了盧漢鐵路的修築權及鐵軌供應

107 湖北省檔案局編《漢陽鐵廠史料選編》上冊《李維格為公司招股事在漢口商會上的演說詞》，中國科學出版社，1992 年 12 月，第 243 頁。

權，這本為好事，既保證了盧漢鐵路的開建，又為鐵廠產品提供了銷路。但因鐵廠產品品質問題，遲遲不能提供合格的鋼軌，令盛宣懷焦灼萬分，一籌莫展。一九〇四年，盛宣懷接受鐵廠總稽核李維格的建議，派李維格帶外籍工程師彭脫、賴倫到歐美考察，歷時八個月，最後經英國化學家史戴德化驗漢陽鐵廠所用大冶的礦石、萍鄉的煤焦，確認大冶鐵礦石、萍鄉煤焦質地均好，唯大冶鐵礦含磷高，酸性轉爐不能去磷，影響鋼鐵品質，煉出的鋼鐵含磷高，含炭少，容易斷裂。在此情況下，盛不得不對鐵廠進行改造。決定廢棄貝色麻而改用馬丁堿法，以去磷質，漢陽鐵廠「此十餘年未解難題，一朝渙然冰釋者也」。[108] 產業革命後期即十九世紀晚期和二十世紀初葉，科學在工業技術進步中起了革命性的作用，最突出的事例是冶金業、電氣工業和有機化學工業。鋼鐵工業誕生了轉爐工藝、交替平爐煉鋼法和湯瑪斯煉鋼法，漢陽鐵廠趁此分別從英、德、美國的九家工廠分別購置平爐煉鋼法熔爐及其所需附件，對舊有煉鋼爐更新換代，光緒三十一年（1905 年）漢陽鐵廠擴建改造工程開始，全部工程包括在煉鐵廠新建 477 立方米（日產生鐵 250 噸）高爐（3 號高爐）1 座，在煉鋼廠將原有的 2 座貝色麻酸性轉爐拆除，先易以容積為 30 噸的鹼性馬丁平爐 4 座，並暫時保留原有的 10 噸小馬丁爐，直至建成 7 座平爐為止。新建用煤氣加熱的 150 噸混鐵爐 1 座，配

108 湖北省檔案局編《漢陽鐵廠史料選編》上冊「李維格為公司招股事在漢口商會上的演説詞」，中國科學出版社，1992 年 12 月，第 243 頁。

35 噸電動鋼水包吊車 2 臺，10 噸電動橋式吊車 1 臺，50 噸電動行車 2 臺，立式鋼錠脫模機 1 臺。在軋鋼廠新建煤氣地坑（均熱爐）1 座，容積為 80 噸，用於鋼錠加熱，同時配備 4 噸電動行車 1 臺，以便吊起鋼錠。

新建一臺輥徑為一千零一十六毫米的全蒸汽可逆式初軋機及其輔助設施，一臺軋輥直徑為七百六十毫米的全蒸汽可逆式鋼板軋機及其輔助設施。在初軋機後面裝設一條可逆式全蒸汽鋼軌軋製線和一條鋼樑制線，用於軋製鋼軌和鋼結構型材。興建車轆廠、竣貨廠、擴充機器修理廠、電機廠。改造江岸裝卸碼頭，在碼頭上增設電動起卸裝置和鐵索道，使碼頭運輸能力達到每小時運輸鐵礦石一百噸、煤五十噸、焦炭五十噸。將廠區鐵路由六公里增加到二十四公里。另聘德國工程師四人，而且開闢了大冶鐵礦得道灣獅子山礦區，礦山生產規模擴大，年產鐵礦石達三十萬噸。經過改造，漢陽鐵廠的生產規模與生產能力大大提高，產品品質提高，產量增長。經過改造擴建後的漢陽鐵廠，面貌為之一新，美國駐漢領事曾說：「登高下矚，使人膽裂，斯奚翅美國製造之鄉耶。煙囪凸起，插入雲霄，層脊縱横，蓋於平野。化鐵爐之雄傑，輾軌機之森嚴，汽聲隆隆，錘聲丁丁，觸於眼簾，轟於耳鼓

・民國初漢陽鐵廠一派生產繁忙景象

者，是為中國二十世紀之雄廠耶。觀於斯廠，即知研究西學之華人，經營佈置，才略不下西人也。設廠之地，舊為窪區，潮張之所浸，荊榛之所叢也，立廠以來，建築鞏固，變昔日之窪澤鞠莽，為中國生利之名場，曾幾何時，江山頓改，地靈人傑，豈虛語歟。」[109] 鋼鐵產量逐年增加，產品品質優良，被稱為「東亞第一雄廠」，鐵廠除向盧漢、正太等鐵路提供鋼軌外，並向美國、日本、南洋群島出口鋼貨。光緒二十八年（1902 年）生鐵產量為 15825 噸，光緒三十年（1904 年）增加到 38771 噸，光緒三十四年（1908 年）達 66410 噸。銀行家、藏書家葉景葵撰文寫道：「全球馳名之馬丁鋼出現，西報騰布，詫為黃禍，預定之券，紛至遝來。」[110] 西方國家為此擔心失去鋼鐵市場的壟斷地位，哀歎：「中華鐵市，將不脛而走各洋面，必與英美兩邦角勝於世界之商場……嗚呼，中國醒矣！」[111]

中國近代工業企業的興辦是在國內和國際雙重壓力下發生和發展的，十九世紀六〇年代後半期，由於西方資本主義國家先進生產技術的輸入，國內一些重要口岸和重要產品集散地，如上海、廣州、福州和天津等地大量出現了以機器生產為特徵的新型工業，其結果不僅對國內生產力和生產關係產生了實質性影響，

109 顧琅編輯《中國十大礦廠記》，商務印書館，1916 年版，第 1 頁。

110 轉引自黃仂著《漢冶萍公司興衰之路的思考》，《萍鄉高等專科學校學報》第 26 卷第 5 期，2009 年 5 月。

111 轉引自黃仂著《漢冶萍公司興衰之路的思考》，《萍鄉高等專科學校學報》第 26 卷第 5 期，2009 年 5 月。

同時，也使以手工製造為特徵的中國傳統產業體系遭受嚴重衝擊，新的經濟制度呼之欲出，在這種形勢下，清政府不得不順應時代潮流，制定實施近代新型工業的措施，到了七〇年代，清政府在興辦近代軍事工業的過程中，也迫切需要發展與軍事工業相配套且當時社會又十分缺乏的燃料、礦冶、交通運輸等行業，為此提出了官督商辦的企業組織形式，希望在官督之下，廣泛招徠社會上的私人資金興辦企業，有資料顯示，從十九世紀七〇年代到一九〇三年九月，近代中國以官督商辦形式先後創辦的工業企業有四十餘家，其中以煤炭和金屬採掘業最為集中，官督商辦企業快速發展成為當時在中國占主導地位的企業組織形式。然而，官督商辦工業企業的出現，並不意味著新的企業組織制度的生成，也根本談不上傳統產業向現代化的轉型，它只能是一種在特定時期、特殊背景下生成的過渡型經濟組織形態。漢陽鐵廠官督商辦之後，表面上經營權、管理權等發生了部分的轉變，看似變成適應時代的一家近代化企業。實質上，鐵廠日常運行一切照舊。官督商辦只是張之洞一時的權宜之計，盛宣懷仍然要將鐵廠事務「隨時擇要稟報湖廣總督考查」，鐵廠的一切仍在張氏掌控中，最突出的是鐵廠各級管理人員多由清政府委派，官員直接把持企業的經營管理大權，其形式是由總督奏請皇帝任命，聽命於總督，總督擁有鐵廠至上的權力。實際佔有股份的商人在企業中並無參與決策的權利，因此所謂的「商辦」近乎有名無實。可想而知，漢陽鐵廠的經營仍未改變官辦時期的頹勢，從一八九六年五月接辦到一八九七年底，一年多的時間裡，鐵廠虧損七十餘萬兩，這種巨額的虧損，最終促成漢陽鐵廠走向商辦。

二、盛宣懷組建漢冶萍

（一）組建漢冶萍煤鐵有限公司

自鐵廠開辦以來，銀根緊張一直貫穿始終，官辦時期如此，官督商辦依舊，雖然其間無論是張之洞還是盛宣懷均採取各種措施，卻始終擺脫不了虧損的命運，特別是官督商辦後，盛宣懷對鐵廠進行了擴建改造，重新引進一系列適應鋼鐵產品需要的生產設備，且為解決鐵廠焦煤問題，開採萍鄉煤礦，然贏利局面始終未能出現，漢陽鐵廠、萍鄉煤礦十年都未發放股息，股民意見頻頻，加之漢陽鐵廠虧損，萍鄉煤礦見盈，商人認為「製鐵不如採煤得利之速」。在此情況下，盛宣懷經深思熟慮後，決定對漢陽鐵廠實行更徹底的改革，「將萍鄉有利之煤礦，併入漢陽虧本之鐵廠方可多招商股」，成立「真實商辦股份有限公司」。希冀融合社會力量，將鐵廠推上近代化企業獨立發展之路。盛宣懷在獲得張之洞和時任湖廣總督趙爾巽的支持後，於光緒三十四年二月向清政府奏准設立商辦漢冶萍煤鐵公司，清廷隨即批准，一九〇八年二月，中國第一個鋼鐵股份有限公司——「漢冶萍煤鐵股份有限公司」成立。此乃「東半球X茸之舊局，作西半球燦爛之奇觀。」[112] 新成立的「漢冶萍煤鐵廠礦股份有限公司」是由漢陽鐵廠、大冶鐵礦、萍鄉煤礦合併而成，是一個完全商辦的股份

112 湖北省檔案局編《漢陽鐵廠史料選編》上冊《李維格為公司招股事在漢口商會上的演說詞》，中國科學出版社，1992年12月，第244頁。

公司。總公司設在漢口、上海，煉鐵、煉鋼總廠設在漢陽，采鐵、運鐵局設在大冶，開煤煉焦、煉磚礦局設在江西萍鄉之安源。其碼頭、棧房設在漢口、武昌、大冶、萍鄉、株洲、韶山、長沙、嶽州，以及上海、鎮江、江寧、蕪湖、九江等處，各地均設有分銷所。公司擬招新股一千五百萬元，連同老股五百萬元，共二千萬元，每股五十元，合成四十萬股，然因國弱民窮，加之民眾對鐵廠的前途信心不足，實際招股相距甚遠，一九〇八年只招得一百餘萬元，一九〇九年集股一千零一十四萬元，到一九一一年實收股本一千三百萬元。

劉少奇曾說：「漢冶萍在東亞，它的存在比平常產業有更深幾層的重要，它不獨在國民經濟上佔有了極重要之地位，且為發展東方『物質文明』之根據。」[113]

（二）擴大生產規模

經過改制後的漢冶萍煤鐵廠礦股份有限公司，無論是在工作環節，還是組織結構上更合理、更有效，同時因吸引部分社會資金，公司對企業再次進行了擴改建。鐵廠生產規模逐年擴大。一九一一年，漢陽鐵廠已建成三座高爐，日產生鐵為 250 噸，年產鋼達 8640 噸。萍鄉煤礦年產煤 1115614 噸，大冶鐵礦年產鐵礦石 359467 噸，連續三年盈利，一九〇九至一九一一年間，漢陽

113 黃仂著《漢冶萍公司興衰之路的思考》，《萍鄉高等專科學校學報》第 26 卷第 5 期，2009 年 5 月。

鐵廠產品不僅行銷澳大利亞、香港及南洋諸島，美國西方鋼鐵公司也派代表來漢訂購。國內浙江、江蘇、福建、廣九、南潯、京漢六大鐵路所需鋼軌和零件 32105 噸，粵漢鐵路 8000 噸，津浦鐵路 8404 噸，都在鐵廠訂貨，總共訂貨達 58509 噸。僅此一項，就得銀 300 萬兩。而上海、武漢等地的各翻砂（鑄造）廠，也依賴漢陽鐵廠的生鐵維持生產。這是自漢陽鐵廠創辦以來少有的黃金年段，生產和銷售達到其有史以來最高峰。之後，辛亥革命爆發，漢陽鐵廠全廠停產，人員或逃離或撤退，鐵廠損失達 60 多萬兩銀。一九一二年十一月，漢陽鐵廠生產恢復到辛亥革命前的生產水平，其中生鐵和鋼貨更為突出。於是，公司董事會決定對漢冶萍再次興工擴建，一九一三年又新建 477 立方米高爐（4 號高爐）1 座，容積 30 噸平爐（7 號平爐）1 座，至民國六年才完工。第 4 號高爐民國四年動工興建，民國六年四月落成，七月才正式投產，其容積構造與 3 號高爐相同，3、4 號高爐爐蓋升降，均用電力，並備有蒸汽以輔助，增添鼓風機 3 臺，其中 2 臺為英國巴生廠出口，每分鐘 2400-2800 轉，另一臺是多而博廠生產，3、4 號高爐每座有二路查盤式熱風爐四座，除以上主體設備外，煉生鐵廠添購德製浪克霞式鍋爐十六座，班不克式鍋爐十一座，浪克霞式鍋爐有烯氣設備，英國雷式廠出產的離心抽水機四臺。經過改造後的鐵廠，生產能力進一步擴大，煉生鐵廠四座高爐齊開，日產生鐵可達七百噸，月產二萬一千噸，年產量以生產十個月計算，可產生鐵二十一萬噸。恰遇第一次世界大戰爆發，西方殖民者無暇顧及中國，加之鋼鐵原料價格暴漲，漢冶萍公司出現短暫的「黃金時代」。大戰期間，漢陽鐵廠有日開二百五十噸高爐二座，日開一百噸高爐二座，開容積三十噸的平爐七座，每日約生產鐵 700 噸，鋼 210 噸，大冶鐵礦年產鐵礦石 50-60 噸，萍鄉煤礦年產煤 90 多萬噸，產焦 23 萬-26 萬噸。煤焦、鐵礦石、生鐵、鋼材產量都大幅增長，共獲利 2940 多萬元。其中發放股息達 920 多萬元，占全部盈餘的 31%，發放董事長、經理等辦事人員酬勞獎金達 100 多萬元。世界大戰後，鋼鐵成為緊俏物資，價格成十倍增長，為滿足國內外市場需要，漢陽鐵廠生產了方鋼、圓鋼、扁鋼、等邊和不等邊角鋼、工字鋼、槽鋼、丁字鋼和八角鋼等多種產品。並以低價供應日本生鐵 20700 噸，以抵還日本債務，約占生鐵產量的 30%。民國三年一月三十日，漢冶萍公司參加在義大利首都舉辦的世界博覽會，其所產鐵礦石、煤、鋼鐵製品獲得最優獎，火磚獲銀牌獎，並獎李一琴（維格）、張君督文憑兩張。此外，這一時期又購置開辦了一批附屬廠礦，投資興辦了一些合資企業。

・漢陽鐵廠出產的鐵軌

從以上我們看出，商辦後的漢陽鐵廠，生產效益和盈利狀況都呈現了一派欣欣向榮的景象，鋼產量和生鐵產量連續創歷史新高。究其原因，一方面，股份制改造使漢冶萍在管理上、經營上，都很大程度上擺脫了清廷的控制，減少了官辦企業那種衙門式低效管理。在股東大會的監督下，能夠比較民主地決定公司的發展；另外一方面，股份制的改造推動了漢冶萍公司技術改建廠房擴建的完成，生產效率得到極大提高。

（三）走向沒落的漢冶萍公司

漢冶萍公司從開始創立起雖始終得到政府的庇護，其間也有短暫繁榮，但大部分時間步履維艱，困難重重，尤其是資金短缺長期困擾企業的發展，多次靠舉借外債渡過難關。一八九六年盛宣懷接辦漢陽鐵廠，由於招募商股十分有限，遂靠舉借外債維持經營和進行擴建。一九〇二至一九〇六年，向日商大倉組、日本興業銀行、三井物產株式會社貸款 425 萬日元，約合庫平銀 301 萬兩，一八九八年開辦萍鄉煤礦，又向德商禮和洋行、日商大倉組、華俄道勝銀行借款。一九〇八年重組漢冶萍公司時，因商股招募未達到預定計畫，又向日本借款。由於借款過多，公司漸為日本人控制。自一八九九年漢陽鐵廠向日本八幡鋼鐵所訂立通易煤鐵合同開始，盛宣懷即與日人勾結，規定大冶鐵砂除漢廠自用外，應優先售予日方。一九〇八至一九一一年，公司借外債十二次，其中向日方借六次。借款均以廠礦和鐵砂做擔保，鐵砂售價由雙方議定，不受國際市場影響。至一九一一年，該項公司總計用銀合規元 3200 餘萬兩，除股份 1000 萬兩外，餘者均為借款，利息負擔沉重，一八九六至一九一一年先後支付利息、股息 1000 餘萬兩。北洋軍閥統治時，該公司又向日本借款十七次之多，總額達 3700 萬日元合銀 262 萬兩，公司大權遂為日人掌握。第一次世界大戰結束後，國際鋼鐵價格猛跌，加之受日債影響，漢陽鐵廠由興盛轉入衰落，民國八年為適應國內鐵路建設的需要，雖然恢復了鋼軌生產，但這時 1、2 號高爐已破舊不堪，不能再生產了。民國十年，國民政府改變鋼軌式樣，庫存 48000 餘噸重軌報廢，漢陽鐵廠被迫停止生產。民國十一年生產 185 噸鋼後，煉鋼爐全部停產，第 4 號高爐於民國十二年九月停煉，第 3 號高爐於民國十三年停爐熄火。至此，漢陽鐵廠關閉，只留下兩百餘人護廠。

表 4-7 漢陽鐵廠歷年鋼鐵產量統計表

年份	全國鋼鐵產量（噸）	漢陽鐵廠鋼鐵產量		
		生鐵（噸）	鋼（噸）	合計（噸）
光緒二十年（1894 年）	5316	4636	680	5316
光緒二十一年（1895 年）	5040	4360	680	5040
光緒二十二年（1896 年）	12292	11055	1236	12291
光緒二十三年（1897 年）	32440	24022	8418	32440
光緒二十四年（1898 年）	422996.5	20490.5	22506	42996.5
光緒二十五年（1899 年）	45470	25483	20257	45740
光緒二十六年（1900 年）	48026	25892	22134	48026
光緒二十七年（1901 年）	41256	28805	12451	41256
光緒二十八年（1902 年）	38731	15825	22906	38731
光緒二十九年（1903 年）	38875	38875		38875
光緒三十年（1904 年）	38771	38771		38771
光緒三十一年（1905 年）	32314	32314		32314
光緒三十二年（1906 年）	50622	50622		50622
光緒三十三年（1907 年）	70686	62148	8538	70686
光緒三十四年（1908 年）	89036	66410	22626	89036
宣統元年（1909 年）	113406	74406	39000	113406
宣統二年（1910 年）	169509	119396	50113	169509

年份	全國鋼鐵產量（噸）	漢陽鐵廠鋼鐵產量		
		生鐵（噸）	鋼（噸）	合計（噸）
宣統三年（1911年）	131977	93336	38640	131976
民國元年（1912年）	180510	7989	3321	11310
民國二年（1913年）	310150	67512	42637	110149
民國三年（1914年）	355850	130846	51252	182098
民國四年（1915年）	385016	136531	48369	184900
民國五年（1916年）	414858	146624	45045	191669
民國六年（1917年）	400966	149929	42653	192582

注：錄自劉明義主編《漢冶萍公司志》，華中理工大學出版社，1990年，第26頁。

第四節 ▶ 清末官辦工業的式微與轉型

張之洞在督湖廣時創辦的各種官辦企業，屬中國第一批近代工業，這批企業有一個共同的特點就是封建國家所有，官辦色彩濃厚。考察這些企業，我們不難發現它們具有共性：企業受資本、運營、管理方法、人力資源等諸多因素的束縛，營運困難，有些企業逐步走向式微，有些則突破官辦的桎梏，尋找新的出路。然而這些在中國工業繈褓期誕生的企業，是中國早期工業的代表，總結其發展歷程，剖析其式微的成因及轉型的道路，對促進武漢今天的工業經濟發展仍具有十分重要的意義。

一、官辦企業的式微

一八八九至一九〇七年，張之洞總督湖廣十八年，積極推進新政，所為可圈可點處不勝枚舉，最突出的則是在武漢近代工業的創辦上。他創建了一批在全國有影響的企業，這些企業在張之洞的關心下，受惠頗多，最後雖有所成，然大多數則運轉不靈，這既有創辦者個人及時代的因素，也有企業自身所存在的技術落後、缺乏科學規劃、管理混亂、資金短缺等諸多問題，最終導致企業走向式微。

（一）企業技術缺失

鴉片戰爭以後，國門打開，資本主義國家的商品大量傾銷中國，其時國內建設所需的鋼鐵全部依賴進口，民眾生活所用的紗、布等日用品已逐步被洋貨所壟斷。同治六年（1867 年）進口鐵十一萬擔，到光緒十七年（1891 年）進口鐵達一百七十三萬擔，增加約十四點七倍，造成大量白銀外流。漢陽鐵廠建成後，卻因技術問題產品品質不過關，致使產品滯銷，無法與洋鐵相抗爭，國內一些軍工企業的生產仍靠洋鐵供應。張之洞創辦紗、布局，其紗布機器從英國訂購，由英商派人安裝。英方技術人員雖然安裝了機器，但對一些關鍵性的技術問題秘而不傳，致使紡出的十二支、十四支紗粗如繩索，織出的平布比帆布還厚，產品銷路不暢。甲午海戰後，湖北紡織產品銷售也每況愈下，一八九三年，湖北紗錠占全國的 40.54%，布機占全國的 65.35%，到一八九九年，紗錠只占全國的 15.4%、布機占 49.5%。加之當時全國紡織業競爭異常激烈，而外資廠則憑藉種種特權左右市場，洋紗、洋布在中國有增無減，據不完全統計，1894-1898年，在華中棉紗市場上，洋紗占 86.4%，說明洋紗對國產紗的壓力是經常存在的。一九〇二年以前，中國棉布市場，美國粗布進口比重占 80%-90%，國貨較少，細布來源則為英國獨佔。漢口進口棉紗一八九一年為七萬擔，到一八九五年增加了二倍，一八九九年增至六倍，一九〇三年增至九倍，使得武漢的棉紡織品銷路銳減，在「洋鐵」「洋紗」「洋布」等「洋貨」的傾銷下，幼小單薄的武漢官辦企業無力阻擋，節節敗退，其命運必然是漸趨衰弱。洋貨大量傾銷，極大地阻礙了武漢近代工業的正常發展，這是半殖民地社會條件下產生的必然結果。

（二）企業缺乏科學規劃

張之洞走馬湖北，在短短的四五年內，大張旗鼓在武漢做出一個又一個驚天之舉，成就雖「聳動中外」，然所辦企業一個接一個相繼陷入危機，甚至走向沒落，這與張之洞個人的辦事理念與個人行事作風有很大的關連。張之洞自小受儒家教育，天生就有舍我其誰的「救世主」的心態，對國事勇以擔當，果敢無畏，並且雷厲風行，迎難而上，這在當時封建官吏身上是少有的。然而或許正是其急功近利，乃至其做事缺乏科學周詳的規劃，一味貪大圖快，加之其對西藝、西技存在誤區，認為西藝、西技一切均好，造成其在武漢鐵廠、兵工廠等企業創建過程中存在嚴重的盲動性。在開辦鐵廠時，他既未做鐵廠前期的調查與規劃，又在對當時世界鋼鐵企業、煉鋼技術與設備一無所知的情況下，甚至鐵廠廠址還未選擇的前提下，盲目地花大筆資金從英、比、德等國訂購機器設備，購回的四十座鍋爐，只有十八座勉強可用，其他大部分設備則淪為嶄新的報廢品，致使鐵廠損失慘重。而所需的特種去磷高爐，鐵廠不得不又重新花重價進行補購。此種情況在鐵廠的地基建築上也是如此，張之洞因事先未對地基做深入勘測，建築中因鐵廠地基較低，江水倒灌，不得不投入更多的人物、物力，加高地基，加築防洪堤壩，防止洪水淹沒鐵廠。這樣重複投資、過分投資、反復建設的情況比比皆是。一次又一次的人為失誤，讓鐵廠的建設一延再延，資金鏈一斷再斷，致使企業資金周轉不靈，未及投產，就已經是弱不禁風、千瘡百孔了。

（三）企業管理混亂

封建性的管理制度束縛了企業的生命力。張之洞的思想中「官本位」極其嚴重。他認為當時武漢民間資本薄弱，民族商人固舊，目光短視，不能承擔興辦新式工業的重任。若想在湖北地區興辦企業，只能依靠官府，且企業只能走官辦之路。這充分說明了他對湖北地區民族資本家的不信任，甚至是漠視，因而影響到他在創辦企業時的行事方式，並且由此而產生的一些錯誤做法。另外，他將企業視作個人的私有財產，企業一切操控於他一人之手，雖然委任有總辦及其他基層領導，但整個企業其他席位形同虛設。同時，因他「官本位」思想嚴重，將企業作為一個官僚機構辦理，企業設有總辦、督辦、會辦、提調等官職。管理機構非常龐大，有總局，下設公務廳、文案處、報銷處、支應處、議價處等，均設若干官員，與官場無異。官吏到廠局中去，完全是為了做官，而不是為了發展企業，官派的代表對近代機械生產業務毫無所知，經營企業成了升官發財的敲門磚。由於企業即是封建衙門，所以官場中的一切弊病也同樣存在，如營私舞弊、貪污盜竊、揮霍浪費、任用私人、培植親信、排斥異己等腐敗作風在企業中氾濫成災。對於當時的情況曾有人指出：「今中國各項局務，皆以官為總辦，司賬者又由總辦延聘，只有隨聲附和，誰敢發伏其奸，故總辦任其非人，百弊即因之而起。」[114] 對帝國主義的依附性，生產效率低下，技術管理落後，機器運轉狀況極度不良，品質日趨低劣，在「洋貨」充斥國內市場的狀況下，產品缺乏競爭力，導致企業衰敗。從一九〇〇年起布紗絲麻四局部分停產。有人曾這樣評價道：洋務派既是近代紡織工業的創業者，也是四局的摧殘者。

（四）企業資金短缺

晚清中國國力衰弱，政府根本無力扶持地方興辦實業。張之洞們的圖強之舉，又常常因資金問題一籌莫展，甚至是英雄氣短，四處舉借，到處騰挪。為建鐵廠，張之洞向廣東、山西等省借款，甚至借助外資。一八九六年盛宣懷接辦漢陽鐵廠，由於招募商股有限，從一九〇二年開始，多次向日商大倉組、日本興業銀行、三井物產株式會社等外資機構貸款，借款總額度達 3700

114 轉引自計裕人著《以政帶工——洋務運動失敗原因再分析》，《安慶師範學院學報》社科版，第 26 卷第 3 期，2007 年 5 月。

萬元，其結果是漢陽鐵廠漸為日本人控制。四局在籌建和投產的過程中曾多方籌措，借商款 107.9 萬兩，借外省款 41 萬兩，利息達 5-9 釐不等，其中欠山西省債款 20 萬兩，為 9 釐計息，利息達 13.8 萬兩，約為本金的四分之三，無論盈虧，均須付給股息。

在建設四局時，張之洞為籌集建廠資金，他以年官利 15% 的利息吸收 50% 的商股，沉重的利息負擔，以及張之洞將布紗之利潤「挹注」給鐵廠、兵工廠，四局資金入不敷出，再加之四局購買原料繳納的「釐金」（系清政府在 1853 年為鎮壓太平天國革命運動籌餉銀而形成的，稱為「釐金」。湖北省於一八五五年開始收取）為貨價的 5%-20%，四局負擔更加沉重，棉花價格又不斷上漲，這樣四局長期負債累累，經營受到掣肘，四局搖搖欲墜。張之洞不得不承認：「唯因歷年棉花歲歉價昂，錢價日增，又兼洋紗洋布充斥，滬廠林立，獲利益難，上海紗布各廠近兩年無不賠折，遠近周知，鄂廠免強支撐，每年應付官息入不敷出。」[115]

張之洞在武漢的洋務之舉，為武漢的工業近代化開了一個好局，並取得了一定的成效，推動了武漢社會經濟結構的變革，為縮小中國與世界工業的差距做出了積極的努力，特別是在抵制洋貨傾銷、防止洋貨壟斷等方面，起了一定的作用。然而武漢工業

115 湖北紡織工業編委會編《武漢紡織工業》，武漢出版社，1991 年版，第 49-50 頁。

在近代化的進程中，可以說是行進在一條崎嶇的道路上，來自國內外的重重阻力，使中國的資本主義得不到健康的發展，缺乏生命力，這充分說明在封建沒落時代，作為士大夫的張之洞想憑藉一己之力，開創中國工業「從未有之局」是何等的不現實，又是何等的悲壯。

二、官辦企業的轉型

晚清官辦企業的產生，有其歷史的必然性，也是資本主義在中國「官統」模式下發展的必然結果，是十九世紀中後期中國工業的主要形態。在一定歷史時期，它的誕生，促進了中國由封建社會向資本主義社會的過渡，具有其積極性。進入十九世紀末，世界資本主義發展迅猛，官辦工業的諸多弊端與中國近代化工業進程矛盾日深，官辦企業的存在已嚴重阻礙了民族資本的發展，社會對民族資本的呼聲日漸高漲，民族資本家的力量逐漸強大，參與建設的願望更加急迫，在此基礎上，政府為調停各方矛盾，轉嫁日益背負不起的債務，被迫出臺一個又一個較官辦企業管理制度先進的近代股份制企業管理章程，促使中國第一批官辦工業紛紛轉型，必由之路就是：官辦—官督商辦—商辦。

(一)「官督商辦」

「官督商辦企業是近代中國新經濟制度發育的過程」，它不是一種制度，而是一種經濟形態，是一種在中國土壤孕育成長起來的企業模式。官督商辦，肇始於十九世紀七〇年代以後，由清政府洋務派官僚委派商人招徠民間資金，雇用工人使用機器或機械動力經營的民用企業。在初創時往往由官方酌量借部分官款，而在開辦後視經營狀況，陸續歸還官款的本息。官督商辦企業體現了封建主義和資本主義在一定歷史條件下的特殊結合，是洋務派經營近代民用企業中最主要的形式。其承辦人有商人、買辦及退職的官員，大抵與「官」具有直接或間接的聯繫，一旦受委派後，都取得了半官半商的身份。漢陽鐵廠一八九四年由滿清政府的代言人張之洞創辦，企業最初的資金來源於政府撥款，這也是當時的官辦企業的主要資金來源。甲午戰爭後，戰爭賠款使官款難以為繼，加之鐵廠工程大、耗銀多、回報晚，張之洞迫不得已將鐵廠由官辦轉為了官督商辦，以吸納民間資本，維持鐵廠的正常運轉，拯鐵廠於末路。官督商辦後的漢陽鐵廠，其經營狀況較前官辦略有好轉，這方面前已做詳細敘述，此不贅述。下麵我們著重介紹四局經過改制後的經營狀況。

・湖北官辦布紗絲麻四局所用的粗紡機

一九〇二年，張之洞為擺脫困境，決定將四局承租，以官督商辦形式讓四局繼續經營。開始，張之洞打算租給日本商人安田善太郎，輿論反對，張之洞改租給中國商人，由租者自行經營，自負盈虧，所有權仍在官方，原牌號、商標不變，承租商每年交租金，官府只派員監督。四局先後由八家公司承租。

一九〇七年，粵商、順豐洋行（俄）買辦韋應南集資八十萬銀兩，組成應昌公司，承租四局，議訂租期二十年，年租銀十一萬兩，韋先派鄧墨林為經理，張松樵為紗局管事。

之後不久。韋轉讓給該公司董事鄧紀常（滙豐洋行買辦）承租，公司名稱不變。日俄戰爭後，進口日紗銳減，國產紗布銷售興旺，鄧三年獲利 150 萬銀兩，後因原棉漲價，鄧急於諉卸，便轉由韋尚文接辦。韋接辦後，兩年就獲利 149384 銀兩，一九一一年，鄂新任總督瑞澂以籌借軍餉為名，向應昌公司索借八十萬兩，遭拒絕後，用武力接收了應昌公司。

一九一一年五月，四局迎來了它的第二任承租者，清末大官僚張謇。張謇以八十萬兩資金以四局為基礎組成大維公司。張任董事長，劉柏森任經理。原擬租期五年，一九一一年農曆五月簽訂合同，六月接管，十月開工，因辛亥革命成功，經理劉柏森逃滬，開工僅九天即停工。此時原應昌公司趁機狀告清朝官員無理收回其租權。經鄂都督黎元洪同意，恢復其租期。時值民國初建，舉國實業救國之聲甚囂塵上，紗、布市場日益開拓。韋氏父子利令智昏，欲獨吞企業。在遭到董事會反對，內部矛盾日益加劇的情況下，發生韋應南槍傷董壽菴事件。韋被捕，風波始平。不久大維公司經理劉柏森返漢，與應昌公司爭奪經營權，官司打到湖北省民政廳，大維複租敗訴，然未放棄糾纏。此時應昌公司內部矛盾日趨惡化，在此情況下，黎元洪終以「關係複雜，兩家公司均不予租」，另租給了楚興公司。

民國成立後，四局又先後承租給楚興公司、楚安公司、開明公司、福源公司、公益公司、民生公司等，就在四局這一連串的承租過程中，我們發現，無論是官辦還是商辦，僅楚興公司經理徐榮廷、民生公司董事長陳化平視四局為企業，付出甚多。徐榮廷在經辦四局時，聘請有經驗的管理者，制定嚴格的廠規、廠紀，並重視提高紡織技術，解決了使用牙輪，調整紗支撚度、重量和更換品種等難題，產品品質大幅上升，且創辦楚興紡織學校，聘請技師，培養專業技術人才。在其苦心經營下，楚興公司產品遠銷中南、西南、西北及江浙地區，成為武漢商辦紗廠的翹楚。一九三四年魯履安出任民生公司總經理兼廠長，在其帶領下，民生公司修建廠房地坪，換裝鍋爐，改用女工，並注意加強管理和增加技術力量，吸納武昌、湖南等處紡織職業學校和北大工學院畢業生充任工程師、技師和領班，經此改變後，民生公司大有起色，產品品質得到提高，天字官布銷路大開，在軍需用布招標中中標，四局再次創造奇跡，由原來虧損八十萬元轉為贏利三百萬元。餘者均將四局作為發財謀利的工具，四局猶如一塊「肥肉」成為官府、商家爭奪的物件。四局招商經營了三十五年，總共只獲利一千四百萬兩銀子，相當於資本總額的三點五倍。但在這三十五年中，其中有些工廠的機器設備不僅沒有更新，而且機器破損，設備逐年減少，廠房傾塌，最後只剩下織布局的機器尚可開動。織布局原有布機一千臺，到了一九三八年剩下的布機不到一半，對比一下南通大生紗廠在十四年中紗錠數，資本額，公積金超過原有資本，純利為原資本的七倍。這說明，四局的所謂盈利，只不過是原來投資的消耗和轉化而已。布、紗、絲、麻四局在這幾十年中，實際上主要靠成千的工人的勞動支撐下來的。

表 4-8 四局歷年承租公司一覽表

承租公司	資本	租金年計	起止年月	董事長及經理	盈利	附記
應昌	80 萬兩	10 萬兩	1907-1911	董事長：鄧紀常 韋紫峰 經　理：鄧墨林	150 萬兩	
大維	80 萬兩	10 萬兩	1911-1912	董事長：張　謇 經　理：劉柏森	不詳	開工僅 9 月即停工
楚興	78 萬兩	11 萬兩	1913-1921	總理：劉　偉 經　理：徐榮廷 協　理：蔣沛霖	1400 萬兩	
楚安	125 萬元	12.8 萬兩	1922-1927	總　理：唐春鵬 經　理：徐榮廷 韓惠安 助　理：石漢舫	100 餘萬兩	因水櫃損壞停工
開明	24 萬元	25 萬元	1927-1928	委員長：洪岑西 委　員：聞信之 盛弼華 黃恩良	虧損	
福源	101 萬元	30 萬元	1928-1930.7	管　理：黃梅生 經　理：龔藻堂	150 萬兩	1929 年 12 月停開，後開紗局，後又停。
公益	20 萬元	30 萬元	1930.8-12	籌備主任：周荒初副 主 任：黃梅生	虧損	全未開工
民生	40 萬元	30 萬元	1931-1938	董事長：陳化平 經　理：汪鏡清 總經理：魯履安（後期）	300 萬元	先虧後盈

（二）完全商辦

近代以來，伴隨外企的湧入，西方股份制企業制度也隨之傳入中國，被中國早期企業精英們認知、接納、效仿，中國的上海、江浙及廣東沿海一帶出現股份制企業。武漢地區雖出現較晚，但步伐較快，一八九六年進入官督商辦式的股份制改造，一九〇八年又邁入完全商辦的股份制行列，企業的發展跟隨時代的發展而變化。

・民國初漢陽鐵廠鳥瞰

商辦漢陽鐵廠是盛宣懷夢寐以求的事情。漢陽鐵廠未建之時，也就是在光緒十五年（1889年）十一月十五日，張之洞在上海會見盛宣懷，盛與張之洞晤談之後，擬辦鐵礦廠大略章程，大略章程分為責成、擇地、籌本、儲料四端。他在章程中主張仿效西方實行「如用商本商辦，與輪船、電報及開平煤礦，應先招集商股，不中則官助之。商股係正本，盈虧皆歸於商股。官助係活本，到期原本繳還，不與商人爭利」[116] 的商本商辦方針。但由於當時中國商本力量薄弱，無力承辦投資巨大、資金周轉期長的鋼鐵企

116 嚴亞明著《晚清股份制企業中官款屬性與企業制度變革》，《學術探索》，2004年第10期。

業，加之張、李的政治鬥爭，而盛又係李派人物，張之洞未能採納他的商本商辦鐵廠意見。一九〇八年當鐵廠再次面臨轉制時，盛宣懷毫不猶豫地將鐵廠轉型為完全商辦的股份制企業。

一八九六至一九〇八年，漢陽鐵廠在經歷了八年「官督」之癢後，轉型為商辦漢冶萍股份制企業。此時，盛宣懷完全效仿西方，以西方股份制的標準創辦漢冶萍，其組織構架也是類比西方企業設立，設有股東大會、董事會、總經理這樣具有現代意義的公司法人制度。並擬定了《商辦漢冶萍煤鐵廠礦有限公司推廣加股詳細章程》，其章程對公司的宗旨、股本、股東大會、股東的權力等事項進行詳加說明，該章程規定：股東會分定期和臨時兩種，股東大會為一年一次，若需臨時召開股東大會，則須由總理、協理及董事或查帳人認為公司有緊要事件或由公司已集股十分之二以上股東說明事由，方能由總理、協理及董事預備招集召開。購買公司股票五百股以上的股東才有資格當選董事，一百股以上的可被選為查帳人，凡一股以上的股東，在股東大會上均有發議及選舉其他股東為董事、查帳人的權力。為防止公司權益外溢，該章程特別規定不得招外資入股。依據章程，一九〇九年漢冶萍第一次股東大會上，選出盛宣懷、李維格等九人為權理董事，施祿生、顧潤章等人為查帳人，盛宣懷為總理，李維格為協理，漢陽鐵廠、大冶鐵礦、萍鄉煤礦各設總辦一人，其人選由董事局公舉，公司以內用人行事，由總辦全權處理。經幾年的運行，民國元年（1912 年）公司董事會進行改選，會上除選舉新的領導層外，決定對董事會進行改革，實行董事會負責制，即公司一切方針大計及對外交涉，均由董事會決定。公司總理、協理改稱總經理、經理，由董事會派任，受董事會節制，各廠負責人，由總經理、經理確定後報請董事會核准派任，歸總經理和經理節制，並將上海總公司改為總事務所，經理處下設廠務處、礦務處、商務處和收支處，各廠礦改總辦為坐辦。經過這次改選，公司對管理層的責、權進行了具體細化，完善了公司管理制度。一九一二年其組織機構具體如下：

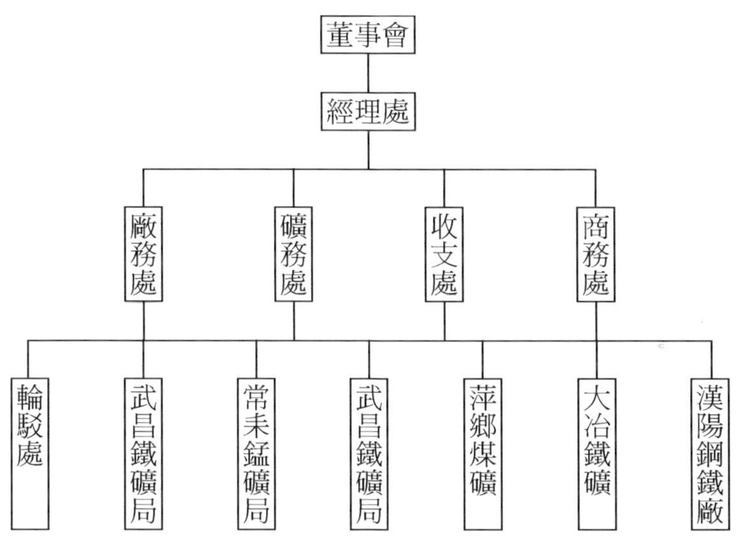

不久，會長趙鳳昌因病辭職，公司董事再次召開股東大會，趁重新改選董事會之機，對公司的下屬機構及部門又進行了調整，原經理處下設四個部門改為三個，特設英倫事務所，以增強公司國外業務及對外銷售，同時，針對萍鄉煤礦業務繁忙，原公司下屬的七個分公司改為八個，新增萍鄉運銷所，以擴大萍鄉煤礦的煤的銷售。其具體如下：

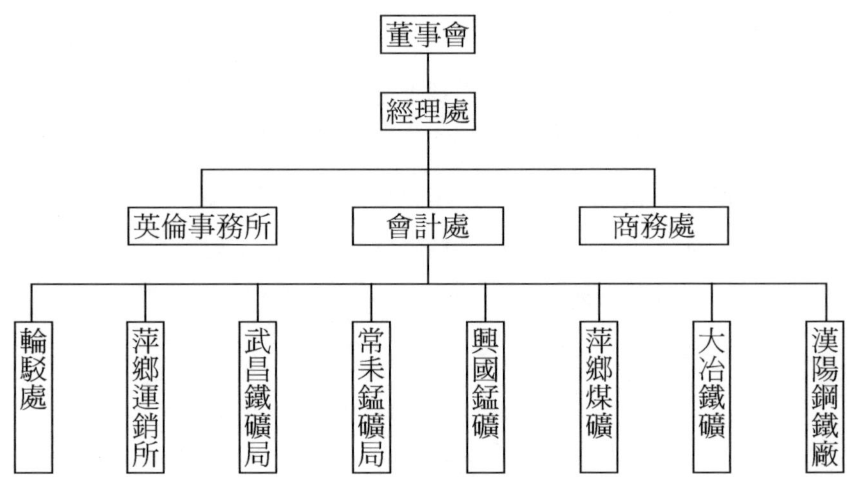

漢冶萍經過改制及幾次企業內部的調整，逐步走上正軌，與國際鋼鐵企業同步，產品得到國際市場認可，成為國際市場暢銷產品。由此，足以證明漢冶萍的股份制改造，是順應世界工業發展潮流的，是中國工業的近代化主動向世界靠攏，這是中國早期工業掙扎過後所選擇的必由之路。

三、武漢官辦工業的地位與作用

一八六一年漢口開埠，資本主義機器大工業開始在武漢出現，外國在漢資本主義工業、國家資本主義工業、私人資本主義工業三種經濟形態次第出現，武漢工業史上出現了第一次投資近代工業的高潮，張之洞及其所創辦的官辦企業在第一次高潮中的作用舉足輕重，它們的出現不斷助推了武漢近代工業的產生與發展，其影響波及湖北全境，達於長江中上游。

（一）武漢官辦工業的產生有效地阻止了利權外溢

中國官辦工業的產生離不開近代中國內憂外患的時代背景。晚清中國，禍亂不斷，古老而落後的封建自然經濟不足以應對外國的威脅。從十九世紀六〇年代開始，中國大地上進行了以「自救」「求強」為目的洋務運動，在近三十年的轟轟烈烈的洋務運動中，洋務派一共創辦了二十一家軍事工業及二十餘個民用工業，這些企業採用新式機器生產，以官辦或官督商辦的形式，生產出的產品在滿足政府所需後流入市場，達其「開利源、杜漏卮、裕民生」的洋務宗旨，有效地阻止了利權的外溢。

鋼鐵是關乎國計民生的重要原材料，與國家建設、民眾生活休戚相關。近代中國是一個農業大國，鋼鐵製品一直採用土法煉製，質差量小。晚清中國，新舊更替，在外力的刺激下，中國進入近代一個快速發展期，軍工、民用、交通用鐵大增，土製鐵根本無法滿足所需，不得不仰仗「洋鐵」，中國成為「洋鐵」的主要銷售地。辦鐵煉鋼成為晚清政府的當務之急，「誠中國第一大政」，漢陽鐵廠的創辦填補了這一空白，而其每日生產五十六至六十噸的鐵，最多時達日產六十至七十噸的鋼鐵，到一八九五年十月中旬共生產鐵五千六百六十噸，鋼一千三百九十餘噸，大都用於軍工企業、鐵路建設及民眾生活，這些鋼鐵產品雖未完全阻止洋鐵的

・漢陽鐵廠廠區一景

輸入，但在一定程度上降低了鋼鐵的進口量，減緩了國內鋼鐵缺乏的壓力，鋼鐵生產「實為中國開源節流之大宗」。

張之洞創辦湖北紗、布、絲、麻四局的動機就是為了抵制洋紗、洋布在中國的傾銷，張之洞認為棉、絲自古以來為中國固有之利益，自通商以來，光鮮亮麗的洋紗、洋布在各商業鋪店隨處可見，日益佔據著中國的市場，致使廣大棉農、城市手工業者利益受損，甚至破產。「今既不能禁止其來，唯有購備機器，紡紗織布，自擴其工商之利，以保利權。」從一八九三至一九〇一年，官布局生產原色布 330916 匹，斜紋布 11785 匹，棉紗 13570 擔，布局所出紗布，產銷兩旺，供不應求，每年均有盈餘，自從四局創辦以後，僅漢口每年進口的洋布較往年減少 10 萬匹，有效抵制了洋紗、洋布在中國的銷路，「挽回利權不少」。

晚清，我國的軍用工業處於起步階段，設備和技術都很落後，原料、設備和技術都依賴於外國，生產的武器品質不高，既不能提高軍隊的戰鬥力，又費財費力，耗損國帑，長此以往，國家必將滅亡。鑑於此，張之洞不惜耗重資在湖北創辦槍炮廠，引進新機器和生產技術，生產當時世界先進的 7.9 毫米口徑毛瑟槍，格魯森 53 和 57 毫米口徑過山炮、抬槍，7.9 毫米毛瑟槍彈，6.8 毫米口徑新式步快槍，6.8 毫米新式槍彈等。「所造各種槍炮子彈與自購外洋者無所區別」，並以此裝備了中國近代第一支現代化的軍隊——湖北新軍，提高軍隊的戰鬥力。同時，為了打破西方殖民者對無煙藥的壟斷，徐建寅（當時任湖北槍炮廠總辦）經過三個月的潛心研究，製造出了無煙藥機器，接著，又成功研製出無煙藥。從此，藥廠所造無煙藥基本能自給自足，再也無需依賴外國，為國家節省大量白銀，有力地扼制了利權外溢。而且，湖北槍炮廠所生產的槍炮、子彈是舊中國各軍隊的主要裝備，在歷次戰爭中大顯神威。

（二）武漢官辦工業的出現，有效地帶動了武漢地區民辦工業的興起，推動了長江中上游地區近代工業的區域性發展

中國近代工業的產生從官辦到民辦，由沿海及內地，且在中國少數地區形成了工業城市。武漢官辦企業的誕生、發展、繁盛，有力地推動了武漢地區民族工業的興起及發展。

張之洞在湖北創辦大小工廠十餘個，除湖北氈呢廠為官商合辦外，其餘都由官方出資，後逐漸轉為商辦。一八九四年漢陽鐵廠創辦，一八九六年轉為官督商辦，由盛宣懷主事，到一九〇八年完全商辦，並與大冶鐵礦、萍鄉煤礦合併，組建成漢冶萍煤鐵礦股份有限公司，成為當時中國最大的鋼鐵聯合企業。張之洞在武昌創辦的布、紗、絲、麻四局從一九〇二年起，先後承租給多位民間商人，武漢著名的紡織企業裕大華紡織公司就是在此基礎上發展起來的。湖北針釘廠於一九一一年由南洋華僑梁炳農接辦，白沙洲造紙廠在辛亥革命後由商人馬稚庵承辦，隨著時代的發展，中國民辦工業的壯大，武漢的官辦企業逐步發展為私人企業，武漢民辦工商業正是在這些官辦企業的基礎上發展起來的，或者說正是由於武漢官辦企業的前期探索與積累，才使武漢的民辦企業的起步高、發展快。此外，張之洞積極倡議民間資本入股進入官辦企業，湖北氈呢廠就是典型，張之洞引導商人創辦實業，批准寧波商人宋煒臣在武漢開辦既濟水電公司，並撥官款三

十萬兩做股本，加入水電公司，支持其在漢創辦全國最大的火柴廠——漢口燮昌火柴廠，給予專利十年及免稅等優惠政策，鼓勵民間商人入股開礦，宋煒臣創辦富池口銅煤礦、五豐銅礦公司等都曾得到張之洞的協助，同時，正是由於張之洞在武漢營建了良好的工商環境，吸引了大量的民間資本進入武漢。據統計，光緒十六年（1890 年）至宣統三年（1911 年），武漢有較大型的官辦、官督商辦、官商合辦企業三十二家，資本額達 1360.9 萬餘兩，民辦企業一百二十三家，民營企業投資者來自四面八方，尤其是來自具有一定資本積累的上海、廣東、江西、浙江、安徽等地的外商。而其引進的生產技術與設備，以及官辦企業內的工人、技術人員、管理人員，都為武漢民族工業的誕生奠定了基礎，成為武漢民族工業的階梯。在幾股力量的牽引下，武漢發展為中國重要的工業基地。

張之洞在武漢所進行的工業試驗，不僅推動了長江中游的武漢工業的迅猛發展，而且，帶動新式工廠朝向來稀少的華中、西南、西北地方推移，上述地區陸續出現了一批近代工業。

武漢作為中國中部中心城市，交通便利，經濟發達，覆蓋面廣，對地區的經濟具有拉動和示範效應。漢口開埠，進出口商品輸送量加大，對周邊的輻射更廣，湖北、湖南基本上都屬於武漢貿易區，河南西南部的徐州、南陽、開封、淅川從屬武漢，貴州大部分地區從屬武漢，四川雖有重慶港直接對外貿易，但其重慶府、酉陽府、夔州府等仍屬武漢，陝西則由漢水直達漢口，廣西東、北地區仰給於武漢，其他如甘肅、江西、安徽等省外國品均屬於武漢貿易區，這說明武漢商業對周邊地區的影響範圍廣。同樣，武漢官辦工業的發展對以上地區的影響也非常大。到一九一一年辛亥革命爆發前，宜昌、襄陽、漢陽（孝感）、荊州、鄖陽等地相繼開辦了各類機器紡織企業，甚至湖南、陝西很多的工業企業是因為武漢工業遷往該地後才有所發展，其影響可謂深遠。

（三）武漢官辦工業的發展加速了武漢城市近代化進程

十九世紀中葉，資本主義機器生產輸入中國，廣東、浙江、福州、上海等沿海地區率先接納，創辦了從軍事到民用、從鋼鐵到紡織等一系列中國近代工業，中國踏上近代工業化的進程。

此時，身處內陸的武漢及其長江中上游的沙市、宜昌等地區封建農業經濟仍占主導，人們日出而作，日落而歸。這種原始而平靜的生活，直到一八五八年《天津條約》簽訂長江通商以及三年後的漢口開埠，一切均被打破。剎那間，武漢捲入世界潮流，跌跌撞撞闖進近代化的大門。商務局、商會相繼在武漢開辦，湖北槍炮廠、漢陽鐵廠、湖北織布官局、湖北紡紗官局、湖北繅絲官局、湖北製麻官局、湖北氈呢廠等近代工廠在武漢陸續啟動建設，並投入生產，武漢在很短的時間裡就成為全國有名的紡織基地，與天津、無錫同為中國棉紡織業中心，而且與哈爾濱、長春、濟南、天津、無錫等地一起成為中國麵粉業主要分布地，是全國著名

・湖北兵工廠生產的後膛炮

的農產品加工市場，同時，漢口還與無錫均為全國製油業中心，武昌是全國最著名毛織業基地，全國第一家毛呢紡織廠就誕生在武昌。武漢成為近代中國門類齊全的工業中心，在近代中國工業史上佔有重要的地位。由此可見，張之洞振興實業，推動了武漢近代工業化進程，武漢由一個內陸市鎮發展為中國第二大貿易港口，成為充滿活力的國際性的大都市，一個嶄新的、充滿活力的武漢展現在人們面前。

毛澤東曾說：「講到重工業不能忘記張之洞。」可見，張之洞對中國工業的貢獻。張之洞在湖北創辦的大小企業，開湖北各類工業之先河，對湖北近代工業之發展起到了開拓性的作用，在中國近代工業史上佔據重要的地位。

第五章——清末民國初武漢工業的發展

第一節 ▶ 清末民國初武漢民營工業的發展

武漢民營工業起步於十九世紀九〇年代，是在外資工業和官辦工業的影響下緩慢起步的。在晚清二十多年間，武漢民營企業創辦約有一百二十多家，另外加上由官辦轉為民營的六七家企業，總數達到一百三十家，總體實力僅次於上海，位居全國第二。一九一一年十月十日武昌起義爆發，得到全國回應，推翻了清王朝統治，從政治體制和政治制度上掃除了束縛民營工業發展的障礙。一九一二年一月南京臨時政府成立及以後的北洋政府，又相繼頒佈了一些促進工商業發展的政策措施，進而形成了當時興辦工商業的熱潮。一九一四年八月，第一次世界大戰爆發，歐美國家先後捲入戰爭，無暇東顧，日本乘機支持袁世凱稱帝，提出妄圖滅亡中國的「二十一條」，激起中國人民的強烈反對，從而掀起抵制日貨的救國運動。由此導致外國舶來品銳減，中國輸往歐洲市場的商品增加，刺激了中國包括武漢在內的工商業，尤其是紡織、食品等輕工業的發展。因此，從民國初年到一九二五年底，被稱為武漢民營工業發展的黃金時期。

一、清末武漢民營工業產生及其社會背景

晚清時期，國勢衰微，國門洞開。外國資本主義的政治壓迫和經濟入侵，引起了朝野有識之士的憂慮，他們以「杜漏卮，挽利權」為鼓動口號，開始投資新式工商業，以實現「實業救國」的理想。

武漢民營工業誕生於十九世紀九〇年代，是在外資工業和官

辦工業的影響下緩慢起步的。它們有的是直接購置西式機器創辦的，有的是由傳統手工作坊發展演變而來的，有的則是由官商合辦或承租官辦企業演化而來。根據建廠時間，清末武漢民營工業發展可劃分為前後兩個階段：一九〇五年前為第一階段，二十年間共辦企業二十五家；一九〇六至一九一一年為第二階段，在五年多時間裡創辦企業九十七家，企業規模也比前一階段有所擴大。到一九一一年十月辛亥武昌首義時為止，整個晚清時期，武漢民辦企業有一百二十多家，另外加上由官辦轉為民營的六七家企業，總數達到一百三十家，總體實力僅次於上海，位居全國第二。在這一百三十家企業中，行業包括機器製造、食品加工、紡織、造紙、燒磚、冶煉，以及玻璃、肥皂、香煙等。

（一）機器製造業

武漢民營工業創辦最早的是一八九五年前的新昶機器廠，該廠雖然設備簡陋，卻用機器製造出了一條七十尺長的船。由漢陽周天順爐坊發展而來的周恆順機器廠，在清末武漢民營機械製造業頗有名氣。該廠最初只能生產鐵鍋、鐵傢俱等，銷往長江下游的九江、南京、鎮江一帶，中日甲午戰爭後開始仿製日本軋花機，並自製車床。一九〇五年，周恆順機器廠為常盛川茶號仿造了一套磚茶機，定價一點一萬元，產品由此打開市場，生產規模日益擴大。該廠根據市場需求，不斷更新技術，推出符合本地工業發展的機器設備，先後為羊樓洞茶場生產二十多套磚茶機。一九〇七年，武漢順豐榨油廠準備委託英國洋行向英國廠商訂購蒸汽機，周恆順機器廠得知後以低於英商四分之一的價格爭得了訂貨，並按時生產出了客戶滿意的蒸汽機。一九〇七年，該廠甚至試製成功了一條取名「順風號」的小火輪，用自製的八十匹馬力的蒸汽機做動力。該廠生產的打包機連日本著名的三井洋行、三菱洋行也爭相購買，生產的抽水機、軋花機分別在一九〇九年、一九一〇年獲武昌物品展覽會三等銀牌獎和南洋勸業獎進會二等鑲金銀牌獎。

一九〇九年，由李維格、宋煒臣、顧潤章等人合夥投資白銀四十萬兩，在漢口諶家磯創辦的揚子機器廠建成投產，用漢陽鐵廠生產的鋼鐵製造橋樑、叉軌、鍋爐、船艦、鐵軌、車輛等。工廠起初分設化鐵、機器、電機、翻砂、橋樑、造船六部，一九一一年又擴充煉鐵廠、煉鋼廠，補充發電機、煤氣製造機和滑道船塢，機器設備全部從國外進口，是當時武漢乃至全國規模較大的民營機器製造企業。

（二）日用化工及建材業

一八九七年，上海燮昌火柴廠經理、浙江鎮海商人宋煒臣（1866-1927 年），投資四十二萬元在漢口日租界（今漢口盧溝橋路）創辦火柴廠，作為上海燮昌廠的分廠，工廠占地面積達一點七萬平方米，開工初期有排梗機三十八部，其他工序均用人工，職工最多時有二千五百人。該廠年產雙獅牌火柴一億盒，產品品質甚佳，在湖北、湖南、河南、陝西等地十分暢銷，加上該廠獲准本省十年專利，在流通中享受釐金優惠待遇，開辦當年就盈利十八萬兩白銀。是武漢民營製造業早期為數不多的幾家規模大、效益好的企業之一。一九〇四年浙江商人林友梅投資近七十萬元在武昌白沙洲創辦耀華玻璃廠，製造玻璃窗片和玻璃器皿。

(三) 水電業

一九〇六年，宋煒臣聯絡漢口商人王仿予等申請籌辦既濟水電公司，湖廣總督張之洞撥官款三十萬元入股以示支持。既濟公司集資順利，一月之內便集資三百萬元。既濟水電公司設在英租界一碼頭太平路，宋煒臣任經理，同時興建水廠和電廠。電廠設在河街大王廟漢江邊，占地五百八十餘方丈（6444 平方米），當年動工，至一九〇八年建成送電。水廠在礄口外宗關上首，占地一萬五千五百餘方丈（172205 平方米），設有渾水池、清水池等，晚於電廠一年告成。既濟水電公司一九〇八年還在後城馬路（今中山大道）中段建一水塔，占地三百餘方丈（3333 平方米），水塔為八卦式，高 14 丈（47 米）餘，塔頂裝有警鐘，用於報告火警。該水塔由外商承建，從清末到二十世紀八〇年代，一直是漢口標誌性建築。

(四) 糧食加工業

武漢地處華中重要糧油產區，扼長江、漢水要衝，號稱「九省通衢」，糧食貿易素稱大宗，其主要來源於長江中游的湖北、湖南、江西三省以及皖西、豫南、陝南及川東各地區：「武漢為湖北之繁盛區域，商業發達，人煙稠密，食米一項，端賴各路來源為之接濟。」[1] 漢口自一八六一年開闢為通商口岸後，外國商人紛紛來漢採購糧食、油脂、油料及農副產品運往國外，糧食貿易隨之擴大。到十九世紀末二十世紀初，糧食行、運銷商達二百三十餘戶，糧油加工作坊數百家。隨著城市經濟發展，人口增多，糧油消費市場擴大，外國洋行輸入機械，為糧油加工業的機械化創造了條件，於是機器榨油、機器磨粉、機器碾米等相繼出現。

一九〇四年，上海裕通紗廠朱 士安等二十餘人投資七萬五千銀元，在漢口羅家墩創建和豐機器麵粉公司，後增資至十萬銀元，購置英國設備，有磨子六部，小平篩一部，以蒸汽機做動力，日產面粉五百包（每包 50 磅，下同）。一九〇五年上海裕通紗廠朱疇見和豐獲利豐厚，集資二十八萬銀元，在和豐麵粉廠隔壁創辦恆豐麵粉廠，購進英國設備，共有磨子九部，圓篩一部，兩百匹馬力動力設備，日產麵粉七百包。同年漢口錢莊老闆黃蘭生集資二十萬兩銀子，開設漢豐麵粉廠，有雙邊磨子十二部，日產面粉一千二百包，為當時最大麵粉廠。同年，漢口石膏幫商人胡德隆、朱敬益合資十六萬兩銀子，在礄口董家巷創辦瑞豐麵粉公司。一九〇六年寧波商人景慶雲投資十五萬銀元，在漢口法租界巴黎街（現黃興路）創辦金龍麵粉廠，購置法國鋼磨 4 部，日產麵粉三百包。

1 徐凱希、吳明堂主編《武漢民國初期史料》，武漢出版社，2012 年 3 月版，第 314 頁。

此間，外國資本開始染指武漢麵粉業。一九〇六年德國禮和麵粉廠設立，一九〇七年、一九一〇年，日本在漢口設立了東亞製粉株式會社及和平製粉株式會社。特別是東亞製粉株式會社，建有四層樓房，有日式 30 吋雙邊鋼磨 17 部，另有一部大磨子，投資 48.7 萬銀元，占當時漢口五個民營麵粉廠總資本 101.6 萬元的 47.93％ 以上，日產麵粉 2300 包（後增至 4000 包），生產能力占五個華資麵粉廠產量總和 3500-4000 包的 50％ 以上。為了爭奪銷售市場，日商一方面降低成本、售價，另一方面使用化學藥劑漂白，使麵粉潔白光亮，同時將 5 斤裝麵粉無償贈送，並在麵粉袋裡放彩票以招攬顧客，使武漢民營麵粉工業在競爭中處於劣勢，有的倒閉，有的轉租抵押，有的則處於半停頓狀態。

・一九〇六年寧波商人景慶雲在漢口法租界投資創辦金龍麵粉廠。圖為該廠申請註冊的「麒麟」牌商標

機器碾米業出現。一九〇七年由劉建炎籌集股金，在漢陽南岸嘴創辦兆豐機米公司，資本 139960 銀元，購置國外蒸汽機 2 部，碾米機 8 部，大壘子 3 部，以蒸汽機做動力，12 小時可碾米 900 石，色白質優，為武漢最早的機器米廠。由於經營不善，兆豐機米公司不久因滯銷而停業。一九〇九年楊文卿等增資銀 8 萬兩，將兆豐機米公司承接過來，重新開工，改名為寶善米廠，

產量由 900 石上升為 1000 石，設 8 個分銷店，銷路漸好，[2] 次年即盈利十六萬兩，成為壟斷米業的大廠。之後各碾坊紛紛起而效仿，添置新設備，採用新技術，機器米廠逐漸有了發展。

其他輕工業，如捲煙、造紙、肥皂等也有一定的發展。如造紙企業有陳興泰在礄口、杜權在德租界設立的造紙廠。杜權系留學日本橫濱松田造物廠的畢業生，他所仿造的洋紙可與舶來品頡頏，得到湖廣總督張之洞嘉獎，賞予銀牌。一九〇六年，在漢廣東籍商人籌集股本銀三十萬兩，在大智門外創辦物華紙煙公司，以抵制西貨。商務局總辦孫泰圻則在礄口創辦福華煙公司，生產「鷹」牌香煙。王仙舟在武昌津水閘創辦了一家煙捲公司。

上述民營企業除少數資本較雄厚外，其餘資本一般為二十萬至三十萬元，更多的僅有數萬元，不僅財力薄弱，而且一部分原材料購自外國，技術也多仰賴外國。清末武漢民營工業主要由三種途徑產生，一是商人、買辦、官僚及地主投資建廠，這種現象最為常見；二是官辦企業轉為商辦企業，如張之洞創辦的漢陽鐵廠轉化為商辦漢冶萍公司，湖北紗布絲麻四局交由應昌公司承

2　徐凱希、吳明堂主編《武漢民國初期史料》，武漢出版社，2012 年 3 月版，第 315 頁。關於武漢機器碾米廠創始時間，還有不同說法。漢口金城銀行一九三八年三月《漢口之麥粉市場》稱：「漢口之有機器制麵粉廠，遠在光緒二十二年。當時有滬紳盛竹書氏在礄口設立漢豐麵粉公司，是為漢口有機制麵粉之嚆矢。」民國二十三年《中國經濟年鑑》（二冊下）記載：機器制麵粉廠「始於光緒三十一年中日合辦和豐麵粉公司」。見曾兆祥主編《湖北近代經濟貿易史料選輯》第 1 輯，1984 年版，第 156 頁。

辦；三是手工工廠進化為機器工廠，例如漢陽周天順爐坊轉化為周恆順機器廠。清末武漢民營工業與武漢整個工業發展一樣，起步晚而發展快，呈現後發優勢。這個特點形成既有全國宏觀背景，也與武漢本地社會環境相關。從全國宏觀背景看，武漢作為一個深處堂奧的內地城市，開埠在廣州、上海、天津之後，受西方列強的影響較晚，封建自然經濟和閉塞落後的社會風氣，一直到甲午戰爭中國慘敗於日本後才有明顯改變。從整個國家的歷史看，帝國主義在甲午戰爭後擴大對華商品輸出，並大力進行資本輸出，在華設廠開礦，進一步擴大了其在中國的商品市場和勞動力市場，刺激了中國人實業救國、自行設廠的志氣。被迫允許外國在華「設廠製造」的清政府，也不得不放鬆對民營工廠的限制，允許和鼓勵民間設廠製造。一八九八年，總理衙門議定了「振興工藝給獎章程十二條」。一九〇三年，清朝成立商部，作為專門管理工商業的機構。以後，還實施了一些有利於民間設廠的措施。於是，在抵制洋貨運動的鼓舞下，民間設廠逐漸成為風氣。

從武漢的具體情況而言，民間設廠的環境更優於其他地區。第一，民營工廠生成的基本條件業已具備：相當數量的貨幣資本並有投資意向的資本擁有者；與生產資料分離、獲得人身自由、靠出賣勞動力為生的無產者；近代工廠所需的機器設備和生產技術。第二，武漢在十九世紀末二十世紀初，隨著輪船運輸的擴大，電報電信的出現，鐵路運輸的興起，進出口貿易增長，消費市場的擴大，刺激了民族工業的興起。第三，湖北地方當局對民營工廠採取開放政策，允許民間辦廠，鼓勵與外人商戰，為武漢民間投資工業提供了較好的政策環境。張之洞及其後任在工業獎勵與保護方面採取一連串積極措施和開明政策，如仿效西洋工商展覽辦法，設立工業陳列所，開辦博覽會，以資互相比較學習；提倡工業教育，以培養工程技術員；頒佈發明專利章程，以鼓勵發明創造；採取工業免稅政策，以提高與洋貨競爭的能力；設立勸業道（1909 年），主管湖北全省農工商業等項實業。第四，人民群眾抵制洋貨、挽回權利的鬥爭，為民營工廠產品擴大市場創造了社會氛圍。如一九〇五年發端於上海的抵制美貨運動，迅速在武漢掀起高潮，美貨在武漢被禁運禁銷。「自抵制美貨之風潮起，花旗麵粉大為滯銷」，漢口商人趁機創辦瑞豐等麵粉廠三家，加上以前創辦的二家，一共五家，使武漢成為僅次於上海的中國第二個麵粉工業基地。一九〇八年，漢口攤販數千人抗議清政府取締沿街攤販營業的措施，查禁日貨，搗毀日本人在漢開設的商店。辛亥革命前十年連綿不斷掀起挽回利權運動，激勵著中國人開工廠的積極性。第五，沿海和外地商人、買辦在武漢進行工業開發。如由上海買辦葉澄衷派遣的宋煒臣，從一八九七年到一九一三年，在湖北創辦了燮昌火柴廠、既濟水電公司、揚子機器廠、富池口銅煤礦、華勝軍服廠、五豐銅礦公司等，成為開拓漢口工商業的巨擘。這些外地商人、買辦在武漢所進行的工業開發活動，對於推動武漢清末民營工廠的發展發揮了重要作用。[3]

3　參見皮明庥主編《近代武漢城市史》，中國社會科學出版社，1993 年版，第 179-185 頁。

二、民國初年武漢民營工業發展概況

民國成立後的十餘年，武漢工業與全國一樣，是發展史上的第一個黃金時期。從一九一二至一九二六年，武漢民營資本紛紛投資工業，共投資興建、擴建各類工業企業約六百家，這些企業分屬於多個行業，以紡織業最多，約二百九十戶，次為碾米業，九十餘戶，其中新建的約八十餘戶；再次為印刷業，七十一戶，其中新建的約三十四戶；最後為機器製造業，五十八戶，新建的有四十餘戶。紡織業與糧食加工業成為此間工業建設的主體與領頭羊，它們的發展帶動並影響著武漢工業的全面發展。一九一一年十月，武昌起義後成立的中華民國湖北軍政府是中國第一個省級民主共和政權。湖北軍政府成立之初，為了應付龐大的軍費、政費開支，維持正常的社會生產和民眾生活，軍政府首先對藩庫、官錢局、造幣廠及電報局等官署進行接管，繳獲庫銀、官票約四千餘萬元。使革命軍的薪餉和新生政權的財政支出得到保障，與此同時，湖北軍政府廢除苛捐雜稅、減輕稅負、豁免錢糧、裁撤釐稅，除鹽、煙、酒、糖、土膏各稅外，裁撤所有統捐局卡，豁免以前歷年積欠丁漕雜捐，除海關外，所有稅關一律撤銷。凡貨物經第一局完納一次過境稅或銷場稅後，在本省境內不再徵稅（輸出外洋貨應完納海關稅者不在此列），稅率為貨值的百分之二。為維護社會治安、整頓社會秩序，軍政府派出軍隊與各商團組織聯防，懲治匪盜。對官辦工商企業進行財產註冊，或加封保管，或招商承租，督促各大型工廠恢復生產。在財政拮据情況下，湖北軍政府撥出數萬元經費作為工廠周轉資金，幫助官磚廠、官紙印刷廠等企業開工生產。

南京臨時國民政府以及以後的北洋政府，為爭取資產階級的支持，在一九一二至一九二三年期間，先後頒佈《公司條例》《公司保息條例》《工業試驗所章程》《獎勵工藝品暫行章程》及《工廠暫行規定》等一系列有利於本國工商業發展的政策法規。上述章程、條例規定：凡發明或改良製造品，可獲五年專賣權利；撥存公債兩千萬元作為公司保息基金。政府除頒佈法規獎勵工業發展之外，還制定有關貨物的減稅特典，規定對進口機器實行減免稅；對機制麵粉及漢冶萍、揚子機器等公司的產品，在一定年限內免除一切稅釐；對國產棉花、手工棉布、野蠶絲織品及草帽、地席、罐頭等產品減輕或豁免內地稅、出口稅及沿途貿易稅等。武漢地處腹地，資源豐富，交通方便，市場廣闊，投資環境良好，不僅刺激了本地資本家投資工業，也吸引了沿海廠商和外商來鄂投資建廠。武漢繼張之洞督湖廣之後再次掀起興辦工業的高潮。一九一三年，不僅已有的漢陽鐵廠、湖北布紗絲麻四局、一百二十多家紡織印染廠以及食品、造紙、榨油、制蠟、製藥等日用品企業等先後恢複生產，同時還新註冊工礦企業數十家。

一九一四年第一次世界大戰爆發，此後七八年間，歐美各國忙於戰爭和戰後的恢復，輸入到中國的商品和資本減少。此間日本乘虛而入，因其向北洋政府提出旨在滅亡中國的「二十一條」，引起中國人民的強烈義憤和堅決反對，在全國掀起抵制日貨運動，使日本來華商品銳減。因此在第一次世界大戰及其以後幾年間，外資及洋貨輸入的減少，國內外市場對輕工業產品需求

・南洋兄弟煙草公司漢口分公司出品的「長城」牌捲煙煙標

量的增大，刺激了武漢近代民族工業的發展。[4] 據有關資料統計，一九一二年到一九二七年的十六年間，武漢有民營工業（包括較大的半手工業及手工作坊）六百餘家，其中創立於該時期內的有四百九十餘戶，約占 79%。武漢的幾大紗廠、麵粉廠、捲煙廠、電燈公司及大冶鐵廠、揚子機器公司鐵廠、武昌煉銻廠、富池煉鋼廠、象鼻山鐵礦等大型工礦企業，大都創辦於這個時期。在一九一二至一九二六年，湖北省興辦的規模在萬元以上工廠，投資總額（指創辦時資本，下同）約在 3838 萬元，比一八八六至一九一一年的投資總和多 25%。在清末時期，私人投資約占整個投資總額的 40%，由政府集資的比例約占 60%，官辦工業起主導作用。一九一二至一九二六年，政府投資占投資總額的 17.5% 左右，民間投資上升到 82.5%。在投資方向上，清

4　湖北省地方志編纂委員會編《湖北省志・經濟綜述》，湖北人民出版社，1992 年版，第 37-38 頁。

末，重工業（含建材與能源工業，下同）及大型工礦業的投資，約占其投資總額的 54%，輕工業只占 46%；民國初期，輕工業及中小工廠約占該期投資總額的 62%，重工業投資只占 38% 左右。

表 5-1 漢陽縣勸業所工廠調查表[5]（1923 年 7 月）

牌號	廠名	經理	資本	股份	開辦年月
福興永	軋花廠	張直夫	3 萬	獨股	民國元年
恆泰	軋花廠	徐如安	4 萬	兩股	民國二年
福興長	軋花廠	張玉夫	2 萬	獨股	民國四年
黃順記	軋花廠	黃禹洲	5 萬	獨股	清時開辦，至今有 30 年
順豐	軋花廠	岳炳南	8 萬	獨股	民國二年
同興	軋花廠	黃壽山	6 萬	兩股	民國二年
王馨記	軋花廠	王香廷	5 萬	獨股	清時開辦，至今有 40 年
泰豐永	軋花廠	徐秀山	0.8 萬	兩股	民國元年
林春記	軋花廠	柳正文	1 萬	獨股	清時開辦，至今有 40 年
劉祥興	軋花廠	劉青山	0.9 萬	獨股	清時開辦，至今有 30 年
蕭義興	軋花廠	蕭登雲	0.8 萬	獨股	清時開辦，至今有 20 年
楊正昌	軋花廠	楊筱廷	2 萬	獨股	同上
源成	軋花廠	李理卿	3 萬	獨股	同上
江華記	軋花廠	王東海	4 萬	獨股	同上

5 徐凱希、吳明堂主編《武漢民國初期史料》，武漢出版社，2012 年 3 月版，第 257-258 頁。本表資本額缺少貨幣單位。根據刊登此統計表的《湖北實業雜誌》第一卷第一號前後調查報告，以及當時統計資本額所用貨幣單位情況，上表資本額貨幣單位應為元。

牌號	廠名	經理	資本	股份	開辦年月
廖複順	軋花廠	廖慎安	5 萬	獨股	同上
成錦順	軋花廠	陳光廷	6 萬	獨股	同上
合記	軋花廠	廖江臣	1 萬	獨股	同上
協昌	翻砂廠	高官發	4 萬	獨股	同上
周恆茂	翻砂廠	周仲宣	7 萬	獨股	同上
魏和順	機器廠	魏敬德	8 萬	獨股	同上
順昌祥	翻砂廠	盧王山	6 萬	獨股	同上
羅同藝	翻砂廠	羅家貴	7 萬	獨股	同上
洪安	翻砂廠	易漢臣	3 萬	獨股	同上
德順	翻砂廠	胡興安	10 萬	獨股	同上
胡遵記	翻砂廠	胡定美	5 萬	獨股	同上
永洪昌	機器廠	梁順興	6 萬	獨股	同上
周洪順	機器廠	周文宣	8 萬	獨股	同上

另據一九二〇年《湖北全省實業志》載：煙草、釀酒、製皂、製燭、陶瓷、罐頭、製糖、化妝品等手工作坊達二點二萬多戶，從業人員達六點六萬餘人。湧現出一批較大的紡織、食品、捲煙、玻璃等現代工廠，其中尤以紡織工業和食品加工業發展最快。

（一）紡織工業

第一次世界大戰以前，武漢的紡織廠僅楚興公司（係承租紗布絲麻四局）一家，有紗錠九萬枚，資本約三百萬元，因管理不善及受外國棉紗傾銷的影響，常不景氣。第一次世界大戰發生

・周星堂，兩任漢口總商會會長，曾任武昌第一紗廠董事長

後，該公司生產形勢明顯好轉，年有盈餘，利潤額超過資本額的二三倍，股票價額比照票面約增五倍。武漢資本家聞風而動，掀起興辦紗廠的熱潮。一九一五至一九二二年，武漢地區相繼興辦了第一紗廠、裕華紗廠、震寰紗廠以及申新紗廠。第一紗廠是由民營商業資本投資興辦的第一家大型紗廠，其規模之大，居華中首位，主要投資者是曾任漢口總商會會長的李紫雲，及一批從事棉紗、布匹貿易的大商人如彭玉田、劉季五、陳蔚南、程棟臣、毛樹棠、胡瑞芝等，投資額度為二百萬銀元。董事會為最高管理機構，由李紫雲任董事長兼總經理，劉季五為副董事長兼副總經理。第一紗廠選址於武昌曾家巷江邊，設備全由國外進口，初向英商安利英洋行訂購，計有紗錠四點四萬枚，布機五百臺。一九二〇年正式投產後，獲利頗豐。由於企業管理缺乏科學經驗，盲目擴大規模，對市場競爭缺乏應對，不久即因負債累累幾度停產。裕華紗廠係由商人徐榮廷、蘇汰餘、張松樵、姚玉堂、黄師讓等於一九一九年集資一百三十六萬兩白銀創辦，選址武昌下新河，一九二一年動工興建，一九二二年投產。該紗廠總計有紗錠三萬枚，布機五百臺，後又有所擴大，紗錠增至四點二八萬錠。該廠由於注重經營管理，講

求技術改進，嚴格產品品質，注意資金的合理流動，使生產銷售頗為順利，是武漢地區新建大型紗廠中經濟效益最好，經營管理水準最高的企業。震寰紗廠由買辦劉子敬等人合股投資興建，投資額為一百七十五點六八萬銀元，廠址位於武昌上新河，一九二三年正式投產，總計有紗錠二萬枚。該廠投產之初就因金融波動出現巨額負債，其後發展一直陷於債務困境之中，步履維艱。漢口申新紗廠係由無錫實業家榮宗敬、榮德生兄弟在漢投資，一九二一年興建，投資二十八點五萬元，一九二二年三月建成投產，有紗錠一萬四千七百八十四枚。該廠生產之初由於外匯上浮，湖北棉花歉收、花價上漲以及基建投資不夠等因素，被迫負債經營，年年虧損，只能依靠榮氏另一企業福新麵粉廠贏利挹注，才得以維持生產。申新紗廠在度過了艱難起步階段之後，到三〇年代中期才迎來了企業發展的繁榮期。[6]

隨著民營四大紗廠建成投產，武漢地區紡織工業產量大幅增長。截至一九二四年，武漢以民營四大紡織企業為主體的現代紡織工業體系初步形成。當時武漢地區除民營四大紗廠外，加上湖北官紗局與湖北官布局，共有大型紡織企業六家，中小紡織工廠七十家，紗錠二十六萬枚，布機累計八千臺，從業者二萬四千三百八十四人。年產棉紗達四萬餘件，年產機布約一百餘萬匹。棉紗、棉布的產品種類也逐漸增多。

6　一說第一紗廠投資額 300 萬元，裕華紗廠投資 236 萬元，震寰紗廠投資 166.6 萬元，第四紗廠投資 694 萬元。

棉紗從只能生產十四支、十六支兩種發展到可生產三十二支、四十二支等八個品種，棉布從只能生產一種官布發展到十七磅粗布、十三磅細布、十磅嗶嘰、十二磅斜紋等近二十個品種。與紡織工業相關的針紡織業也獲得長足發展。民國初年只能生產一種單紗襪子，至二〇年代已經可以生產出雙紗男女襪、粗絨襪、駝絨襪、童襪等五個品種，以及各種針織汗衫、背心、羅宋帽、運動褲等上千個品種。此外，還有毛巾、機制線、各種圓帶、扁帶和少量的毛呢製品等共約二十餘種新型產品。從各項經濟指標綜合比較來看，武漢成為國內僅次於上海的第二大紡織工業中心。

（二）糧食加工業

在民國前期的新一輪工業化運動中，與紡織工業並駕齊驅的是以麵粉製造為代表的糧食加工業。二十世紀二〇年代，武漢的麵粉工業盛極一時，年產各種麵粉五百萬袋，產量居全國第四位元，為華中地區製粉中心。

先看機器碾米業。一九一一年十月武昌起義，武漢四家機器碾米廠中，有三家毀於戰火，唯有寶善米廠得以倖存。一九一二年以後，該廠乘勢擴大規模，廣設分店，壟斷武漢大米供應市場，獲利極豐。為此，引發了武漢興辦米廠的熱潮。至一九一七年，武漢開業的米廠大小達三十多家。一九二三年，順興恆米廠經理陳佛珊採用既濟水電公司贈送的十五匹電動機做動力，成為武漢第一家使用電力的米廠。接著既濟水電公司採用遞減收費辦法，即用電越多價格越優惠，向碾米業推廣使用電力，加之當時電動馬達比柴油機馬達便宜很多，於是米廠採用電力生產逐漸普及。生產能力的提高，盈利空間的擴大，進一步促進機器碾米業快速發展，一九二五年碾米廠增至九十家。其中有：五豐米廠即原寶順米廠，由漢陽鸚鵡洲孫和順米行老闆投資，於一九一四年在漢陽青石橋創建，資金為五萬串銅錢，設備原用石鼎馬達，後改用柴油馬達，馬力兩百匹，以塊煤或粗糠為燃料，後又添置了電動馬達。職工有八十餘人，每月碾米五千至七千石。該廠建廠後，因管理不善，三年後抵給豐記、豐盛錢莊，最後轉由程雲樵經營。永濟米廠於一九一四年在武昌創建，合資經營資本五千銀元。開始時使用人力和畜力，一九二三年改用二十五匹柴油馬達，漢式碾米機二部和壘子一部，日產量增至六十石。德馨米廠於一九一七年在漢陽西門開辦，由劉階庭、王星元、程雲樵共投資五千銀元，有柴油馬達二十匹，日產米一百石，有職工二十餘人。順興恆米廠，於一九一八年由陳佛珊在漢正街創立，設備有礱穀機一部、米車一部，日產一百五十石。公太米廠，於一九一八年由張春甫在漢正街創辦，設備產量與順興恆米廠大致相同。曹祥泰米廠，起家於一八九二年開設的乾米店，一九二一年，店主曹芹軒投資十一萬銀元，在漢口沈家廟開辦米廠，主要設備是德國新式立式蒸汽機，馬力一百五十匹，碾米機二部，每部日均碾米五百石，是當時最大的機器米廠。當時有

·二十世紀二〇年代漢口福新第五麵粉廠全景

生產工人五十人，職員十六人。此後，由於軍閥混戰、交通受阻等原因，一九二七年米廠減少到七十餘戶。

再看機器麵粉業。民國初年，隨著城市人口的增加，麵粉業有一定發展。第一次世界大戰期間，日商東亞製粉株式會社與和平製粉株式會社不慎失火，德商禮和麵粉廠因屬於敵對國資產被拆除，「洋麵粉」輸入減少，中國麵粉貿易由入超變為出超。其中向美國輸出數量，一九一七年為 100782 擔，價值銀 44 萬兩，一九一九年達到 323800 擔，價值銀 145.8 萬兩。輸往日本的麵粉，一九一七年 1061 擔，價值銀 5491 兩，一九一九年達到 898704 擔，價值銀 402 萬兩。其他輸往英國、法國以及香港、菲律賓、南洋一帶的麵粉也為數不少，從而促進了武漢民族麵粉業的發展。原有民族資本工廠增資擴建，新廠繼起，楚裕、新豐等廠應運而生。[7] 一九一八年十月，上海榮氏資本集團投資三十萬元，在漢口創辦福新第五麵粉廠，有鋼磨二十二部，動力五百匹馬力，日生產能力由六千餘袋逐漸增加到一萬二千多袋，成為華中地區最大的面粉廠，所產麵粉不但暢銷國內，還運銷英、荷等國，麩皮大量運銷日本。二十世紀二〇年代，武漢糧油商戶達 630 餘家，糧油加工廠達 100 餘家，糧食複製品廠達 250 餘 家，全年糧食銷量達 1400 萬-1500 萬擔，油脂、油料數百萬擔。機器麵粉廠 9 家，成為國內僅次於上海的麵粉工業中心，所產麵粉內銷湖北、湖南、江西、天津及東北三省，外銷東南亞及歐美各

7　參見武漢糧食局編《武漢糧食志・糧油工業》，1988 年內部印行。

國。

表 5-2 一九二五年六月武漢機器麵粉公司[8]

名稱	廠址	性質	設立時間	資本（兩）	日產麵粉袋數	商標	工人
金龍	漢口法租界	華商	民國元年	20 萬	1500	三星麒麟	100
裕隆	漢口羅家墩	華商	宣統元年	30 萬	3000	雙鳳芙蓉	80
漢豐	漢口礄口	華商	光緒三十二年	20 萬[9]	1600[10]		
亨豐	漢口宗關	華商	民國十二年	1 萬	200		20
福新	漢口宗關	華商	民國七年	50 萬	6000	紅綠牡丹	300
和豐	漢口羅家墩	中日	光緒三十一年	60 萬	900	火車飛鴿	60
勝新	漢口宗關		民國十一年	40 萬元	2000	紅綠萬年青	

第一次世界大戰以後，各資本主義國家經濟逐漸恢復，美國等國家小麥、面粉傾銷中國及東南亞各國，武漢國產麵粉市場萎縮，麵粉工業發展受到重要影響。

8 根據徐凱希、吳明堂主編《武漢民國初期史料》，武漢出版社，2012 年 3 月版，第 314 頁《中國新式麵粉公司一覽表》、第 313 頁《漢口機器麵粉廠列表》、曾兆祥主編《湖北近代經濟貿易史料選輯》第 1 輯，第 159-160 頁資料合併而成。另據《湖北近代經濟貿易史料選輯》第 1 輯刊武漢糧食局與湖北大學合編《武漢資本主義機器麵粉工業發展史》，一九〇五年創辦的機器麵粉公司有：瑞豐、和豐、漢豐、恆豐，一九〇六年創辦的有金龍。一九一八年投產有楚裕，當年停產，易主後改名勝新，資本 40 萬元，一九二四年投產，日產麵粉約 2700 包。

9 一作 30 萬兩。

10 另有記載，一作 1200 包，一作 1500 包。

（三）鋼鐵冶煉業

漢冶萍公司的漢陽鐵廠，至第一次世界大戰前的幾年中，每年虧損一百五十萬到二百八十萬元。第一次世界大戰爆發後，鋼鐵價格猛漲，銷路擴大，該廠一九一四年虧損減少到十萬元，一九一五年以後每年都有盈利，一九一八年獲利達 377.9 萬元。該廠積極進行擴建、改建，至一九二〇年，已擁有 100 噸及 250 噸化鐵爐各 2 座，30 噸馬丁煉鋼爐 7 座，大小軋鋼機多座，產量逐漸增加。從一九〇八年年產生鐵 6.6 萬噸，發展到一九一九年高達 16.61 萬噸，相當於當年全國生鐵產量 27.7 萬噸的近 60%。年產鋼 374 萬噸。能生產各種大小鋼軌、工字鋼、鋼板、角鋼、槽鋼、方鋼及魚尾板、魚鱗板及彈簧鋼等十多種型號的材料，產品暢銷國內外。一九一四年，漢冶萍公司從日本提供的新貸款中，投資五百餘萬元籌建大冶鐵廠，在石灰窯袁家湖地方添造四百五十噸化鐵爐二座，一九二二年建成投產，日產生鐵三百噸。揚子機器公司於一九一九年在漢口建造化鐵爐一座，礦石購自湖北省內象鼻山鐵礦場，焦煤取於河南六河溝煤礦，日產生鐵一百噸。一九一四至一九二一年是湖北鋼鐵冶煉業發展的興盛時期。從一九二二年起由於鐵價下跌，漢陽、大冶兩廠分別於一九二四年和一九二六年相繼停產，揚子機器公司鐵廠處於時開時停的狀態，全省鋼鐵產量逐漸滑坡。

（四）機器修造業

武漢在一九一一年以前，除官辦的漢陽兵工廠外，還有十多家民營機器修造廠，這些工廠規模很小，只能從事一些小型農工用具和其他金屬器具的修造業務。民國以後，經過十年的發展，到一九二二年，武漢民營機器廠發展至七十餘家，有從業人員七千餘人。民營企業中有的能生產小型動力機、起重機、鍋爐、碾米機、軋花機等機械。例如李維格和宋煒臣等合辦的揚子機器廠，資本由一九〇七年的三十萬元增加到一九一九年的一百五十餘萬元。該廠設有化鐵、機器、電機、翻砂、橋樑、造船六個分廠，可生產鐵路車輛、橋樑、叉軌、煤氣發動機、輪船及煉鐵爐等，產品行銷國內外，是國內著名的企業之一。再如周恆順機器廠廠主周仲宣，一九一三年在考察了四川自流井鹽場用畜力人工提取鹽水的落後方法後，設計製造了提取鹽水的全套蒸汽起重機，先行試用，提高工效二十倍，銷路大開。周恆順廠為四川自流井鹽場安裝起重機，每個機組配套一名技術工人，後來因技工缺乏，就在當地培養操作工人，保證了幾十個機組的需要。由於這些完善的服務，周恆順機器廠提供的機器設備壟斷了四川自流井的設備採購業務。周恆順機器廠還十分重視產品創新與技術開發。一九一三年，該廠測繪了英國「道馳」牌臥式單缸煤氣機，彌補了技術資料的不足，從而仿製出三十匹馬力的煤氣機，並發展成為傳統主導產品。一九一五年，周恆順機器廠替甘肅造幣廠製造一套造幣機，包括熔煉、碾壓、軋片、沖塊、壓花、搖洗等工作機，以及五百馬力蒸汽原動力機和各種傳動設備，大小機器近百部。廠主周仲宣派工頭一名、工匠二十餘人，將機器運至蘭州安裝調試，最後還留下幾名工人幫助維修保養。從此工廠信譽大增，各地造幣廠訂貨接踵而來。該廠還適時購進英、德等國的落地車床、龍門刨床、萬能銑床等設備，增強了產品競爭能力。

廠主周仲宣曾親赴日本和東南亞地區考察學習，引進先進技術。

需要指出的是，民國前期武漢機器工業雖然發展較快，機器產品的生產也進入到動力機械製造的階段，但主要設備和技術仍依賴外國。從全行業機械動力設備和生產技術發展水準來看，仍處於較低檔次，大多數工廠沒有專職工程技術人員。據有關資料統計，至一九三三年，在武漢一百餘家機器製造廠中，符合工廠登記法和工廠法的僅有二十家，全行業雇用或兼職工程師總共14人，占該行業職工總數的4.7%。

（五）電力工業

一九一一年十月武昌起義後，在陽夏戰爭中，既濟水電公司遭到清軍炮火的轟擊，損失嚴重。第一次世界大戰期間迅速恢復生產，經營範圍逐漸擴大。一九二二年以後，該公司分別從美國和瑞士購進一千五百至三千千瓦機組五臺，總容量達一點零五萬千瓦，成為全國規模最大、資本最多的華資水電公司，與此同時，武昌電燈公司、漢陽電氣股份有限公司相繼創辦。[11] 從上面介紹的武漢工業發展的具體情況不難看出，武漢在民國前期的工業發展是顯著的。從一九一二至一九二八年，較大規模的工業企業從一百二十家發展到三百零一家，如果把較大型手工業作坊計算在內，數量則達到六百家。工業資本額從一九一一年的一千五百二十四萬元增至一九三〇年的近三千萬元，工業整體規模較辛

11 《湖北省志・經濟綜述》，湖北人民出版社，1992年版，第42-43頁。

亥革命前增長了近三倍。

三、民國初武漢民營工業發展較快的原因分析

民國前期武漢民營工業發展較快，被稱為「黃金發展期」，原因是多方面的。

第一，民國歷屆政府對發展民營工業的政策支持。如前所述，在一九一二到一九二三年期間，中國歷屆政府先後頒佈《公司條例》《公司保息條例》《工業試驗所章程》《獎勵工藝品暫行章程》《工廠暫行規定》等一系列有利於本國工商業發展的法規，為民營工業發展提供了寬鬆的政策環境，鼓舞了民間人士投資工業的積極性。

第二，第一次世界大戰創造的有利國際環境。第一次世界大戰期間，參戰的英、德、法等帝國主義國家，因全力從事軍工生產，運輸商船銳減，大量減少了對中國的商品輸出，同時還從中國輸入某些軍用和民用物資，消費市場的擴大，使武漢出現有利於民營工業發展的良好機會。如洋紗進口，一九一三年為二百六十八萬擔，一九一八年減為一百一十餘萬擔，以後逐年減少，導致中國棉紗價格暴漲，為武漢紡織業的興起創造了良機。武漢一些有實力的精明商人，抓住時機投資建設了具有一定規模的紗廠、織布廠、襪廠及打包廠等企業。第一次世界大戰後，各參戰國滿目瘡痍，民生凋敝，急需食品的補給。一九一九至一九二一年，中國成為小麥、麵粉及食油的出口國，其中麵粉遠銷英、俄及東南亞各國。第一次世界大戰爆發後，中國參加英國、法國、俄國和義大利等協約國陣營，於一九一七年八月十四日對德、奧

同盟國陣營宣戰，德國作為敵對國，其在漢工廠被迫關閉，這使以前被德商控制的行業如蛋品業的銷售市場回到華商手裡。

第三，民營工商業者的資金積累與投資工業取向。武漢新式民營工商業者出現在中日甲午戰爭以後，其中不少人來自於買辦。經過清末民國初二十多年的發展，不僅積累了相當的資本，而且形成明確的工業投資意向。如本地劉歆生、劉子敬以及下江商人鄭燮卿、宋煒臣、朱葆三、周扶九等，對工業投資都在一百萬元以上。其中宋煒臣在七百萬元以上，劉歆生也在數百萬元以上。

第四，武漢區位優勢與交通優勢的發揮。武漢地處華中腹地，通江達海，水運便捷，隨著輪船航運的興起和京漢鐵路的通車，不僅與國內各地市場聯為一體，同時還與遙遠的國外港口，如英國的倫敦，法國的馬賽，俄國的奧德薩，日本的神戶、大阪、橫濱等，建立了直接或間接往來。進出口貿易額不斷增長，最高達到一九二八年的四點四三億海關兩。特別是漢口的間接對外貿易額，長期約占全國四大口岸（上海、天津、廣州、漢口）總和的四分之一，並有二十一個年度居全國第二位，僅次於上海。巨額的商業貿易以及伴隨而生的金融業的發達，為包括民營在內的工業發展提供了資金和市場。

第五，抵制洋貨營造的有利社會環境。清末以來，伴隨反帝愛國思潮的持續高漲，抵制洋貨、提倡國貨運動連綿不斷，至二十世紀二〇年代前後達到高潮，為民營工業的創辦與產品銷售營造了良好社會氛圍。民營工業者因勢利導，大力宣傳宣導中國人用中國貨的理念。如著名民營企業周恆順機械廠，在其鑄造的蒸汽機機座上鑄上「同胞細聽，權利須爭。我邦能造，不購外人。由知此意，方稱國民。專買洋貨，奴隸性情」等字句，激揚民族情感，推銷自己產品。

第六，新式管理方法的實施推廣。清末民國以來，不少民營企業家積極學習西方經營管理知識，將新式管理方法引進企業。以裕華、大興、楚興紡織公司為例，都相繼建立新式企業管理制度：1. 建立股份有限公司，實行董事會領導制。2. 加強企業內部機構職能，精減人員。改變以往由工頭獨攬管理權的做法，設經理、副經理、工務處、總務處（下設科），分工負責人事、工資、技術、檢查、財務統計等職能工作。裕華紗廠雖設有董事長及十二個機構職稱，但人員很少，多為兼職不兼薪，而由董事長全面負責，經理兼工務處長及技術、紡織、統計三科科長，副經理兼庶務科長。3. 建立品質管制制度，如每日打掃機車清潔、及時維修、操作時洗手等。同時建立品質監控制度，如設檢查房，每天抽查紗的根數、找搭頭。車間職員用小秤隨時對搖紗稱量檢查，以足分量，對棉紗打包，要求頭尾整齊，平行，且少皺紋。用棉選用色白、細長纖維棉花，對色次、油污棉花一律擇出。4. 吸收內部職工存款，充實資金積累。裕華紗廠一方面提存企業保護基金，每日從盈餘中提存債票基金，並每月擴大提存摺舊金。股東除固定存款之外，廠長、經理存款常達一百多萬元。5. 經營靈活，建立銷售和資訊網路。武漢民營資本建立的大興紗廠，首派業務員到各地負責推銷產品，瞭解使用者意見，收集資訊，每六七天一次，風雨無阻，盡量滿足用戶要求，針對用戶對棉紗重量、拉力、色澤上的意見，及時改進。6. 重視和培訓人才。如楚興公司選用有紡織學歷人才，號召機匠帶徒弟，儘快掌握技術。7. 進行廣告宣傳。如周恆順機器廠設計的注冊商標，就是正中一個圓規和一個直角尺，週邊一個正方框，再外是一個圓框，這個商標是按四書上的「規矩方圓之至也」和「不以規矩不能成方圓」而立意的。它表達了周恆順機器廠的服務方針和管理原則，其寓意是以圓規、直角尺代表規章制度，信賞必罰，技術上要按照品質標準，嚴格把關。「內方」就是對內要嚴格，一絲不苟；「外圓」就是對外要靈活，圓通應變。[12] 太平洋肥皂廠為招徠生意，設計幾百塊鐵皮立體廣告標牌，用紅漆白字寫上「請用太平洋肥皂」字樣，安裝在市內每根電線杆上，標牌被風吹動作響，吸引行人，曾轟動一時。[13]

四、民國初年武漢民營工業的特徵

民國初期，武漢工業的發展不僅在規模與速度上大大超過了清末，而且在產業結構、投資主體、發展取向等方面，均呈現出不同於清末的新特徵。

第一，民營資本取代國家資本成為工業的投資主體。

民國以前，武漢現代工業主要由官辦企業與外商企業所構成，民辦企業微不足道。而到了民國前期，民營企業不僅與官

12 英柏、周茲柏《周仲宣與周恆順機器廠》，《武漢文史資料文庫》第三卷，武漢出版社，1999 年版，第 65 頁。

13 皮明庥主編《近代武漢城市史》，中國社會科學出版社，1993 年版，第 418 頁。

營、外企三分天下，而且在工廠數量與投資額度上已占壓倒優勢。

民營企業的崛起，緣於民國前期一系列鼓勵扶助私人投資的政策舉措的刺激，緣於民族工商業者實業意識的覺醒，也歸因於民國初年相對有利於民族工業發展的外部經濟環境。在上述原因的作用下，民國初年武漢工商業主掀起投資工業的熱潮，民族資本大量投向紡織、機器、糧食加工、建材、五金、食品等主要領域，民族資本成為武漢工業投資的主體。在武漢工業的資本構成中，民族民間資本超過外國資本和國家資本，擁有最大的份額，成為民國時期武漢工業的主幹或主導力量。

・民族實業家李國偉，在漢口創辦福新第五麵粉廠與申新第四紡織廠

第二，以紡織、糧油加工為代表的輕工業發展最快。

武漢工業結構的變化不僅表現在資本構成方面，而且還表現在行業結構的方面。在官辦企業為主體的晚清時代，武漢工業以冶金、軍工、紡織為主，而在民辦企業為主的民國前期，軍工、冶金基本上沒有突出發展，而以紡織、糧油加工為代表的輕工業發展迅速，成為武漢工業體系中占主導地位的行業。

第三，替代進口是這一時期民營工業發展的基本取向。

民國前期武漢地區掀起的新一輪工業建設具有明顯的替代進口的發展追求，它主要表現在工業投資主體的構成特徵、工業投資的目標取向、工業發展的部門行業特徵以及工業發展的實際後果等方面。民國前期武漢工業的投資者如李紫雲、劉谷臣、劉子敬、劉季五、徐榮廷、榮德生、宋煒臣、李國偉等人，都屬於民營企業家。他們投資工業的主要動機當然是為了賺錢盈利，但在政治抱負卻是為了堵塞漏卮、挽回利權，通過振興民族工業，與外國開展商戰，用國貨取代進口洋貨，把洋貨佔領的市場爭奪回來。為此，當時的民營企業家投資領域集中在洋貨侵佔最嚴重的生活用品製造方面。

再從武漢工業發展的實際效果上看，國貨逐步替代洋貨的效應也是十分明顯的。在民國前期的武漢市場中，洋貨傾銷的現象儘管無法根本扭轉，但與以前相比，已經有了某些改觀。在與洋貨的競爭中，國產棉布、棉紗、肥皂、火柴等，逐步站穩了腳跟，有的與洋貨平分秋色，有的甚至替代了洋貨而佔有市場主要份額。二十世紀初武漢市面上大量出現的洋貨行、洋紗行開始失去往日的風光，而專營國貨的國貨公司、國貨商店大量湧現。它們開始成為武漢商業中一支生機勃勃的新生力量。

第四，民營工業整體運行水準低下，持續發展能力不足。

以紡織工業為例，一九一五至一九一九年是發展的「黃金時期」，一九二〇至一九二七年，國內外市場風雲突變，企業在劇烈動盪的市場中風雨飄搖。在四大紗廠中，僅裕華業績較好，其他均步履維艱，長期在開工、半開工乃至停產、歇業狀態下掙扎。麵粉工業也是如此。一九一三至一九一九年，麵粉業呈現出迅速發展之勢，二〇年代初隨著西方列強的捲土重來又陷入困境。此後情況稍有好轉，旋又遭到農業歉收的沖擊，發展陷入停頓。武漢工業發展的這種起伏不定，儘管有諸多外部因素所促使，諸如西方列強的經濟壓迫、軍閥混戰引發的社會動盪、自然災害的打擊等，但武漢工業整體素質的低下，如投資規模小、技術裝備及創新能力差、內部管理不嚴、產品品質不高等，則是一個重要的內在因素。[14]

第二節 ▶ 宋煒臣與燮昌火柴廠、既濟水電公司

十九世紀末二〇世紀初，伴隨著西方工業文明的輸入以及張之洞「洋務新政」的興起，武漢城市經濟功能開始轉型，逐漸由傳統的商業獨秀發展到工商並重，武漢地區工業迎來一個生機勃發的時代，促使武漢一躍而為中國近代工業的發祥地之一。這其中，以宋煒臣等為代表的民族資本家以「實業救國」為己任，篳路藍縷，奮發圖強，在近代民族工業領域一展宏圖，書寫了武漢近代工業史上濃墨重彩的一筆。

一、漢口燮昌火柴廠

一八九五年中日甲午戰爭以後，在民族復興精神的刺激下，

14 皮明庥主編《武漢通史》第七冊，武漢出版社，2006 年版，第 118-120 頁。

・民國年間刊印的《最新漢口市街詳圖》，圖中燮昌洋火廠清晰可見

在張之洞力行洋務新政的推動下，在西風東漸的示範作用下，武漢民族工業開始勃發。同時，作為商賈輻輳的商業之區和「九省通衢」的開放港城，漢口與上海、廣東、寧波乃至海外構建起互通有無的經貿網路，吸引大量外地商人赴漢投資興業。在這股民族工業肇始的時代大潮中，宋煒臣這位寧波籍工商巨擘在武漢大顯身手，陸續投資或參股創辦既濟水電公司、揚子機器廠及富池口銅煤礦等新式企業，成為開拓武漢近代工業的領軍者之一，有「漢口的頭號商人」「湖北公用電業第一人」之稱。

宋煒臣（1866-1926年），寧波鎮海人。少時讀過幾年私塾，稍長在一家南貨店當學徒。之後赴上海在葉澄衷的順記洋貨行工作。一八八九年在民族工業興起的形勢下，宋煒臣協助葉澄衷在上海成功創辦上海燮昌火柴廠，宋任協理。為擴充經營規模，一八九六年宋煒臣受葉澄衷之命，攜資來到武漢尋求發展，先在漢口歆生路（今江漢路）開設華勝呢絨軍服皮件號。由於制工精良，華勝皮件號產品大受歡迎，宋煒臣鋒芒初露，在武漢工商界佔據了一席之地。

十九世紀九〇年代，漢口雖早已辟為通商口岸，但民辦火柴工業尚處於未開發狀態。在張之洞治下實行「洋務新政」的漢口已呈現一派朝氣方興的景象，尤其是作為全國內陸交通樞紐，九省通衢、通江達海之地，漢口的區位優勢又得天獨厚，宋煒臣認定在此開辦民族火柴工業的前景一片光明。一八九七年八月，宋煒臣與葉澄衷各投資十四萬元，招股十四萬元，在漢口創建上海燮昌火柴廠漢口分廠，由宋任經理。

・漢口燮昌火柴廠及既濟水電公司創辦人宋煒臣

火柴工業是近代新興的工業行業，漢口燮昌火柴廠又是宋煒臣在漢開辦的首家近代工廠，為促進企業良性發展，他投入充足的勞動力和資金，引進先進的技術與設備，廣泛拓展原料市場與銷售管道。燮昌火柴廠生產原料除部分軸木材料來自湖南、江西外，大部分軸木、硫黃、包裝箱購於日本，硝子粉、磷購於英國，白蠟油、松香購自美國，黃磷從德國採購。全部生產分成十二道工序，按照工序分設排板房、上藥房、配藥房和成包房等十二種工廠，又細分成十六個操作房以及一百八十個生產區的小房室，各配置數量不等的工人操作，並安插工頭監工。由於火柴工業屬於技術簡單的勞動密集型產業，燮昌火柴廠雖配置三十八部排梗機，但仍以人工生產為主，機器為輔。雇用男工四百餘人，女工千人以上，規定技術工種或熟練工人發給固定工資，男工每月薪水四到六元，女工減半，一概由工廠供應膳食住宿。簡單工種實行計件工資，譬如完成一千個紙盒付給銅錢一百一十文。員工各司其職，構成嚴密而規範化的工藝操作流

・漢口燮昌火柴廠出品的「飛雞」牌安全火柴火花

程，頗具西方近代化的生產管理模式。時人贊曰「所製造甚屬可觀，其工程亦有條不紊，殊可嘉許」[15]，投產當年即獲利銀十八萬兩。燮昌火柴廠最初生產黃磷火柴，火柴頭塗上硫黃等易燃原料，遇上高溫可以自燃。火焰毒性大，用者感到不安全、不衛生，工人操作時也易中毒。宋煒臣對生產工藝加以改進，以硫黃火柴和安全火柴替代。硫黃火柴有「雙獅」、「單獅」、「三貓」、「三雞」、「象」牌，產品齊全，能耐風力，「目下製造硫黃火柴，由該火柴適於地方之嗜好，因製品之良好與得有特權等，故能得聲價及便宜，於該地有最好之販路」[16]。「至於安全火柴，燮昌雙獅（燮昌品安全、硫黃皆雙獅印）品質極優，軸木純白而細，甚為整齊」。[17] 由於燮昌火柴質優價廉，「漢口、武昌一帶之地不論，經襄陽附近遠及陝西漢

15 皮明庥等編《武漢近代（辛亥革命前）經濟史料》，武漢地方志編纂辦公室 1981 年印行，第 198 頁。

16 水野幸吉：《漢口 —— 中央支那事情・工業》日本東京並木活版所 1908 年版，第 110 頁。

17 水野幸吉：《漢口 —— 中央支那事情・外國貿易》日本東京並木活版所 1908 年版，第 3124 頁。

中府、河南地方，皆其所供給。湖南亦以漸擴充販路」。[18] 之後，宋煒臣陸續添置機器，擴大規模，使漢口燮昌火柴廠規模大於上海燮昌廠，超過重慶森昌泰、森昌正與廣州義和等民辦火柴廠，一度發展成為全國最大的火柴廠，工人最多時達二千五百餘人，日產火柴四十三萬餘盒，月產一百五十大箱，產量居於全國首位。漢口燮昌火柴廠之所以能夠成功創辦，不僅得益於宋煒臣管理有方，也受惠於湖廣總督張之洞的大力扶植。一八九〇年張之洞上任伊始，即曾邀請旅日華僑來漢投資建廠，以與外國洋火相抗衡。華商火柴廠雖未建成，但張之洞對民族資本家獨立創業的積極扶持，賦予了宋煒臣振興民族火柴工業的熱情與信心。極具商業頭腦的宋煒臣為此呈請張之洞，獲批獨家生產火柴專利權，中外廠商十五年之內禁止在漢設立火柴公司與之爭利。燮昌火柴廠開設以後，有商人擬在漢增開火柴廠，宋煒臣即具稟商務局，請予禁止。該廠在徵稅方面也優惠頗多，「完釐用專章辦理，由釐局發與統捐票，每箱收錢四百文，通行本省，不再重徵」[19]。

燮昌火柴廠創立之初，廠址處於一片荒僻低窪地帶，宋煒臣從漢口後湖運土填地，幾經艱辛建成工廠，其時日租界尚未設立。隨著京漢鐵路的通車，荒寂已久的鐵路兩側逐漸繁華起來，

18 《湖北商務報》第7冊，1899年5月版，第11頁。

19 皮明庥等編《武漢近代（辛亥革命前）經濟史料》，武漢地方志編纂辦公室1981年印行，第197頁。

・漢口燮昌火柴廠出品的「魚」牌安全火柴火花

日本駐漢口領事水野幸吉便鼓吹日本侵略勢力向漢口滲透和擴張。從一九〇六年起，成立於一八九八年的日租界要求擴界，燮昌廠也被納入拓界區域。為了維護民族工業，張之洞與水野幸吉反復辯駁，據理力爭，曆時數年，最終議妥保護燮昌火柴廠事宜，雙方簽署的條款規定：「燮昌火柴廠照常開設，不致勒令遷移，不能苟待，與日本商民一律看待。」[20] 正是由於張之洞的多方爭取，才確保燮昌廠的正常營運，企業權益也不致淪入外人之手。可以想見，如果沒有張之洞以總督之權大力提攜，沒有他的開明態度和開拓性的洋務實踐，宋煒臣在民族火柴工業領域大顯身手是難以想像的。

作為武漢民族火柴工業的先驅，漢口燮昌火柴廠的成長史也是一部與外國資本勢力的抗爭史，燮昌火柴廠在鬥爭中求生存，求發展，彰顯出民族資本家強烈的發展訴求和愛國情懷。眼見燮昌火柴廠獲利豐厚，日本商人也欲在漢口開設火柴廠。宋煒臣以擁有專利權為由，「稟請鄂督移知日領事，飭令停辦……燮昌執

20 袁繼成主編《漢口租界志》，武漢出版社，2003 年版，第 33 頁。

理甚堅，決不肯讓」[21]。面對外國進口洋火的競爭，漢口燮昌迎難而上，後來居上。水野幸吉如此哀歎：「往年漢口輸入之火柴，殆八九分為日本品。自明治三十一年燮昌火柴公司設立以來，為該公司製品所壓倒，而漸次減其輸入額。」[22]「最近驅逐本邦（指日本）之火柴於市場，湖南、河南之火柴業，目下殆為燮昌公司所獨占」[23]。第一次世界大戰期間，歐洲交戰國火柴業產銷失調，洋火進口量銳減，價格飛漲，市場上缺乏外貨的傾銷與競爭，民族火柴工業迎來發展契機。漢口燮昌火柴廠產銷兩旺，盛極一時。一九一九年五四運動爆發，提倡國貨運動在武漢風起雲湧，包括火柴在內的日本輸華商品遭到國人抵制。在空前有利的形勢下，燮昌火柴廠擴大產品市場，業務蒸蒸日上。

由於受主客觀條件的制約及經營環境的變化，燮昌火柴廠的發展之路並未一帆風順，而是佈滿荊棘。張之洞對燮昌火柴廠的過度保護，如給予長期專利及減免稅釐等，造成該廠壟斷武漢火柴市場，進而耽於現狀，不思進取。生產基礎的薄弱，技術更新的滯後，又導致燮昌火柴廠欠缺持久的發展力與競爭力。而在技術指導上近乎完全依賴外國技師，主要工業原料亦多從國外進口，更難免在生產經營上受制於人，以致不敵上海、浙江等地後

21 皮明庥等編《武漢近代（辛亥革命前）經濟史料》，武漢地方志編纂辦公室 1981 年印行，第 197 頁。

22 水野幸吉：《漢口——中央支那事情・外國貿易》，日本東京並木活版所 1908 年版，第 3120 頁。

23 水野幸吉：《漢口——中央支那事情・工業》，日本東京並木活版所 1908 年版，第 110 頁。

來居上的火柴廠以及瑞典、日本火柴。第一次世界大戰後，外國火柴捲土重來，廉價傾銷，逐漸控制和壟斷武漢市場。而宋煒臣在湖北陽新富池口開採銅煤礦，開辦竹山五豐銅礦公司，耗資巨大，燮昌火柴廠的收益也投放其中，導致其資金匱乏，無力與進口洋火競爭，產品滯銷，市場萎縮，被迫於一九二七年宣告停業。該廠雖幾經掙扎，仍復業無望，一九三〇年將廠房設備變賣予上海大中華火柴公司，從此退出歷史舞臺。

二、漢鎮既濟水電公司

近代化城市區別於傳統市鎮的重要標誌之一，就是為大眾服務的城市公用事業的興起。處於近代化起步階段的晚清漢口，在西方城市文明的影響下，城市公用事業逐漸發展，其中令人矚目的是城市公共水電的起步。漢口開埠後，外資工廠、官辦企業等相繼用電，電力工業開始在武漢萌芽。一九〇六年英商電燈公司在漢口俄租界開設，總容量一百二十五千瓦，這是漢口第一家公用電燈公司，改寫了近代漢口無生活用電的歷史。

然而租界之外，漢口市區一直無電流供應，市民只有依靠煤油燈、菜油燈或少數汽油燈來照明。同時，漢口也沒有自來水廠，市民只能飲用經過處理的江水。作為新興的公共事物，電燈、自來水與市民生活息息相關，早為漢口千家萬戶所渴望。提倡洋務新政的張之洞，順應民情，對興辦公用水電事業大力提倡。但為了支持「便民用，塞漏卮」的民族水電業，張之洞數度拒絕外商外資染指。面對漢口工商業日益發達、發展水電業已迫在眉睫的情況，一九〇六年六月，宋煒臣邀集王予坊、朱佩珍等

・漢口既濟水電公司宗關水廠和水塔建成供水以前，即使住在租界的人也要依靠挑江水過生活

浙江、湖北、江西三地十一名華商，聯名呈稟張之洞：「漢口為九省通衢，商務繁盛。近年，盧漢鐵路交通，粵漢、川漢等路接踵告成，將來必為中國第一重鎮。職等創辦電氣燈、自來水，統籌全局，尤應預計將來。現擬集貲三百萬元，擇地建廠，以後逐漸推廣，庶不致有規模狹隘之慮。理合具稟，懇乞賞准，批示立案，並准予專利」[24]，發起籌辦水電公司。宋煒臣等振興實業、挽回利權之舉，當即獲得張之洞批准，並從資金、政策等方面予以扶持，籌撥官款三十萬元作為股東，並特許既濟公司專利，規定漢口地區除租界以外，不得另設電氣燈、煤油氣燈、自來水公司。由於事業艱巨，為利於募股，宋煒臣又聘請鉅賈徐之槩、周魯、張賡颺、趙鳳昌、李堅、黃顯章、朱文學等人為發起人，並取「水火既濟」之意，定名為「商辦漢鎮既濟水電股份有限公司」。一九〇六年七月，既濟水電公司在英租界太平路（今江漢路一段）正式成立，招集股本三百萬元。

一九〇六年八月，既濟水電公司兩廠同時破土動工，聘請英

24 侯祖佘修、呂寅東纂《夏口縣誌．實業志》，張翰存刻刷，1920年版，第3頁。

・既濟水電公司大王廟電廠舊影

國工程師莫爾設計和監督施工。公司原計畫以六十萬元建電廠，二百四十萬元建水廠，然而開工之後，「以漢口為通商巨埠，規模狹小，後繼為難，不得不加大其範圍，以為營業增進之預備。於是，機件、廠房以及水塔、水池皆加大一倍，以是溢出預算幾至二百萬元之巨」[25]。宋煒臣與日本東亞興業株式會社聯繫，要求借款一百五十萬元（合 90 萬日元）。東亞興業會社當即表示同意，所借日款期限三年，並附加五項條件：各種水電機器、部件和零件，均須向日方購買；水電廠所用燃煤應向日方採購；工程技術部門，須聘請兩名日籍工程師負責；財會部門須聘請日籍會計人員核算；專設日本帳目一套，便於日方稽核。面對日商苛刻的條件，為了不致事業半途而止，宋煒臣只好答應全部條款。自此，既濟水電公司無形中受到日本人的干預和掣肘。一九〇八年既濟公司召開第一屆股東大會，宋煒臣當選為總經理。

一九〇八年八月，歷經兩年建設，兩座歐式發電廠房聳立於漢口大王廟漢江邊。既濟電廠裝有五百千瓦直流發電機三部，總裝機容量達一千五百千瓦，在當年京、滬、穗、漢四大城市民辦

25 《既濟水電公司總理敬告諸股東書》，《大漢報》1921 年 4 月 13 日。

電廠中首屈一指，占全國經營電廠總容量四千四百四十九千瓦的三分之一，位居全國民辦電業之冠。既濟電廠建成送電，當年即安裝電燈一點八萬盞，漢口武聖廟至黃陂街一帶市區入夜一片光明。一九一一年漢口華界電燈發展到二點五萬盞，代表近代工業文明的電燈在漢口日趨普及。尤為值得一提的是，隨著既濟電廠的建立，清末民國初的漢口繁華街道已開始安裝公用路燈。這耀眼的燈光為漢口市民生活增添不少近代氣息，提高了城市文明格調與生活品質，進一步改善了工商業的投資環境，促進了武漢城市的近代化市政建設。

・一九〇八年既濟水電公司漢口水塔破土動工，一年之後落成，為漢口華界和租界供應自來水。圖為建設中的漢口水塔

自來水工業也是近代新興的城市工業，它和電力工業一樣與城市的發展密切相關，是城市邁向工業化、近代化的標誌之一。宋煒臣等營造電廠的同時，也興建了一座頗具規模的自來水廠。水廠設於礄口韓家墩宗關，工程浩大，「計有拔柏葛水管式鍋爐三座，壓縮空氣起水機二部，蒸汽清水送水機三部，沉澱池五十三座，慢性沙濾池二十二座，清水池一座，容量五百萬加侖。」[26] 一九〇七年末，既濟水廠初具規模，水管已向漢口市中

26 《既濟水電股份有限公司概況》，1949 年出版，第 1 頁。

心鋪設，但作為水廠供水的配套設施水管地基尚無著落。宋煒臣呈請張之洞，獲批後城馬路張美之巷口（今中山大道民生路口）一百五十五平方米基址。一九〇八年秋，水塔動工，由英國人莫爾設計監造，於次年九月竣工，容量三百二十五加侖。「塔作八卦式，計高十四丈餘。塔內鐵水柱一，用機器吸水至塔頂，再由塔頂分布四旁，以供各居民之用，洵巨制也」[27]。「以其高出雲表，一望無際，遂於其上設警鐘一具。因街巷遠近，訂定鐘點，為漢口火災之警告」。[28] 如遇漢口火災，以鐘響次數表示失火區域，向市民傳報火警。水塔實際上已承擔供水和消防的雙重使命，「水火既濟」之稱實至名歸。

一九〇九年六月，水廠落成開始送水，供水範圍在歆生路（今江漢路）以南，礄口以北，後城馬路以東，面積約四點三平方公里，日供水量達五百萬加侖。以人均日耗水量五十加侖計，其供水人口當在十萬左右。從此，漢口市民結束延續千年的飲用江水歷史，喝上純淨的自來水，享受近代工業文明帶來的成果。既濟水廠的設立，不僅時間上居於全國領先，在規模上更堪稱翹楚。時人讚歎：「吾國近時創辦電燈之處頗亦不乏，惟自來水殊不多覯。上海雖亦有此，其規模迥不漢口若也。」[29] 一九一〇年

27 侯祖佘修、呂寅東纂民國《夏口縣誌·實業志》，張翰存刻刷，1920年版，第2頁。

28 徐煥鬥《漢口小志·建置志》，商務印書館，1915年版，第6頁。

29 侯祖佘修、呂寅東纂民國《夏口縣誌·實業志》，張翰存刻刷，1920年版，第2頁。

漢口租界當局也要求既濟公司經營租界自來水，「將各租界自來水敷設權委託既濟承辦，訂立合同，以五十年為期，一切由其承造。所有開辦經費，由日僑借出，材料、工師則分用英、法、德等國。至收入水費，既濟得其一半，餘由租界各工部局均分」。[30]

一九一一年十月十日，辛亥武昌首義爆發。清政府調集清軍南下，與革命軍在漢口展開激戰。既濟水電兩廠位於交戰區域，廠房及水電設備遭受戰火波及，損毀嚴重，以致經營大受影響，日常開支無以為繼，工人薪金無從發放，水電設施無錢修護，公司運營陷於困境。為了挽救公司生存危機，宋煒臣以價值二十餘萬元的私產作抵押，向日本正金銀行貸款，重新架設電線，敷設管道，修復設備，使水電兩廠漸有起色。隨著漢口局勢趨於平穩，市場日漸恢復，水電供不應求，營業大有增長。一九一六年為添購機器擴大生產，宋煒臣再向東亞興業株式會社借款一百萬元，使借款總額達到二百五十萬元，訂期十年還清。因市區發展，人口增多，小型機組已不能滿足社會需求。一九一九年冬，既濟電廠購置美製一千五百千瓦、六十赫茲三相交流機二部及大型拔柏葛鍋爐二臺，並添置五百千瓦電動變流機二臺，將舊機所發直流改為交流供電，與新機並列運行。第一次世界大戰期間，外匯暴跌，日元對銀元比價貶值一半。宋煒臣乘機籌資購買日幣，提前償還全部日債，並辭退公司日籍人員，擺脫了日本人的

30 《武漢水電進行之一斑》，《申報》1910年12月28日。

・二十世紀二〇年代既濟水電公司宗關水廠

無形牽制，自此公司經營蒸蒸日上。一九二〇年既濟公司全部改為交流供電，發電設備容量共五千千瓦，年發電量約六百萬千瓦時，固定資產已達一千萬元。在宋煒臣眾多的實業中，既濟水電公司無疑是其人生中最大的成就。公司一路走來，飽經坎坷，而最終渡過難關，不斷成長，應歸功於宋煒臣的勵精圖治、高效管理。作為既濟公司的發起人，宋煒臣深知水電事業耗資不菲，他採取股份制多管道融資，保障了公司的資金來源。實行股份制的既濟公司股本結構合理，資產較為優良，紅利分配寫入公司章程，公開透明，將公司上下聚合成一股強大的力量，增強了公司的凝聚力。

他不僅注重引進先進技術與設備，更實行嚴格而高效的管理機制。清末民初，政府尚未設立主管電業的行政機關，對電業也未加監督，任其自由發展。因此，既濟公司實際上享有獨立自主的經營管理權。「所有牌照及賣水章程，業經該公司總理宋煒臣君訂定，呈請夏口廳備案出示保護」。[31] 由於公司管理機構僅受公司章程制約，這為宋煒臣提供了實行現代企業管理的空間。他建立法人治理機構，股東會、董事會、執行層職能明晰，實現了

31 《自來水定期開機》，《申報》1909 年 8 月 3 日。

公司的高效而規範化運作。

從第一屆至第五屆，宋煒臣連任既濟水電公司總經理。一九二一年四月，宋煒臣辭去長達十多年的總經理職務，改由萬撝伯接任。此後，既濟公司在人事、經濟和設備、業務等方面，多有變化與擴充。至一九二六年，公司除資產增值和償清債務外，還積累盈利四百八十萬餘元。其發電設備總容量，亦由最初一千五百千瓦增至一萬零五百千瓦，年發電量上升到二千一百一十四萬千瓦時，滿足全市用電有餘。北伐戰爭以後，宋子文插手既濟水電公司，既濟水電公司轉由官僚資本所控制。

綜合而論，既濟公司創辦的歷史意義在於，其一，它開闢了漢口最早的機械化供水系統，是武漢公用電業的發端；其二，確立了武漢公用電業創辦初期的民營商辦性質；其三，奠定了既濟公司在全國公用電業發展規模和經營業績前列的地位。尤其是既濟公司革新了武漢市政建設，推動了城市消防系統的建立。各處消防龍及太平池佈設，一旦火警發生，可以「聞聲馳救，意美法良無逾於此」。[32] 加之漢口最高建築物水塔作為瞭望臺，城市消防由此具備極為便利的條件；其四，提升了武漢城市文明生活方式。電燈、自來水的應用與普及，滿足了近代武漢工商業繁榮、人口劇增對工業用電及照明用電的需求，為漢口市民追求及享受近代城市文明提供了物質條件，促使漢口社會生活領域發生革命

32 侯祖佘修、呂寅東纂民國《夏口縣誌．實業志》，張翰存刻刷，1920年版，第2頁。

性的變化，標誌著武漢開始崛起為繁榮開放的近代化城市。

第三節 ▶ 機械工業的勃興與機器廠的發展

一、武漢機械工業的興起

武漢機器修造業肇始於十九世紀中葉。一八六一年漢口開埠後，由於西方殖民者取得在中國沿海及內河的航運權，為了適應航運業發展的需要，外商在漢口建立數家以修理船舶為主的機器修造廠，代表著武漢地區近代機器修造業的萌芽。而與此同時，武漢傳統工廠手工業仍大行其道，三鎮爐冶坊已發展至二十餘家，漢陽南岸嘴、雙街一帶即多達十餘家，較著名的有周恆順、王天泰等爐冶坊，仍屬於傳統手工打鐵作坊，以手工打造各類鐵器、農具等為主。

繼一八七三年俄商在漢口開辦武漢第一家近代機器工廠——順豐磚茶廠後，皮革、麵粉、榨油、打包、製冰等外資工廠如雨後春筍，在武漢不斷湧現。與以人力、畜力為動力的舊式手工作坊相比，這些外資工廠設備完善、技術先進，大多以蒸汽機、柴油機、煤氣機為動力，其先進設備和技術給予手工作坊式小生產以強烈衝擊，刺激和推動了傳統作坊的技術改造與革新，一批爐冶坊等手工作坊逐漸向使用簡單機器生產的翻砂鑄造廠等近代工廠過渡。而以機器為生產手段的外資新式工廠的出現，必然需要與之配套的設備維修與配件供應，以提供產品支持，確保工廠運營。於是，這些民辦機器廠除生產傳統生活用具外，開始為漢口外資工廠鑄造機器零件，武漢民辦機器修造業由此應運而生。一八七二年國內最早的專業鑄造廠——榮華昌翻砂廠在漢陽脫穎而出。伴隨著設備和技術條件的改善，一八九五年周恆順爐冶坊成功仿製軋花機，開創武漢民辦機器製造之先河。

一八九五年甲午戰爭後，由於清政府實行獎勵民族工商業的政策，加之官辦機器工業的發展，外資工廠與外輪修配業務的擴大，以及國內市場對機械產品需求的增加等因素影響，武漢民辦機器製造廠紛紛仿製和研製各類機械，為本地和外地工礦企業定造機器設備，並從事船舶修造，生產經營大有起色。一九〇四年，湖北某紳集資數萬在武昌城外開設一小型機器廠，「聘定工師多人，專制各項機器，既為貿易之資，且開風氣之漸，而附近貧苦小民亦得籍工作，以贍生計」。[33] 中同、周洪順、劉泰昌等民辦機器廠相繼興起，生產茶磚機、織布機、榨油機、碾米機、蒸汽機、煤氣機等，除供應本地外，還銷往鄰近各省。其中機器修理業以修理外商輪船為主，如胡尊記機器廠專修外輪的彎地軸，藝昌機器廠修理湖北布紗絲麻四局的機器及承接美商美孚、英商亞細亞石油公司的修船生意。為了適應農副產品市場的需求，一些機器修理廠也開始轉產軋花機、礱穀機、襪機等機器。

機械工業的發展是城市工業化的重要標誌之一。從一八六六至一九一〇年，武漢開辦的民辦機器製造廠共計十八家。其中一九〇七年開辦的揚子機器廠技術較先進，能修造船舶、生產動力

33 《實業》，《東方雜誌》第1卷第6期，1904年版，第103頁。

機等，是清末湖北規模最大的民辦機器廠，真正具有近代機械工業性質。除此之外，其餘均為幾人至幾十人不等的小型工廠，有的甚至尚未完全擺脫手工作坊式生產。

表 5-3 一八六六至一九一〇年開設的民營機器廠一覽

廠名	開設年度	負責人	廠址	備註
周恆順爐冶坊	1866	周仲宣	漢陽雙街	1905 年改名周恆順機器廠
榮華昌翻砂廠	1872	陶左編	漢陽南岸嘴	
廣裕和冶坊	1879	汪靜臣	漢陽楊家河	
永昶機器廠	1895 年前		漢口	建造 70 尺小輪船一條
鴻發造船廠	1896	李幼齊	漢陽南門外	
中同機器廠	1897		漢陽南岸嘴	
歆生記鐵工廠	1901	劉歆生	漢口	
周洪順機器廠	1902	周文軒	漢陽打扣巷	
劉泰昌機器廠	1902	劉某	漢陽	
揚子機器廠	1907	王光	漢口諶家磯	
藝昌機器廠	1909	梁某	武漢	
榮昌機器廠	1909	鄧志瑞	漢口鮑家巷 7 號	
李興發機器廠	1909	李躍德	漢口大夾街 190 號	
義同昌機器廠	1909	高興伍	漢口長堤街 39 號	
伍升昌機器廠	1909	顧維笙	漢口和興街 12 號	
呂方記機器廠	1910	呂方根	漢口河街 341 號	
胡尊記機器廠	1910	胡尊五	漢陽雙街 6 號	
譚花機器廠	1910	譚益禧	漢口作坊街 9 號	

注：轉引自《武漢市志・工業志》，武漢大學出版社，1999 年版，第 277 頁。

雖然這時武漢機器製造業仍處於起步階段，大多民辦工廠資金有限，生產設備簡陋，技術水準低下，機器設備、生產技術乃至主要原料均要依賴國外進口，但在與外商和官辦工廠的市場角逐中，由於民辦機器廠管理嚴格，生產成本較低，並引進技術力量，在生產上「初僅以照式仿造為能事，嗣以出自心裁，就外國出品加以改善，或竟完全自行設計，以應顧客之需要」[34]，使生產技術逐步提高，資金積累增多，規模不斷擴大，不少產品以工藝精湛而屢獲殊榮，行銷市場。

棉花為湖北農業之大宗，軋取棉籽一向因循舊法，效率低下，而且軋出之絨亦不齊整。清光緒末年間，日本軋花機開始運銷漢口，因其事半功倍，極為暢銷。先係日商直接運來現貨，後由華商與之簽訂合同，代理分銷。「但進口僅二年，漢口各機器廠即能照樣仿製，出品固屬幼稚，而取價特廉，足資抵制。及日本貨進口絕跡，本地所制者亦日有進步，精益求精。宣統年間，即成一種正式實業。」[35] 一九〇九年劉泰昌機器廠出產的軋花機皮輥獲武昌物品展覽會銀牌獎勵。一九一〇年周恆順生產的軋花機榮獲南洋勸業獎進會二等鑲金銀牌獎。技術能力的提升、銷售市場的拓展形成近代機器工業興起的良好態勢，對武漢民族機械工業的發展起到奠基的作用。

34 陳真編《中國近代工業史資料》第四輯，生活．讀書．新知三聯書店，1961 年版，第 824 頁。

35 黃既明撰《陽夏之軋花事業》，《銀行雜誌》第 2 卷第 21 號，1925 年 9 月版。

民國肇興，有識之士逐漸認識到發展工業的重要性，政府也宣導振興民族工業，加之使用機器的工廠企業不斷增多，尤其是漢口棉花出口大增，價格亦高，軋花機需求與日俱增，漢口、漢陽等地相繼開辦的軋花機製造廠最多時達四十餘家，武漢民辦機械製造業步入持續發展軌道。第一次世界大戰爆發，西方各國忙於戰事，無暇東顧，使原處於西方經濟壓製之下的民族工業獲得發展契機。而進口機械貨源驟減，價格猛漲，又造成機械產品供不應求，這一有利形勢促進了民族機械工業的發展。

從辛亥革命至一九二二年，武漢新增民辦機器廠達五十八家，機器製造逐步向使用動力機器的生產方式轉變，不僅生產能力與技術水準日趨提高，在修配、仿造乃至改造引進設備等方面，也不斷有所革新。武昌聚寶源機器廠為華商楊某所創辦，「仿照各種機器，挽回利權，實非淺鮮。且能悉心研究，故各項出品頗能合於各大工廠之用，營業遂以愈趨發展，大有蒸蒸日上之勢」。[36] 一戰爆發後，武漢幾大民辦紗廠相繼出現，各廠均設有機修車間，承擔一些簡單的機械零件修配，加之小織布廠甚多，由此帶來機械零件修配業務的興旺。武漢少量的私營修配廠如開明機械廠等，係由當時各大紗廠的機修車間派生出來，承接機械修配業務，以小織布廠為服務物件。

一戰結束以後至北伐戰爭以前，由於受捲土而來的洋貨傾銷和外資機械廠的打擊，以及國內政局紛紜、軍閥連年混戰等影

36 《武昌實業界近事》，《銀行雜誌》第1卷第5號，1924年1月版。

響，武漢社會經濟趨於凋敝，武漢地區新建機器廠極少，尤其是武漢民族機械工廠資本薄弱，生產設備與技術未能隨時代的發展而更新，生產經營大都陷入困境。「各項工廠力求縮緊，或購舊機以維現狀，或暫停閉以待時機」[37]。在激烈的市場競爭中，亦有把握商機盈利者。二十世紀二〇年代，「漢陽南岸嘴一帶之小翻砂廠，購入鐵廠之一號生鐵，製造普通機器，每年盈餘且不在少。」[38] 但這些翻砂廠除用電力機外，使用人力機亦為數不少，生產技術相對落後。大革命時期，由於武漢國民政府陷入中外敵對勢力經濟封鎖之中，永昌、裕昌祥等二十餘家機器廠相繼停工。

縱觀清末民國初，武漢近代民辦機器工業從無到有，由小到大，順應人類社會發展趨勢，以機器生產取代手工生產，為武漢地區民族工業的崛起奠定了重要基礎。在這股蓬勃興起的武漢民辦機器業大潮中，周恆順機器廠與揚子機器廠宛如兩朵最耀眼的浪花，交相輝映，璀璨奪目。

二、武漢機械製造業的先驅——周恆順機器廠

周恆順機器廠的發跡可追溯至十八世紀中期，周氏祖先在武昌大堤口開辦周天順爐冶坊。至周氏第八代周慶春時，周天順爐

37 武漢地方志編纂委員會辦公室編《武漢民國初期史料》，武漢出版社，2012 年版，第 372 頁。

38 《銀行雜誌》第 2 卷第 10 號，1925 年 3 月出版，第 4 頁。

冶坊已取得長足發展，生產香爐、神鐘、鼎鍋、鐵器、農具等，並運銷淮鹽，亦工亦商，生意興旺。一八六六年周慶春將祖輩苦心經營多年的爐冶坊從武昌遷至漢陽雙街，取「天順不如人順，人順則要有恆心」之意，改名為周恆順爐冶坊。最初，周恆順僅有一盤爐具，廠房不到二十平方米，仍沿用泥模土法鑄制日用鐵貨。清同治年間黃鶴樓的大銅頂，歸元寺等大廟寺觀的大香爐鼎，多為周天順所造，其鑄造工藝已具一定水準。周慶春不滿足於此，為改進技術、拓展市場，他從日本聘請技師，指導木模翻砂工藝，保證了鐵鑄件的品質，承接到鑄造漢口租界鐵欄杆和陰溝鐵蓋板生意，掘得第一桶金，奠定了周恆順發展的基礎。隨著經營穩步上升，一八八八四年周天順爐具增至二盤。一八九四年甲午戰爭爆發，國人抵制日貨，日商中桐洋行歇業回國，周恆順代銷該行軋花機業務中斷。周恆順卻從中看到商機，於一九九五年成功仿製軋花機，開創武漢民開工廠製造機器之先河。

・周天順爐冶坊鑄造的清同治年間黃鶴樓銅頂

周恆順由此開始兼營機器修造業，於一八九六年自製一臺簡易木架手搖車床，隨後又制出二臺銑床和一臺刨床，購進二臺英製舊車床。

就在周恆順蓬勃發展之時，一八九八年周慶春去世，年僅十七歲的周仲宣繼承父業，成為周恆順掌門人。周仲宣曾赴上海江南製造總局進修，又赴日考察，學習先進技術，目光遠大，頗具才略。為了改造周恆順，一九〇〇年他從江南製造總局和湖北槍炮廠聘請兩名技師，指導翻砂技術。一九〇三年又以三百五十兩銀子購入漢口一家廣東機器廠全部設備，使周恆順實力進一步壯大，初具近代機器工廠的雛形。一九〇五年為了爭取承包南潯鐵路工程所需的若干附件，周仲宣趕赴上海購進一臺二十匹馬力蒸汽原動機和幾臺機床。先進設備的添置及生產技術的更新，使周恆順煥然一變，從此結束手工作坊式小生產，而以蒸汽機為動力替代人力，實現了從傳統手工作坊到近代機器工廠的跨越。周恆順因勢利導，將周恆順爐冶坊改名為周恆順機器廠。由「坊」而「廠」，一字之別，卻標誌著周恆順正式邁入中國現代機器工業的殿堂，並成為武漢地區民辦機器工廠的肇始者。

工欲善其事，必先利其器。由於中國近代民族工業的起點很低，修理及仿造外國先進機械設備，促進民族機械工業的發展與

・二十世紀四〇年代後期，周恆順機器廠創辦人周仲宣（中）與家人在重慶合影

崛起，便成為當時許多民辦機械廠的生存之道。周恆順也不例外。清末的漢口是中國磚茶產銷中心，磚茶廠紛紛在漢設立，機械市場潛力巨大。一九〇五年周恆順為常盛川票號投資的茶廠仿造一套茶磚機，包括茶爐、打茶、壓茶、退磚等系列設備，經試用性能良好，訂單紛至遝來。隨之周恆順又為咸甯羊樓洞茶廠生產二十餘套茶磚機。在工業實力漸長的基礎上，周恆順又向造船領域拓展，一九〇七年試製出「順風」號小火輪，裝有自行仿製的八十匹馬力蒸汽發動機。這是周恆順製造的武漢第一臺蒸汽機。

周恆順以其開拓意識與進取精神，在武漢機械市場異軍突起，訂單劇增，如周恆順為天盛榨油廠生產全套榨油設備，為湖北官磚廠製造四臺制磚機，還為大冶富源煤礦和河南中聯公司分別生產二十臺十五至三十匹馬力抽水機及六十至八十匹馬力礦井捲揚機。周恆順機器產品精工細作，品質優良，聲譽極佳，其出產的抽水機獲一九〇九年武昌物品展覽會三等銀牌獎；軋花機榮獲一九一〇年南洋勸業獎進會二等鑲金銀牌獎；人工打包機暢銷國際市場，日本三井、三菱洋行競相爭購。至一九〇九年，該廠機床已增至十餘臺，工人五十人，廠房面積擴大為五百平方米，擁有資產二十餘萬元，年產值最高達十餘萬元，成為一家初具規模的近代機器廠。辛亥革命後，周恆順開拓造船業務，建造幾艘航行川江的輪船。此後，周仲宣成立「大慶輪船公司」，製造「大慶」「大恆」「大升」「大德」等輪船，開闢漢口四官殿至武昌漢陽門輪渡航線，開辦了漢陽與漢口之間最早的輪渡。

周仲宣善於學習，勇於接受新事物，他讓新生羸弱的周恆順從仿製起步，逐步成長。但周仲宣深知一個企業要發展壯大，必須緊隨時代的步伐，迎合市場的需求，不斷推陳出新，實現從產品仿製到技術創新的轉型，走現代化的機械製造之路。針對當時中國缺油多煤、石油昂貴而煤氣低廉的狀況，周仲宣開發生產以煤氣為動力的煤氣機。一九一四年周恆順仿製成功一臺三十匹馬力臥式煤氣機，該機經濟實用，除以白煤為燃料，木材、糠殼也可作燃料，迎合了許多小榨油廠對這種經濟型煤氣機的需求。在仿製煤氣機的基礎上，周恆順進行產品革新，生產出六十匹、一百二十匹、二百四十匹馬力系列煤氣機，投放市場大受歡迎，產品遠銷湖南、河南、陝西、四川等地。一九三一年「九一八事變」後，在「抵制日貨，實業救國」的愛國思潮推動下，周恆順的煤氣機銷量大增。

周仲宣經常跋山涉水，深入各地考察市場需求。他認為辦企業如逆水行舟，不進則退，必須積極向前，永不停步。民國初年，他到四川自流井鹽礦考察，發現當地用畜力提取鹽水的方式極為落後，於一九一四年為該礦設計製造了蒸汽卷揚機，用蒸汽鍋爐做動力，以機械提水，提高工效達二十倍。自此，機械提取鹽水的方法得以推廣。周恆順因地制宜，在自流井開設五金號，專供零配件及鋼絲纜繩。給自流井每個機組配置技工，之後又就地培訓操作工人，提供從生產到銷售，從銷售到產品維護、技術支援的一條龍服務。這種極具前瞻性與實用性的服務模式，獲得客戶的青睞。從一九一四至一九三七年，周恆順獨家經營四川自流井的設備、零件、吊繩，共生產提供蒸汽捲揚機六十多部，總計五千餘匹馬力。湖北咸甯、蒲圻一帶茶廠外銷磚茶，因包裝不嚴、壓製不緊、長途運輸而損耗嚴重，周仲宣為蒲圻羊樓洞茶廠設計試製了一套用蒸汽分層蒸制、用機械壓製磚茶的成套設備，使磚茶的運銷損耗大為減少，得到茶商茶廠的讚譽，並推廣開來。一九一五年周恆順為甘肅造幣廠製造一套造幣機，包括熔條、軋片、鑲邊和印花等十部機器及五百匹馬力動力設備，並派二十名工人負責機器運輸和安裝調試，以確保整套機器的有效運行。專業細緻的售後服務使周恆順聲譽遠播，贏得廣闊的市場。各地造幣廠接踵而至，訂購機件。

一九一八年周恆順申請商標註冊，商標圖案是一個圓規和直角尺重疊，置於方框之中，框外則是一個圓。商標由內方和外圓相組合，立意取自「規矩，方圓之至也」的古訓。內方，即對外要求嚴格，循規蹈矩；外圓，就是對外靈活變通，隨機應變。圓規角尺表示規章制度、技術標準，即企業要以規章制度為準繩，生產上要嚴格遵循技術標準。這成為周恆順經營管理的核心理念，更是立廠之本。周恆順能在外資與官辦企業的夾縫中闖出一條生路，並逐步壯大，與它秉持的「規矩方圓」可謂密不可分。

科技是核心生產力。面對近代機械製造等科學技術，周仲宣深感學習先進技術與管理知識的重要性。為了實現「實業救國」的夙願，他致力對專業人才的培養，長期舉辦藝徒與職工的技術培訓班，講授數學、語文、機械原理與製圖知識，並通過工作實踐讓學員學以致用。一九三一年周仲宣次子周茂伯從德國留學歸來，運用所學與同學一起革新改造煤氣機，先後設計製造十二到十六匹馬力單缸立式煤氣機、四十五匹馬力立式煤氣機發電機組，由單缸到多缸，逐步使之系列化。煤氣機成為周恆順的拳頭產品，占全廠總產量的一半以上，最高年產量達一百餘臺，二千餘匹馬力。周仲宣還大力引進人才，為其所用。一九三六年，據國民黨政府全國經濟委員會對中國機械工業的調查：「機械工廠之聘有機械工程師為之主持者殊屬寥寥，只上海之大隆、上海、新中、寰球、新民……漢陽之周恆順，漢口之中國，重慶之華興等少數工廠。近年來頗有新興氣象，其技術與營業俱佔領導之地位。」[39]

專業人才與技術為周恆順插上騰飛的翅膀，周恆順從一八六六年一個小規模爐冶坊歷經「由修理而後仿照，而後改良或發明」的發展之路，[40] 至一九三六年已擁有各種機床六十多臺，其先進設備是除漢陽鐵廠、漢陽兵工廠、六河溝鐵廠（原揚子機器廠）外少有的。原動力機已由蒸汽機改為煤氣機、柴油機，共有動力設備三百匹馬力，下設鑄工、金工、鍛工冷作、裝配四個工廠，工人兩百多人。一九三七年周恆順總資產增至一百多萬元，工廠占地面積三千餘平方米，生產能力和技術水準執湖北民辦機器廠之牛耳，成為全國九家產品最佳的民辦機器廠之一，卓有聲名。

39 陳真編《中國近代工業史資料》第四輯，生活．讀書．新知三聯書店，1961年版，第808頁。

40 陳真編《中國近代工業史資料》第四輯，生活．讀書．新知三聯書店，1961年版，第815頁。

・一九二八年揚子機器廠全景

三、近代中國第二大機械廠——揚子機器廠

清末民國初，最具代表性的武漢民辦機器廠當屬周恆順機器廠和揚子機器廠。就生產規模、設施技術而言，揚子機器廠要遠勝於周恆順機器廠，是為當時中國第二大機械廠，僅次於上海求新機器製造輪船廠。清末張之洞大辦官辦工業，但因生產技術條件限制，不少機械產品仍購自外國。一九〇七年宋煒臣、顧潤章、顧溶等人發出挽回利權的呼聲：「漢陽鐵廠現經改良煉鋼、擴充化鐵以後，鋼、鐵各料多而且精，毋俟外求。然該廠係以生鐵煉成熟料，尚非制器之場，除製造鐵軌及附屬零件外，凡鐵路所需橋樑、車輛，仍須取辦外洋，厚利外溢，殊為可惜」。[41] 表達出民族資本家要求發展民族機械工業的強烈意願。同年七月，

41 《實業》，《東方雜誌》第 4 卷第 12 期，1907 年版，第 179-180 頁。

宋煒臣、顧潤章等聯合華商集資三十五萬兩，向清農工商部奏請開辦揚子機器製造有限公司（又稱「揚子機器廠」）。

甲午戰爭以後，清政府頒行了一系列法令，從政策上對民族資本投資近代實業予以扶植。因而，宋煒臣等以「製造車、橋，係屬裨益路政，與別項商業不同」為由，申請「援照漢陽廠成案，建廠機器及一切物料出口，暫免稅釐五年，以輕成本，而勸工業」[42]。農工商部核准該廠製造車輛、鐵橋等鐵路材料暫行免稅，除此之外建廠購機及一切物件依然完稅。政府的支持，為揚子機器廠的建立與發展創造了有利條件。揚子機器廠除了華商僑商集資外，漢陽鐵廠也提供舊機器和銀五萬兩投資入股，並由漢陽鐵廠總辦李維格出名承辦。李維格認為創辦機器廠需要新式管理人才，於是聘請「留美數十年之工藝專門家、於機器學確有心得」的王光擔任廠長。王光制定建廠規劃，從國外購置機器設備，聘請外國技師設計監造。由於王光卓有成效的工作，一九〇八年冬，揚子機器廠在漢口諶家磯建成投產。該廠最初計畫利用漢陽鋼鐵廠鋼材，「以造鐵路橋梁、車輛、叉軌三宗為本務，逐漸推廣，以日後能辦至造母機為止」。[43] 機器製造以煤氣機為動力，煤氣由燒白煤而來。由於技術設備所限，經營範圍較窄，僅能鑄冶各種煤氣發動機及軋花機件，修理各種小船隻。

清末民國初，隨著民族機器製造業的初步發展，民辦輪船修

42 《實業》，《東方雜誌》第4卷第12期，1907年版，第180頁。

43 《實業》，《東方雜誌》第4卷第12期，1907年版，第180頁。

・民國初揚子機器廠製造的叉軌

造業也逐漸興起，並與近代輪船業的創辦和發展息息相關。民辦輪船航運業實力的壯大，又進一步促進民辦輪船修造業的興盛。揚子機器廠把握商機，開始建造輪船。一九〇九年該廠首次為湖廣總督署造鋼質機器救火船，又為漢冶萍公司建造木駁躉船二十餘艘。一九一〇年完成了鐵殼船、拖輪及拖駁、鐵路橋梁、叉道及轍尖、鋼鐵結構工程及修理工程等大量訂貨，業務日增。一九一一年上半年，揚子機器廠繼續擴大經營規模，不僅擴充煉鐵廠和煉鋼廠，購辦煤氣機引擎、發電機及煤氣製造機等設備，還修造一條長達一百二十五英尺的滑道，供船隻入塢之用。該廠雄厚的實力、不凡的業績吸引漢冶萍公司、輪船招商局及各輪船公司紛至遝來訂造船隻。

正當揚子機器廠大展鴻圖之際，一九一一年十月辛亥首義陽夏之戰打響，位於諶家磯的該廠廠房被炮彈擊中，幸好機器無損。時運不濟的揚子廠營運狀況受到影響，停產約一個月，一九一二年一月才復工，除完成拖駁數艘及其他小訂單外，大工程極少，以致資金不敷周轉。迫於無奈，該廠向日本正金銀行貸款十

・民初揚子機器廠製造的六十尺長雙軌鋼橋及橋樑

六萬兩，除利息之外，對分紅利。此舉遭到上海總商會及各地反對，呼籲為國內保存此一線工業，以防重蹈上海求新機器製造輪船廠被法資兼併的覆轍。

民國初期，時局動盪，內戰頻仍，揚子機器廠乃向北洋政府財政部呈請「再行展限免稅」，財政部以「本國機器製造業尚未發達，若不加意維護，則根本未固，隕越堪虞」[44] 為由，減免其一九一七至一九一九年出口稅。一戰爆發後，西方資本主義國家無力東顧，中國進口機械設備減少，造成市場機械產品供不應求，民辦機械工業迎來一個短暫的發展期。揚子機器廠抓住機遇，不斷拓展業務。據一九一五年十二月三日《申報》報導：「漢口之揚子機器公司資本雄厚，在漢口工廠中當為之首屈一指。近日承造海軍部之淺水兵艦，建中、拱宸、永安三船於前日入水試行，外人參觀皆評為成績優良，製作堅固。」揚子機器廠

44 《漢口中西報》1916 年 12 月 2 號。

發展與壯大，標誌著武漢近代民族機械工業的崛起。

隨著業務經營的拓展，揚子機器廠資本不斷增長，一九一六年增至六十萬兩，一九一七年又增至一百萬兩，並陸續從國外購進先進設備，廠址面積三倍於成立之初，常雇工人一千一百至一千二百人，最多時達二千餘人，經營規模與技術實力位元居當時全國民辦機器大廠前列，被稱為「我國最有經驗、最有名譽之一大工廠」。為適應市場需求，一九一八年「該廠新發明一種紡織機器，家用極為便利，所出布匹亦極精美。十五歲女孩即可用此機如法仿造，每人每日收穫利益至少亦須一元有奇。是誠為女界開莫大利源也」。[45] 同年揚子機器廠開始涉足航運，擁有輪船四艘，計四百四十三噸，經營武漢至宜昌、沙市、株洲、上海等長途航線。

一九一八年揚子機器廠改組為揚子機器公司，加入漢冶萍公司。第一次世界大戰後，鐵價飛漲，一九一九年該廠增加資金一百萬元，建造高爐一座及其輔助設施。當時報載：「本鎮實業工廠創辦最有成效者，首推揚子機器公司。茲該公司經理人為擴充營業起見，特將迭次所獲紅利，將附近隙地添購數千方，添置鍋爐、化煉廠，現正雇定泥木工匠從事造建矣」。[46] 高爐為美國人貝林馬肖設計，容積二百四十八立方米，高二十點五米。高爐除爐體外，全部設施均是漢冶萍公司自行製造。一九二〇年六月出

45 《揚子廠發明紡織機》，《漢口中西報》1918 年 10 月 26 日。
46 《揚子廠大擴充》，《漢口中西報》1919 年 7 月 12 日。

鐵，日產生鐵一百噸，成為僅次於漢陽鐵廠的湖北第二製鐵企業，全國八大鐵廠之一。

作為當時湖北唯一大規模的機器製造廠，至一九二〇年揚子機器公司業務已大有擴展，分設化鐵爐、機加工、電機、翻砂、橋樑、造船等六個工廠，涵蓋了與機器製造相關的營業專案，其產品分為八大類：（甲）鐵路車輛、橋樑、叉軌以及附屬物件；（乙）大小輪船、兵艦、木鐵躉船、駁船、救火船隻以及附屬機件；（丙）鍋爐、鐵屋樑柱、水塔、水櫃、水閘、抽水機、打樁架；（丁）鑄鋼爐，製造鑄鋼貨件；（戊）各種煤汽發動機；（己）化煤機，冶煉生鐵；（庚）製造其他各種機件；（辛）修理各項船隻。[47] 產品不僅銷往國內，日本、歐美等國亦有定購。尤其揚子機器公司「工程師大半是中國人，南洋公學的畢業生也不少，這確是個可喜的現象。關於管理方面，確是井井有條」。[48] 一九二〇年該廠添造鑄鋼爐及化鐵爐後，又造浮塢船臺，其輪船及機械製造能力大有提升，甚至可造一千五百噸以下的輪船，與上海求新造船廠並肩而立。

一戰結束後，西方國家對華商品輸出和資本輸出迅速回升，鐵價暴跌，揚子機器公司煉出的鐵性質硬澀，不適宜翻砂，屢次改良，成本增加，不能清償日債，經營陷入困境，於一九二三年

47 武漢地方志編纂委員會辦公室編《武漢民國初期史料》，武漢出版社，2012 年版，第 236 頁。

48 《武漢工廠紀略》，《少年世界》第 1 卷第 6 期，1920 年 6 月版，第 27 頁。

·一九三七年六河溝鐵廠的工人裝卸鐵礦石

將全廠出租給河南六河溝煤礦公司。此後，由國民政府外交部的王正廷和李晉增資五十萬元，聘請原漢陽鐵廠的陳廷紀為總工程師，恢複生產，並改為六河溝鐵廠，利用原揚子機器公司高爐冶煉生鐵。在漢陽鐵廠停閉及東北被日本佔領以後，六河溝鐵廠曾是國內最主要的煉鐵廠。因國內軍閥混戰，造成交通阻塞，煤焦運輸中斷，高爐時開時停，日漸虧本，要借債維持。抗戰爆發後，國民政府經濟部資源委員會出資一百萬元購買該廠高爐，隨漢陽鐵廠一同內遷重慶，並利用全部設備於一九四〇年在重慶興建一座新鋼鐵廠（即現在的重慶鋼鐵公司），改變了四川冶金工業幾近空白的歷史。在清末民族工業興起的時代洪流中，宋煒臣、顧潤章等創辦的揚子機器廠以銳意進取的精神，精湛雄厚的實力，一躍成為聲名卓著的「我國最有經驗、最有名譽之一大工廠」，不僅促進了武漢近代工業技術的進步，帶動了湖北地區機械工業的勃發，為武漢近代工業發展奠定了一塊重要基石，更在中國民族機械製造史上樹立了一座豐碑。

第四節 ▶ 紡織工業的崛起與紡織廠的發展

一、武漢紡織工業的崛起

武漢傳統棉紡織業以手工方式製造，生產土布。漢口開埠後，大量洋紗、洋布輸入武漢，其「經久耐用遜於吾國棉布遠甚，價格亦昂，徒以質細而又美觀，故人多樂用之」[49]，使武漢地區手工紡織業受到嚴重打擊。為了保住利源，堵塞漏卮，清末湖廣總督張之洞在武漢力行新政，先後創辦湖北布、紗、絲、麻四家新式紡織企業，開創武漢機器棉紡織工業之先河，奠定了華中地區近代紡織工業的根基，使武漢紡織工業從傳統手工生產進入近代動力機器生產階段。

官辦布紗絲麻四局雖對抑制洋貨、挽回利權發揮作用，「自湖北設織布局以來，每年漢口一口進口之洋布，已較往年少來十四萬匹」[50]，但由於經營不善，自一九〇二年起改

・二十世紀二〇年代漢口申新第四紡織廠打包車間

49 《湖北實業月刊》，第 2 卷第 18 號，1925 年版，第 59 頁。

50 趙德馨主編《張之洞全集》第 12 冊，武漢出版社，2008 年版，第 184 頁。

招商承辦，由應昌公司承租，產權歸官有，經營權歸商有，屬於官督商辦性質。武漢地區之有民辦的近代化紡織工業，當以應昌公司為始。經過應昌公司整頓，湖北四局逐步從虧到盈。湖北四局轉為商辦後，企業經營機制發生重大變化，從官府衙門的桎梏中解放出來，走向民族資本主義的發展道路，標誌著武漢紡織工業進入以民辦為主的發展時期。

一九〇五年後，「中國市場因受日俄戰爭之刺激，布銷大暢，紗利突增，複引起國人投資紗廠之熱潮」。[51] 武漢一些商人遂將資本轉向紡織工業投資，湧現出一批私營色織布廠。一九〇五年益利織布廠在武昌開辦，生產愛國布、花布。一九〇六年「武昌商學兩界劉君繼伯等倡立求實織造公司，並設女工傳習所，織造花布、羅布、絲布、毛巾、絨衣、絨褲、鞋襪、帽子、手套、縫衣帳」。[52] 同年，漢口則有廣利公司創辦，「其所織之布種類不一，而以洋布為最多，銷路亦甚暢旺」。由於銷售良好，該廠添置機器，「改良組織，所出之布潔白細緻，竟與花旗（美國洋行）所出者無異」[53]。在漢陽，則有富華織布公司創立。除此之外，較大規模的還有華升昌織布廠、飽全生布廠以及由手工織布發展而成的成章、自新等毛巾廠。一陣開設紡織工廠之風，吹遍三鎮。一九〇八年武漢針織襪業開始使用手搖織襪

51　陳真編《中國近代工業史資料》第四輯，生活・讀書・新知三聯書店，1961 年版，第 199 頁。

52　《實業》，《東方雜誌》第 3 卷第 10 期，1906 年版，第 197 頁。

53　《實業》，《東方雜誌》第 3 卷第 12 期，1906 年版，第 238 頁。

機，從布襪向線襪發展。新技術的引用及創造發明，把武漢棉紡織業推上發展的快車道，門類日趨齊全，規模逐步擴充，已涵蓋棉紡織、毛紡織、麻紡織、絲織、針織、毛巾、印染等多種行業。武漢民辦棉紡織業由此興起。

民國成立後，政府提倡實業，振興國貨，武漢民族資本家又掀起一次開工廠高潮，紡織工業是其中發展最快、規模最大的工業。尤其是「歐戰發生，為我國棉紡織業開一新紀元。歐戰發生後，外貨來源斷絕，無與我競爭者，故我國之棉紡織業遂突飛猛進，利市數倍。新設之廠年有增加，舊有紗廠大加擴張」。[54] 同時，武漢為華中地區的棉花集散中心，又是內地紗布銷售市場的轉運碼頭，勞動力多而廉價，具備發展紡織工業的得天獨厚條件。而民族資本家承租湖北四局獲利極豐，國人逐漸習慣用機制棉紗織布，以粗紗為主的紡織品行銷一時，更為民族資本家投身紡織工業推波助瀾。一時之間，武漢買辦資本和商業資本紛紛轉向工業投資，民族紡織工業風起雲湧，大有蒸蒸日上之勢。當時華中地區首屈一指的武昌第一紗廠即於一九一五年創辦。「武漢各布廠初時尚無染練紗廠之附屬，其顏色紗全賴日本之進口，價格既昂，顏色亦不能任意適合，工作時頗有不便。民國四五年時，人才漸為充裕，染練絲光紗廠、各布廠均先後成立，染出顏

54 陳真編《中國近代工業史資料》第四輯，生活．讀書．新知三聯書店，1961 年版，第 200 頁。

色多至二百種，鮮豔奪目，極為美觀，人皆以絲光紗名之」[55]。

一戰結束後，英國和歐洲各國因戰後經濟蕭條的影響，暫時無暇顧及再度侵入中國市場。日本卻趁虛而入，奪取紡織原料和商品銷售市場。早在一九一五年日本提出陰謀滅亡中國的「二十一條」時，武漢各界就掀起抵制日貨的風潮。一九一九年五四運動爆發後，武漢又興起聲勢浩大的抵制日貨運動，北洋政府實行紡織新稅，限制棉紗進口。「自大戰停止後，中國棉業始終持奮鬥之精神，度其艱苦之歲月……吾人固知外貨傾銷之烈，顧為求大量生產，以減輕成本而杜漏卮計，不得不竭力擴增紡錠。故自民十以降，棉業危殆與紡錠增加之報告，常同現於吾人之眼前」。[56] 在提倡國貨、抵制日貨、振興實業的熱潮中，武漢一批

・武昌第一紗廠全景

55 《湖北實業月刊》第1卷第12號，1924年10月版，第91頁。
56 《漢口商業月刊》第1卷第6期，1934年版，第76頁。

大型民辦紗廠順勢而起。

一九一九年承租湖北四局的楚興公司總經理徐榮廷籌組自辦紗廠，先後從四局公積金中轉移資金兩百一十萬兩，於武昌曾家巷一帶購置地皮，籌建大興紡織股份有限公司（後遷至石家莊）。步武昌第一紗廠、大興紗廠之後塵，武昌裕華紡織廠、漢口申新第四紡織廠及震寰紡織廠接踵而興，加之原有的湖北官布局、官紗局，武漢共有紗機二十九萬錠，占當時全國華商紗廠總錠數的百分之十四，規模僅次於上海，位居全國第二位。大規模動力紡織機器的引進，使武漢成為令人矚目的全國紡織工業基地。「武漢方面之楚安公司、第一紗廠、裕華紗廠、震寰紗廠、第一紡織廠及歲計模範等二十餘家，去年（即 1923 年）所獲之盈餘，總共在一千萬元以上。現均預備擴充，添造新廠……不久當又有新公司數家出現，紗業將來的進步正未可量。當此生活維艱之時代，一般平民間接受益，誠匪淺鮮也。」[57]

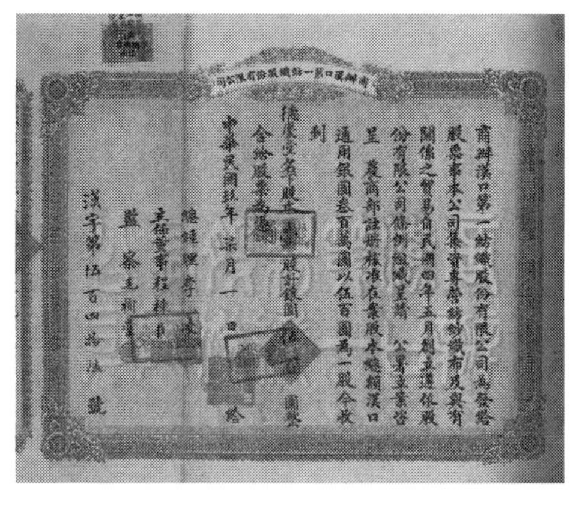

・一九二〇年商辦漢口第一紡織股份有限公司股票

隨著民辦四大紗廠的興建，實業救國思潮的影響，激勵了武

57 《武漢紗業之樂觀》，《銀行雜誌》第 1 卷第 6 號，1924 年 1 月版。

漢紡織業的中小業主，一大批中小織布廠如雨後春筍破土而出，林立武漢三鎮，到一九二五年共計七十多家，布機達八千多臺。其中一百臺布機以上的有二十多家，規模最小的織布廠也約有布機五十臺。如一九二五年開辦的漢口寶豐布廠資本達三十萬元，雇工三百多人，有織布機二百四十臺，「專織十八支紗與二十支紗之棉布……出貨以來，行銷本埠及外埠，頗為活動」[58]。一九二五年印染業開始採用機器整染棉布。至一九二六年，針織襪業發展到一百九十戶。絲織、毛巾等業也有所發展。紡織各業的興起，使武漢紡織工業逐步形成紡紗、織布、漂染、針織連貫生產的系列，產品則遠銷湘、豫、川、陝、贛及西南各省，迎來武漢紡織工業的勃興時代。

在半殖民地的中國，日商憑藉特權，使日貨在中國大肆氾濫，並霸佔漢口市場。為了傾銷紗布，賺取高額利潤，榨取中國廉價勞力和紡織原料，一九二二年漢口日信洋行即購地籌辦泰安紗廠，次年動工興建。武漢紗廠聯合會為了維護民辦紗廠利益，「據農商部准予武漢三十年不准添設之案，呈請省署與之交涉，但駐漢日總領事以該項限制與中日馬關條約不合，各執一詞」[59]，最終北洋政府批准日紗廠建廠。一九二四年泰安紗廠在漢建成投產，共有紗錠二萬多枚，布機三百八十臺，挾其雄厚資

58 黃既明撰《寶豐布廠參觀記》，《銀行雜誌》第 3 卷第 21 號，1926 年 9 月版。

59 《武漢紗廠聯合會之自衛運動》，《銀行雜誌》第 1 卷第 10 號，1924 年 3 月版。

・一九三五年漢口日商泰安紗廠

本、先進設備與技術、質優價廉的產品，躋身武漢紡織行業，與民辦紗廠爭雄。

至一九二六年初，「武漢紡織事業繁興，國貨紗布大有與日並進之勢。惟匹頭之抵制力尚小，棉紗則取得特殊之地位，日紗進口數量逐漸減少」。[60] 從一九一二至一九二六年初，武漢紡織工業比清末初興階段更為可觀。同年夏，大革命浪潮以磅礡之勢席捲武漢。在武漢國民政府宣導下，武漢地區紗廠均成立工會，工潮此起彼伏，直至一九二七年大革命失敗才消退。革命引發的工潮對各民辦紗廠造成極大衝擊，出現大幅減產和虧損現象。一九二六年因「軍事關係，武昌各機器織布廠受害最烈，其出品當大有影響，想不得與昨年頡頏矣」。[61] 裕華紗廠「勞資糾紛較

60 《湖北實業月刊》，第2卷第20號，1926年版，第43頁。
61 戴銘禮著《十年來之漢口進出口貿易》，《銀行雜誌》第3卷第24號，1926年版。

多，生產日下，成本增高，產量日僅紗支十餘包，以至數包，而一切開支如常」。[62] 武昌第一紗廠因虧累嚴重，銀行停止貸款，被迫第二次關停。一九二七年申新紗廠虧損高達一百餘萬元，最終因原料斷絕而停工。受到市場衰退、原料短缺的影響，武漢針織業被迫停產的有一百餘家，針織行業一蹶不振。在歷經一九一一二至一九二七年的發展期後，武漢民族紡織工業開始停滯不前。

表 5-4 一九二四年武漢紗廠之現狀

廠名	商標	資本	已開錠數	每日出紗包數	地址	設立年月
楚安紗布局	黃鶴樓	2000 萬元	4905640658	120	武昌文昌門外	光緒十八年（1892 年）
漢口第一紗廠	獅球、飛艇	4400 萬元	88000	150	武昌武勝門外	民國三年（1914 年）
裕華紗廠	天壇、萬年青雙雞、賽馬	1260 萬元	20000	65	同上	民國九年（1920 年）
震寰紗廠	福祿	1200 萬元	20000	50	同上	民國九年（1920 年）
申新第四廠	人鐘、四平蓮	未詳	14744	38	漢口宗關	民國十年（1921 年）

（轉引自《湖北實業月刊》第 1 卷第 12 號，1924 年 10 月版，第 105 頁。）

62 黃師讓著《裕大華企業四十年》，《文史資料選輯》第 44 輯，文史資料出版社，1964 年版，第 23 頁。

二、四大紗廠——武昌第一紗廠、裕華紡織廠、震寰紗廠與申新紗廠

縱觀民國初期，尤其是一九一五至一九二二年期間，武昌第一紗廠、武昌裕華紡織廠、漢口申新第四紡織廠和震寰紡織廠（通稱四大紗廠）相繼創立，開辦資金達八百多萬元，在投資規模和生產水準上居當時武漢各行業之首，加之當時楚安公司承租湖北官辦四局，武漢紡織工業格局為之煥然一變，一躍成為中國中部最大紡織工業中心，在武漢乃至中國紡織工業發展史上寫下濃墨重彩的一筆。

（一）武昌第一紗廠

武昌第一紗廠的主要創建者是李紫雲。李紫雲，湖北江夏人。原在漢口經營匹頭棉紗，並販賣煙土，乃武漢巨富。清宣統末年，任漢口商務總會會董。辛亥首義時，李紫雲以財力物力支持起義民軍，被鄂軍都督黎元洪稱為「財力雄厚，協助共和；事理明通，贊同起義」。民國成立後，繼任漢口商務總會總理。

第一次世界大戰期間，紗布成為緊缺物資，武漢紡織工業呈現蓬勃發展的新局面。加之當時楚興公司承租湖北官辦四局盈利頗豐，這使李紫雲看到其中蘊含的商機，於是邀約程棟臣、程沸瀾、劉鵠臣、劉季五等商人集資三百萬銀元，於一九一五年五月創辦「商辦漢口第一紡織股份有限公司」（由於廠址設於武昌，亦簡稱「武昌第一紗廠」），並成立股東會，李紫雲被推舉為董事長兼總經理，程棟臣等為董事。由經商轉為辦工業，是李紫雲

一生中重大的轉捩點，他成為武漢當時首屈一指的大紗廠的創始人。

一九一六年一紗第一廠（即北場）在武昌武勝門外曾家巷破土動工，並向英商安利英洋行訂購紗錠四點四萬錠，織布機六百臺。由於英商延期交貨，至一九一九年第一廠才建成安裝設備，一九二〇年正式投產。李紫雲深知人才和技術對企業的重要性，他高薪從上海和湖北官布局招募數百名技工，同時實行嚴格的考工制度，應試合格者方能上崗。在經營管理上，李紫雲聘任陸德澤為一紗廠副總經理，對工廠實施嚴格管理，開源節流。一紗廠投產之時，第一次世界大戰已結束，西方各國忙於恢復國內經濟，尚來不及向中國傾銷紗布，因而該廠在原料採購與產品推銷上未遇強敵，開工頭兩年即佔據武漢市場，獲利一百二十萬銀元。

公司股東眼見有利可圖，決定擴大生產規模，遂將盈利所得擴充為股本，並向安利英洋行借債定購紗錠和布機，於一九二三年建成第二廠（即南場與布廠）。至此，武昌第一紗廠共計南北兩廠及布廠，規模宏大，設備周全，擁有紗機 8.8 萬錠，布機 1200 臺；美國法蘭克牌鍋爐 1 座，馬力 5000 匹，細紗機 232 部，粗紗機 227 部，松花機 8 部，打花機 4 部，彈花機 9 部。用工最多時達 8000 餘人，日產 20 支棉紗 160 大包、12 磅細布 2000 餘匹，商標紗為獅球、琴臺、飛艇等，布為福壽圖、喜鵲等品牌。「所出之紗，多行銷於鄂、川、豫、湘、贛、皖等省；

所出之布，多行銷於上海、天津、寧波、營口等地。」[63] 一紗廠生產規模之大，職工人數之多，當時居華中各大紗廠之首。

武昌第一紗廠投資者多為商業起家，對經營工廠欠缺經驗，看到一戰期間棉紗市場形勢大好，在對戰後棉紗市場缺乏洞察、瞭解的基礎上，便走上盲目擴張之路，不惜借貸擴廠以求獲利。隨著戰後參戰國工業的逐漸恢復，外國棉製品重新進入武漢，使武漢棉紡市場的競爭再趨激烈，棉貴紗賤現象十分嚴重，各大紗廠經營環境趨於惡化。武昌一紗廠雖為大型紗廠，也難獨善其身，紗布價格回落，日紗大舉傾銷，一紗產品滯銷，加之經營不善，虧損甚巨，債臺高築，雖幾經裁員減產，仍無回天之力，總經理李紫雲被迫辭職。一九二四年六月，一紗廠停工。又由於出租無人承租，賣廠難尋買主，只得於八月將廠房設備等固定資產抵押給安利英洋行，才得以復工。

一九二五年一紗廠任命李錦章為經理後，「廠務大加振興，連日買進棉花為數頗巨。因日間起運不及，特於夜間加工起貨，堆積碼頭，高如山阜……日來所售粗細紗已獲利念餘萬，預計今冬可得利七八十萬兩」。[64] 可好景不長，一九二七年武漢被處於經濟封鎖之中，在市場棉貴紗賤、產銷不佳的情況下，一紗廠一蹶不振，共計虧累銀元 一百五十萬元，瀕於破產，再次宣告停

63 《漢口商業月刊》第 1 卷第 5 期，1934 年版，第 26 頁。
64 武漢地方志編纂委員會辦公室編《武漢民國初期史料》，武漢出版社，2012 年版，第 307 頁。

工，由債權人安利英洋行等接管。

（二）裕華紡織廠

一九一三年楚興公司承租湖北四局後，鑑於軍閥、政客們時時垂涎楚興公司所獲利潤，時為布局管事（廠長）的張松樵深感要發展民族工業，立足於實業界，必須有自己的創業基地，乃謀劃自辦工廠。「民國八年夏，排貨風潮哄動全國，南通張季直（即張謇，近代實業家）先生遺書漢口紗業界，促興實業，以救危亡，辭誠懇而氣激昂，閱者動容，聞者興起。漢口紗行同人，遂集議圖挽救之方，決辦紗廠。」[65]

・裕華紡織廠的並條機（上）、粗紗機（中）與細紗機（下）

在此時代背景下，一九一九年張松樵籌資五十萬兩，準

65 裕大華紡織資本集團史料編輯組編《裕大華紡織資本集團史料》，湖北人民出版社，1984年版，第35頁。

備在武昌自辦一座小紗廠。當時漢口棉紗商亦擬集資七十萬兩開辦小型紗廠，因無開工廠經驗，乃與張松樵合作，共同組建武昌裕華紗廠，選址武昌武勝門外上新河動工興建。因資金短缺，建廠受阻，張松樵又邀楚興公司徐榮廷、蘇汰餘、姚玉堂等人加入，增資三十六萬兩，於一九二〇年將武昌裕華紗廠改組為裕華紡織股份有限公司。一九二一年建成廠房及安裝設備，一九二二年開工生產，共有紗錠 3 萬枚，布機 500 臺，一九二四年紗錠增至 42800 枚，總動力 4554 馬力，工人最多時達 4100 人，年產棉紗 24750 件，布 12200 件，生產能力僅次於武昌第一紗廠。

裕華公司學習西方企業管理知識，實施近代化經營管理，建立新式生產關係，在當時頗具進步性，具體表現如下：(1) 建立股份有限公司。以股東會為最高權力機構，設立董事會，實行董事長負責制，以徐榮廷為董事長。下屬工廠隸屬公司領導，以張松樵為經理，專負生產之責。(2) 加強企業管理制度。廢除以往由工頭獨攬管理權的「工頭制」，設經理、副經理、工務處、總務處，分工負責人事、工資、技術、檢查、財務統計等職能工作，並錄用工業學校畢業生及技術人員，培訓人員，堅持獎罰分明。(3) 注重品質管制制度。嚴格操作規程，不斷革新工藝，加強成本核算，實行以銷定產，對產品採取加碼、加重、包退、包換等措施，爭市場，講信譽，同時重視創立品牌，創「萬年青」「賽馬」「雙雞」牌棉紗和「蘆雁」「鏈魚」牌細布等名牌產品。(4) 擴大經營資金來源。以高息的手段，吸收股東及職工存款，並採用發行公司債券等方式，充實資金積累，以擴大再生產。(5) 確立職工分紅製。每年在紅利中，提取二至三成作為職工酬勞金，鼓勵職工生產積極性。由於裕華紗廠主要負責人均來自楚興公司，熟悉市場，善於管理，注重技術，尤其經理張松樵作為生產技術負責人，辦事穩重，管理嚴格，使「該廠自開工以來，因經營得法，每年所獲利潤，常駕乎省內各大紗廠之上」[66]。一戰後日紗大舉侵入，武漢紡織業危機四伏。裕華紡織廠為在競爭中立於不敗之地，對當時漢口日商泰安紗廠展開調查，發現日廠力量之強在於既有政府、銀行做後盾，同時在更新機器設備、改進經營管理、提高工效與技術等方面也有可取之處。裕華紗廠以之為借鑑，發揮自身優勢，揚長避短，深入川、陝、湘等內地開闢市場；加強購銷業務，在上海等地設辦事處，採購物料和推銷產品，並在豫西等地產棉區設莊，採購優質棉花；注重改進技術，不斷更新設備，選派人員赴日本學習先進紡織技術，提升產品競爭力，因「營業得法，出品精良，為各廠冠」[67]。本地市場上，「漢口本廠紗先以楚興之布局黃鶴樓為最佳，現在則以裕華之萬年青為特品」[68]。

在時局多艱、日紗傾銷的困境下，裕華紗廠審時度勢，以行之有效的管理方式、趨利避害的經營智慧及勇於創新的果敢決心，減輕政局動盪、外商競爭等因素帶來的各種侵害和經營風險，自一九二二年開工以來，除一九二六年、一九二七年虧損

66 《漢口商業月刊》第 1 卷第 5 期，1934 年版，第 26 頁。
67 《湖北實業月刊》第 2 卷第 20 號，1926 年版，第 44 頁。
68 《湖北實業月刊》第 1 卷第 12 號，1924 年 10 月版，第 104-105 頁。

外，其餘年年盈利，利潤呈波浪上升，成為二十世紀二〇年代維持高額盈利的武漢民辦紡織企業的代表，不僅冠蓋武漢同業，而且在全國民辦紗廠中也堪屬佼佼者。

·震寰紡織股份有限公司股票

（三）震寰紗廠

震寰紗廠是由劉季五、劉逸行兄弟發起籌建的。劉氏兄弟以經商起家，自日本留學歸來後，為了發展民族工業，抵制外國經濟侵略，在一戰期間中國民族工業繁榮發展的鼓舞下，毅然從商業轉向工業，走實業救國之路。一九一六年劉氏兄弟投資武昌第一紗廠，因與其他股東意見分歧，自動退出第一紗廠董事會，一九一九年另與買辦劉子敬等人合辦震寰紡紗股份有限公司。公司股本白銀一百二十二萬兩，劉氏兄弟股金占百分之八十，劉子敬等人股金占百分之二十。由劉子敬任主任董事（總經理），劉季五任總務董事（經理）兼理業務，劉逸行為董事兼理廠務。

震寰紡紗公司設廠於武昌上新河，一九一九年開建，一九二一年廠房建成。由於當時中國機器工業落後，劉季五等向英商安利英洋行訂購 2 萬紗錠全套設備，價值二十萬英鎊，當時折合白銀五十萬兩。英商見金融市場銀貴金賤，便拖延結匯。至一九二一年底，英鎊對白銀比值暴漲，購機款二十萬英鎊已折合白銀達一百四十多萬兩，上漲近三倍。英商讓震寰紗廠按新價結匯，攫取暴利。如此一來，震寰紗廠購機款一項即超過全部股本，再加興建廠房等費用支出，造成未開工先負債的被動局面，不得不靠借貸來維持開工，種下一顆先天不足的種子。又由於安利英洋行未能如期交貨，延遲了震寰紗廠開工時間，錯失了紡織工業發展的黃金時期，可謂雪上加霜。

直到一九二二年二月，震寰紗廠所訂紗錠才運到一萬錠，五月勉強開工，至年底虧銀五萬餘兩。以後紗機陸續運到，陸續安裝和開工，一九二三年四月全部紗錠運抵，正式開工。而此時，中國紡織工業的繁榮期已一去不返，外國資本勢力卷土重來，衝擊中國民族工業。震寰紗廠本就先天不足，借貸經營，成本較高，因而舉步維艱。為了開源節流，謀求發展，震寰紗廠繼續擴充紗廠。至一九二五年，全廠紗錠增至二萬六千三百三十六枚。一九二四年、一九二五年經營雖有盈餘，但因受日本紗衝擊，國產紗滯銷，震寰紗廠獲利極微。一九二五年底，震寰公司董事劉義方等召集股東會議，「以各國紗廠無不兼營織布，以調劑紡紗之短絀」[69]，決定增股銀二十二點五萬兩，添加二百五十臺布機，增設布廠，並更名為震寰紡織股份有限公司。這之後，因為資金欠缺，貸款利息過重，外貨壟斷市場，加之自身管理不善，震寰紗廠虧多盈少。開設布廠雖略有起色，仍於事無補。一九二

69 《震寰紗廠擴充營業》，《漢口新白話報》1925年12月1日。

六年與一九二七年，震寰紗廠共虧銀三十多萬兩，一度倒閉。嗣後，國民黨政府為籌措龐大的軍事費用，對民族工商業巧取豪奪，僅在一九二九年一年內，政府便向震寰紗廠名為借用，實則掠奪的白銀即達六萬餘兩之多。至於其他苛捐雜稅、債券認購更是形形色色，讓震寰紗廠不堪重負。在持續遭受政府橫徵暴斂、一九三一年武漢大水、日紗傾銷等天災人禍打擊下，震寰紗廠瀕於絕境，被迫於一九三三年五月停工。

(四) 申新紗廠

申新紗廠屬於民國年間中國資本最雄厚、規模最宏大的民族企業集團之一——榮氏企業。榮氏企業由江蘇無錫榮宗敬、榮德生兄弟創辦。一八九六年榮氏兄弟在無錫創立茂新麵粉廠，繼而在上海開辦福新麵粉廠和申新紡織廠。一九一八年榮氏企業委派榮德生女婿到漢口創辦福新第五麵粉廠，並於一九一九年投產。

一九二〇年榮宗敬為了使漢口福新麵粉廠袋布自給自足，同時看中漢口具有發展棉紡織工業的良好條件，決定集資二十八點五萬元，開辦申新第四紡織廠。由榮宗敬任總經理，榮月泉任經理，李國偉任副經理兼總工程師。

申新紗廠廠址設於漢口礄口宗關，緊鄰福新五廠，依照「造廠力求其快，設備力求其新，開工力求其足，擴展力求其多」的經營要訣，於一九二一年動工興建廠房，並訂購美國紗錠一萬四千七百八十四枚。一九二二年三月落成投產，先開一萬紗錠，至年終開足紗機，工人一千二百人。年產棉紗為八千三百五十件。由於匯價上漲，紗機結匯時已突破預算百分之四十，而且購地基、建廠房及開辦費等耗資巨大，至一九二二年底，申新紗廠已欠上海總公司及漢口福新五廠債款一百四十八萬銀元，並請上海總公司代為借款，以致背負高利。申新紗廠投產之日，正是一戰結束後洋紗大量湧入中國之時，民辦紗廠在一戰期間的空前盛況已是明日黃花。由於洋紗傾銷，特別是日商對華投資激增，控制中國花紗市場，導致棉貴紗賤，加之軍閥混戰，稅釐加重，紗銷萎縮，嚴重打擊了民辦紗廠。申新紗廠本就資金不足，依靠外債建廠，「機器為舊式，所織布多為麵粉袋之用」[70]，生產技術落後，在此情況下更是連年虧本，引起上海總公司少數大股東的不滿，產生賣廠之議。

與申新紗廠僅一牆之隔的日商泰安紗廠，為了擠垮中國民辦紗廠，進而操縱武漢地區紗布市場，早就對申新紗廠虎視眈眈，眼見機會來臨，便四處活動，圖謀買進申新紗廠。李國偉與申新紗廠多數職員深明大義，認為這絕非一廠一業的問題，而是關係到民族工業的前途問題，堅決反對出賣民族利益的行為，並一再向榮宗敬陳述利害關係，終於獲得榮的支持。一場賣廠風波始告平息，申新紗廠免遭日商的吞併。

一九二五年夏，為徹底解決漢口福新麵粉廠麵粉袋用布，申新紗廠籌建布場，並與福新合購一套一千瓦發電機，用於生產用電。一九二六年四月，布場開出布機二百七十三臺，並添置紗機

70 武漢地方志編纂委員會辦公室編《武漢民國初期史料》，武漢出版社，2012 年版，第 303 頁。

四千四百一十六錠。一九二七年七八月間，因貨幣貶值，申新紗廠蒙受損失，資金枯竭。到十月間，因棉花供應短缺，申新紗廠停工。十一月申新紗廠借貸復工，由紡織專家肖松立擔任總工程師，對紗場布場的機械運轉及工序操作加以改進，有效提高了產品品質，在市場上贏得信譽。為了加強企業管理，李國偉去上海和日本考察，學習先進管理制度，果斷廢除封建工頭管理制，撤換一批無所作為的老職員，任用一批學有專長的工程技術人員和工商專科畢業生，對工作中有所建樹者委以重用。在財務管理上，則改用新式記帳，編寫會計規則，制訂全廠部門及各個環節的全部賬表，統一報表形式。在各種革新舉措之下，一九二八年申新紗廠扭虧為盈，獲利十八萬零七百二十二元，一九二九年獲利二十一萬四千五百零六元。

二十世紀二〇年代，武漢四大紗廠出產的產品具有如下特點：第一，產品以粗紗為主。十支、十二支、十四支、十六支、二十支最為普遍，三十二支產量不多，四十二支則無法紡出；第二，產品品質較差。這其中裕華、申新紗廠品質優於其他廠；第三，生產效率低下。之所以如此，事出有因。其一，民辦四大紗廠是在外國資本暫時放鬆對華經濟侵略的空隙中，乘勢發展起來的。在當時中國機器工業落後的狀況下，各大紗廠全部機器設備均從國外購進，機器由蒸汽動力所帶動，生產技術從國外引進，具有一定的先進性，但從另一側面也反映出民辦紗廠的先天不足，設備和技術人員都依靠外商；其二，工人技術水準較低。四大紗廠的紡紗工人除一部分是湖北紡織局幫助培訓外，大部分從上海學來，因而技術熟練程度偏低；其三，生產管理落後，有的廠仍沿用封建工頭制，工人深受壓迫，工時極長，工資低微，生計艱辛，極大束縛了工人生產積極性的發揮；其四，各廠採用原棉大都為湖北出產，纖維長度不夠，只適於紡粗支紗，同時綿紗的銷售對象主要是農村手工業織戶，他們大都習慣用粗支紗。

凡此種種，一定程度上阻礙了民辦四大紗廠的技術進步及長遠發展，加之受國內外政局形勢及經濟環境變動的影響，新生的武漢民辦紗廠總體呈現出波折起伏的發展態勢，武漢民族紡織工業在機遇與挑戰面前一路曲折運行。

第五節 ▶ 民國初官辦工業的衰落與轉制

一、官辦工業趨於衰落

一九一一年十月十日武昌起義爆發後，清軍南下猛攻武漢，歷經激烈的陽夏之役，作為經濟中心的漢口慘遭戰火破壞，工商業蒙受巨大的損失。武漢三鎮許多工廠或毀於炮火，或被迫停工，或瀕於破產。張之洞當年苦心經營的一批設備先進、頗具規模的官辦工廠，為武漢近代工業體系的建立和完善奠定了基礎，但也難逃這場戰爭浩劫。漢陽兵工廠部分廠房倒塌，機器設備受損嚴重，無法開工生產。「紡織四局、漢陽鐵廠以及官商辦各大工廠現今多未開工，或未開全廠大會，以致失業者累累」，[71]

71 《時報》，1913年2月14日。

「貧民大工廠則資本耗盡倒閉矣；白沙洲造紙廠則既虧折停辦矣；紅磚各廠則強奪商業為官業，而位置私人矣；模範大工廠則只有月出而無月入，其款半幹沒矣。」[72] 面對百廢待興的武漢實業現狀，湖北軍政府實業司在財政十分拮据的情況下，撥款數萬元，資助湖北官磚廠、官紙印刷局等工廠恢復生產，並對原有官辦或官商合辦工廠，一律進行整理。

民國肇始，如何處置前清遺留下來的官業，成為政府制定和實施經濟政策時面臨的難題。雖然民初實業界充滿反對官辦的呼聲，認為官辦企業的壟斷作用破壞營業自由，與民爭利，效率低下以致失敗。但由於官業中包括了大量近代產業性質的新式企業，新的生產方式顯示出巨大效益和潛力，北洋政府仍加強對官辦、官督商辦近代工礦業的掌控，將各省分割和控制的近代產業權益收回，以此壟斷原料及市場，獲取巨額利潤，彌補財政不足。尤其是北洋初期軍閥官僚因私利及黷武所需，插手各項實業的趨利行為較為普遍。於是，一股對清末官業實施收歸國有的潮流興起，不僅限於軍工、鐵路、礦業等國家經濟支柱的行業範圍，還進而施加於漢冶萍公司等各行業重點企業。

民國初湖北省政府即擬將漢冶萍煤鐵三廠礦收歸官辦，不承認其商辦性質，得到副總統黎元洪的支持。北洋政府工商部以該部參股漢冶萍公司四百餘萬，兩倍於湖北省官本二百餘萬為由，「擬請將三廠提歸部辦」。漢冶萍公司臨時股東大會也以「公司

72 《時報》，1913年6月8日。

國有，以國家之權力指揮開工，則一切糾紛自可消除」為由[73]，申請國有。湖北實業司司長李四光則認為漢冶萍為純粹商辦，表示如予充公，則無人再敢投資實業。日本又妄圖以借款來「中日合辦」漢冶萍公司，對漢冶萍公司國有極力反對與干預。中央、地方乃至外國勢力的明爭暗鬥，使漢冶萍公司國有化久拖不決。一九一四年盛宣懷呈請政府將漢冶萍公司改為官商合辦，以之作為過渡辦法。但由於北洋政府財政捉襟見肘及日本政府的強烈反對，該方案迅速破產。一九一五年一月，日本政府向袁世凱提出旨在吞併中國的「二十一條」，其中包括漢冶萍公司「中日合辦」的條款。迫於壓力，五月北洋政府聲明不將漢冶萍公司收歸國有。至此，北洋政府對漢冶萍公司收歸國有乃至官商合辦的所有計畫完全落空。

為了加強及發展官辦工業，民國初北洋政府和湖北省、市政府也曾舉辦一些工業。這些官辦企業以生產軍需和機關團體所需被服、鞋帽、皮件等用品為主，極少進入市場銷售，具有壟斷經營性質。如王占元督湖廣時期，通令省內政府機關使用湖北官紙印刷局官用紙張，使該局壟斷大部分印刷業，大獲其利。二十世紀二〇年代初，武昌南湖皮革廠「其出品銷行各埠及遠東一帶，近年尤為發達。

73 武漢大學經濟學系編《舊中國漢冶萍公司與日本關係史料選輯》，上海人民出版社，1985年版，第364頁。

該廠現在籌備添築新廠，而資擴充」。[74] 此外，京漢和粵漢鐵路在漢擴建了一批為鐵路運輸服務的機車修理廠、枕木廠、電燈廠、電報廠等。綜合而言，民國建立後，武漢地區的官辦工業尚具一定規模，並分屬國有、省有、市有。

（一）漢陽兵工廠

兵器工業是政府維持政權統治的支柱產業。一九一一年十月十日，以「漢陽造」武裝起來的湖北新軍率先發難，揭開武昌起義序幕。受戰火波及，時稱湖北兵工鋼藥廠的機械設備損壞，價值約三十萬元。民國成立後，在財政極其困難的情況下，北洋政府對該廠不惜血本大力建設，撥款一百萬元用於恢復和發展。

・湖北兵工廠全景圖

一九一二年該廠的兵工、鋼藥兩部分互相獨立，兵工部分仍稱湖北兵工廠，除受湖北軍政府直接管轄外，並受北洋政府陸軍部節制。一九一四年湖北兵工廠收歸陸軍部直轄，改稱陸軍部漢陽兵工廠。隨著工廠規模的擴充，該廠生產能力及產品品質較清末大有提高。

74 《武昌實業界近事》，《銀行雜誌》第 1 卷第 5 號，1924 年 1 月版。

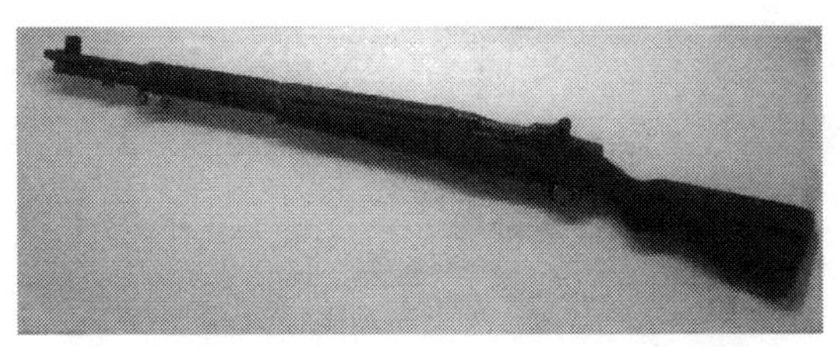
・湖北兵工廠出產的八八式步槍，俗稱「漢陽造」

生產按陸軍部核定的任務進行安排，一九一五年定為每日生產步槍五十支，槍彈 65000 粒。一九一七年漢陽鋼藥廠併入，成為漢陽兵工分廠。全廠共有原動力蒸汽機 22 組，馬力 1655 磅；發電機 3 組，馬力 68 磅；其他機器 1452 組；職工 2 萬餘人。從一九一七年底起，陸軍部每月增撥經 費 24 萬銀元。漢陽兵工廠日夜加工，可年產 7.9 毫米步槍 6 萬支、槍彈 6000 萬發、75 毫米陸炮 12 門，漢陽兵工分廠年產無煙藥 6.8 萬公斤。一九一八年仿製出克虜伯式 129 毫米 14 倍榴彈炮，這是該廠生產的口徑最大的後膛炮，僅出產 2 門。一九一八年七月起，因軍閥混戰，政府財政吃緊，對漢陽兵工廠所撥經費、加造費一再拖欠。一九一九年初，政府停撥加造費，之後經費也斷絕，工廠主要靠代造提成經費維繫，生產轉向以代各省製造軍火為主，產品品質無具體要求。一九二〇年增建機槍廠，重建炮彈廠，總資本從一九一一年的三百八十九萬元增至六百三十九萬元。漢陽兵工廠成為軍閥政權除外國軍火外的本國主要軍火生產供應地。

（二）諶家磯造紙廠

一九一一年清政府度支部撥銀兩百萬兩，在漢口諶家磯開辦造紙廠。適逢辛亥陽夏之戰爆發，造紙廠為革命軍所佔據而停閉，又受戰火波及而損失慘重。一九一四年北洋政府財政部撥款一百五十萬元修繕機械、房屋，另籌資金兩百萬兩，於翌年三月投產，歸財政部管轄。該廠機器係從美、英購進，原動力蒸汽機三組，馬力八百二十磅；發電機二組，馬力四百八十磅；製紙機二臺。工廠占地五十四萬餘坪，有抽水、貯水、濾水及水塔等設備，聘請美國技師指導，以美國紙漿為主要原料，生產紙幣用紙及政府用紙，日產三十噸，之後出產逐漸改良，行銷日暢。當時被譽為「官營紙廠之最大者，亦中國造紙廠之翹楚也」。一九一七年全廠職工一百三十三人，雜役二百一十七人。年煤炭消耗額為一萬噸。後因缺乏管理經驗，加之洋貨傾銷，生產日漸萎縮，企業嚴重虧損。財政部曾給予每年撥款補助八點三萬餘元，仍無法維持。

一九二〇年七月直皖戰爭爆發後，諶家磯造紙廠被直系軍閥王占元部隊佔用，被迫於一九二一年停產。

（三）武昌造幣廠

一九一〇年湖北銀元局收歸清政府度支部辦理，改為武昌造幣分廠。一九一二年歸湖北都督府管轄，更名武昌造幣廠。一九一四年隸屬於北洋政府財政部，更名財政部武昌造幣分廠。一九二〇年又改為財政部武昌造幣廠。廠內設備分銀

・武昌造幣廠的金屬材料分析室和造版室

庫、銅幣庫、鎔銅廠、輾片廠、搖洗廠等，計廠房十七間，庫房三所，鎔銅及烘餅等爐二百四十口，碾片輥、舂餅機二十三架，印花機一百零五架，電燈機二架等。一九二〇年因生銀缺乏，該廠的銀廠停鑄銀幣。一九二四年冬銀廠曾經開鑄，不久又停工。一九二一年武昌造幣廠銅廠每日鑄造銅元四萬串，以供軍用。一九二三年因銅價太高，錢價太低，虧折甚巨，銅廠停鑄二月。當局指令「只能減鑄，不能停鑄，以維市面」，十月銅廠「複行開工，初則日鑄二萬串，繼則增至五萬串」[75]。一九二五年四月，銅廠又因缺少銅料而停工。同年銀廠招商承辦。

（四）京漢鐵路江岸機器廠

一八九八年清政府借比利時貸款，動工修建盧溝橋至漢口的鐵路（即盧漢鐵路）。一九〇一年獲盧漢鐵路築路權的比利時為供修理機車車輛之用，在鐵路兩端即北端長辛店、南端江岸各興建一座機器廠。江岸機器廠由此應運而生，並隨著盧漢鐵路的全線開通而廠務大興。辛亥革命後，該廠由中國政府予以接管，歸交通部直

・一九一九年京漢鐵路漢口枕木廠內景

75　《鄂造幣廠之悲觀》，《銀行雜誌》第1卷第22號，1924年9月版。

轄。由於鐵路運務日趨繁忙，機車修理工作與日俱增，原有的場地及設備已不敷使用，一九一三年工廠進行擴建，增加了修車棚、鑄鐵場、機械場等，每年修機車十餘輛。一九一四年江岸機器廠改稱為「江岸修理廠」，屬京漢鐵路機務處機務總段管轄。一九一九年工廠進行第二次擴建，又增建修機場、機工場、鍋爐場、動力室、鍛工場等，工廠總面積達一萬一千多平方米，主要機器設備一百多臺，全廠工人增至約六百人。

一九二三年京漢、京綏鐵路合併，江岸修理廠又稱「江岸機器廠」，由京漢鐵路機務處直接管轄。

一九二四年後，由於軍閥混戰，鐵路運輸一度中斷，工廠生產大受影響，幾近停頓，至一九二七年才恢復生產並擴充。除此之外，歸交通部直轄的還有京漢鐵路漢口江岸工務廠、枕木廠，粵漢鐵路武昌徐家棚機器廠。

（五）江漢道工廠

民國以後，湖北分成三個道：江漢道、荊南道、襄陽道，共轄六十九個縣。湖北軍政府宣導和資助各道設立一些貧民工廠。這些工廠雖然資微利薄，規模有限，但對安置遊民、改善治安發揮了一定作用。為了改變縣辦工廠資本不足、管理落後、多數虧損的狀況，一九一五年湖北巡按使公署制定整理各縣工業計畫，「聚各縣之工廠經費集中於道區，改數十縣工廠為一道工廠，得以由散而整，力聚而充，誠亦策之善者也」。[76] 各廠各籌集基本金五萬串，組成江漢道工廠、襄陽道工廠、荊南道工廠三足鼎立格局，由湖北省實業廳直轄。其中江漢道工廠即是夏口縣（今漢口）原有工廠之擴充。本來工廠日見成效，但一九一七年荊襄戰事再起，江漢道工廠一度被占作傷兵醫院，被迫停工。至一九二〇年，江漢道所屬工廠才改歸省實業廳管轄，處於整理恢復之中。

（六）湖北官紙印刷局

辛亥武昌起義後，湖北官紙印刷局印刷品及原材料堆積如山，存入官錢局的現金充沛，可謂該局營業最盛時期。一九一三年「由呂前民政長委前實業局長辦理，撥經費四萬元，印刷各官廳公文書及徵收簿記、票據之類，並附印《湖北公報》及《教育公報》。每年支出經費二萬八千餘元，公報支出經費九千六百元」。[77] 王占元督湖廣時期，派員加以整理，通令省內各級政府機關，一律向該局購買官用紙張，「故其時營業複形發達，年獲利益在十萬串以上，此為該局復興時期」。[78] 一九二一年以後，該局營業趨於衰微，又遭火災，慘澹經營。一九二八年湖北省建

76 武漢地方志編纂委員會辦公室編《武漢民國初期史料》，武漢出版社，2012 年版，第 233 頁。

77 武漢地方志編纂委員會辦公室編《武漢民國初期史料》，武漢出版社，2012 年版，第 233 頁。

78 湖北省建設廳編《湖北建設最新概況》，1933 年版，第 52 頁。

設廳恢復官紙印刷局，使之壟斷大部印刷業務，經營復有起色。

雖然民國成立後，政府對官辦工業在政策上、經濟上繼續給予扶植，但武漢官辦工業不可避免地趨於式微。清末官辦工業在武漢工業體系中佔據主要地位，張之洞「銳意以振興工業為己任，而且造端宏大，不當苟簡，如漢陽鋼鐵廠、兵工廠、針釘廠、紡紗局、製麻局、織布局、繅絲局、武昌玻璃廠、紙廠、造幣廠、氈呢廠、製革廠等，皆其所手創。此種魄力，實足以開一時之風氣，而樹工業之基礎」。[79] 然而進入民國後，武漢工業的推動已由以張之洞為代表的政府主導型轉變為民間主導型，官辦工業已不敵民辦工業。

民國伊始，發展資本主義工商業，使中國走上實業興國之路成為時代共識。一九一二年北洋政府頒佈「暫行工藝品獎勵章程」；一九一三年又公佈「公司條例」「商人通例」，對大企業實行「申請貸款」；一九一五年設「工業試驗所」「商品陳列所」，頒行「農商部獎勵規則」，並舉辦國貨展覽會等。一系列保護、獎勵實業建設的政策法令頒行於世，為民族資本主義的發展開創了新局面，也使心懷強國抱負的武漢工商人士振奮不已，興起自清末之後第二次民族工業創辦熱潮。

從一九一二至一九二七年，在武漢民族工業發展的黃金時代，武漢民辦工業企業（包括較大的半手工業及手工作坊）共有六百餘家，其中創立於這一時期的共計四百九十餘家，約占百分

79 《漢口商業之將來》，《銀行雜誌》第1卷第1號，1923年11月版。

之七十九，遍布二十多個行業。而據初步統計，自張之洞創辦漢陽鐵廠以後至一九三六年的四十多年間，武漢曾出現的官辦工業企業共 45 家，其中冶金、鑄造、礦業 5 家，兵工、機械廠 12 家，紡織廠 7 家，水電業 4 家，印刷廠 2 家，造紙廠 3 家，磚瓦廠 4 家，製革廠 2 家，肥皂廠 1 家，被服廠 3 家，電報廠 1 家，油料廠 1 家。[80] 與發展迅速的民辦工業形成鮮明對照的是，官僚資本工業在這一時期大多經營不良，難以維持，日趨衰落。究其根源，既包含著官辦工業自身生產管理等弊端的不利影響，也有政治、經濟等外部環境變化對官辦工業的負面效果，更有官辦工業經營機制改革使武漢近代工業開始向民辦方向邁進的推動作用。官辦工業從誕生之日起，即有其先天不足。步入民國後，更顯弊端叢生。

其一，武漢官辦工業實行衙門式管理，以官領工，以外行領導內行，政企不分，人事因循，效率低下，貪腐成風，鋪張浪費，不知科學管理的重要性，是導致企業經營混亂、長期虧損的主因。一九二五年沈子良到任武昌造幣廠廠長後，即「以收受陋規係滿清惡習，本廠為財幣機關，歷來頗受濡染，未能禁絕」為由，[81] 要求員工束身自愛，克己奉公，不得沾染舊習，違者嚴懲不貸，足見官辦工廠積弊之深。

80 武漢地方志編纂委員會主編《武漢市志・工業志》，武漢大學出版社，1999 年版，第 21 頁。

81 《造幣廠禁止收受陋規》，《銀行雜誌》第 3 卷第 1 號，1925 年 11 月版。

其二，官辦企業較多依賴政府投資才能維繫生存。民國初建，政府財政捉襟見肘，不能及時撥款，加之不少管理者中飽私囊，以公肥私，使企業資本嚴重短缺、流失，生產經營難以為繼。有的企業甚至被迫借外債，又導致企業管理權淪入他人之手，而不能自立自強。武昌南湖製革廠創辦於清光緒末期，曆二十餘年，屢興屢輟，究其根源，「莫非歷任廠長多係官僚政客，毫無工業常識，專恃軍閥威力，視工廠為私有，冗員既多，開支漫無限制，弊端百出，資本盡歸私囊，只圖個人利益，不顧公家損失，又何怪業務日漸衰落，終至停閉而後已」。[82] 其三，官辦工業在技術上仰賴外國人，缺乏創新力。武漢官辦工業機器設備多購自外國，聘用外國工程技術人員指導，此舉固然能起到彌補與先進工業國家差距，提高生產效率的目的，但有些設備與技術未必精湛，未必適合國情。在生產技術上受制於人，企業自主創新能力不足，對企業發展產生負面影響。

其四，政府對官辦工業的過度保護，使其缺乏市場競爭力。在政府行政干預下，官辦企業被賦予各種特權，在某些行業實行壟斷性經營，養尊處優。可一旦失去政府的扶持，走向市場，參與競爭，其結果往往慘不忍睹。譬如漢口諶家磯造紙廠和武昌白沙洲造紙廠因設備不配套，負荷不均，產品競爭力差，加上企業管理混亂，靡費過巨，連年虧損，於二十世紀二〇年代初相繼停

82 《本廠恢復整理後之概況》，《湖北建設廳南湖製革廠第一二兩期營業一覽》，武漢印書館，1930 年版。

產。

其五，關稅不能自主，外商操縱市場。鴉片戰爭後，中國喪失海關主權和關稅自主權。外國洋行進入武漢，廉價傾銷工業品和掠奪生產原料，霸佔商品銷售市場。特別是一戰結束後，外國資本勢力捲土重來，洋貨傾銷充斥市場，使武漢官辦工廠產品滯銷，資金周轉不靈，經營陷入困境。如一戰之後，武漢官辦輕工業日趨萎縮，只有湖北官紙印刷廠尚能維持。

從外部環境條件來看，武漢地處戰略要衝，既是辛亥革命的策源地，又是各派勢力激烈爭奪的目標。在武漢本地開辦的官辦工業，時常飽受戰爭破壞之苦。如辛亥革命爆發後，受戰火波及，武漢各大官辦工廠大多停業。不少官辦工廠機器廠房損毀嚴重，無錢維護更換，經營狀況不穩，生產時開時停。「揚子機器、貧民大工廠及白沙洲、盛家磯（即諶家磯）兩紙廠，據雲均如農夫之遇凶年焉。要之，本地本年各農業局廠，極不滿人意。」[83] 雖經政府多次撥款整治或招商租辦，仍成效不大。

進入北洋軍閥統治時期，由於政局紛爭不已，水災兵禍不斷，地方主義抬頭，武漢政府對於發展工礦事業既無方針政策，又無統籌規劃，原有官辦工業或負債倒閉，或相繼停歇，或招商承辦，危機四伏。湖北督軍王占元為了中飽私囊，將親信安插進官錢局、造幣廠、兵工廠、地礦局等部門企業，巧取豪奪。各派

83 汪敬虞編《中國近代工業史資料》第二輯，科學出版社，1957 年版，第 847 頁。

軍閥混戰不休，阻斷水陸交通，使煤炭及工業原料不能及時供應，生產成本增大，影響工廠經營。一九一八年漢口貧民大工廠被軍閥占作醫院，被迫停辦。武漢官辦工業不但得不到政府的扶持，反而成為軍閥官僚們肆意掠奪的場所及戰利品，嚴重擾亂了官辦工業的經營秩序及正常發展。「武昌造幣廠在王占元督湖廣時期，因軍費無著，曾借公債二百萬元，以該廠作抵押品，由餘利項下，分年償還。」蕭耀南督湖廣時，「又令該廠為籌備軍需，每月加鑄銅元三萬串，其鑄費每年只給洋八分。是該廠又減少八分盈餘也。以一個月計數，約虧折四萬有奇，愈久愈虧」。[84] 因開支困難，一九二五年武昌造幣廠銀廠招商包辦，由湖北省長派人監督廠務。

一戰期間，外國資本無暇東顧，給中國工業提供了相對寬鬆的發展環境與發展空間，也未能挽救武漢官辦企業的頹勢。一戰結束後，外國資本勢力重返中國，大肆傾銷，力圖恢復及擴大中國市場，與中國工業展開更為激烈的爭奪。武漢官辦工業不僅無法與民辦工業競爭，更無力與強大的外國經濟勢力抗衡。特別是二十世紀二〇年代初以來，「國家多故，漢口因兵匪擾亂，水旱頻仍，錢價低落，及發生工潮之諸種關係，以致商業與金融均受其影響」[85]，至二〇年代中期，武漢地區官辦及官商合辦企業已

84　《鄂造幣廠之悲觀》，《銀行雜誌》第 1 卷第 22 號，1924 年 9 月版。
85　徐滄水撰《貿易上漢口之地位》，《銀行雜誌》第 1 卷第 2 號，1923 年 11 月版。

大多處於蕭條狀態。

二、官辦工業轉向商辦

受制於各種主客觀因素的影響，陷於困境的武漢官辦工業如不轉變經營機制，只有停產倒閉。清末武漢官辦企業轉向商辦或官督商辦，成為企業擺脫困境、尋求發展的一種有效途徑。部分官辦企業轉制後，不僅迅速恢復生產，而且企業經營效應很快好轉。如湖北紡織四局轉制後，逐步扭轉虧損局面，獲利頗豐。在民國初政府發展工商業的背景下，不少武漢工商業者不僅獨資或合辦企業，也善於審時度勢，積極承辦官業，使官辦企業轉制的態勢並未因新舊政權更迭或收歸國有政策而停滯不前，相反官辦企業由於經營無方、官吏腐敗、債臺高築、時局動盪等原因制約，不得不招商承辦，其轉制保持著良性發展的漸進趨勢。

張之洞在湖北所辦近代工廠，除漢陽兵工廠仍歸國有外，大多因資金不足、經營不佳、市場凋敝而改歸商辦，或官督商辦。大批官辦企業轉制進一步表明官辦企業存在著嚴重弊端，非整頓不可。即使當初如湖北氈呢廠等官商合辦的企業，商人也寧願自己獨資開辦，也不願與官方合作，債務累累的政府無款可撥，資金來源管道被堵塞，無力經營的官商合辦企業只有轉向商辦。一戰後官辦企業轉制進入高漲時期。可以說，官辦工廠經營機制轉變及民辦工業的勃興，是辛亥革命後武漢地區工業的重要特徵之一。

客觀而言，武漢商人承辦官辦工廠既出於振興實業的夙願，但更多的還是以逐利獲利為根本目的。在武漢官辦企業轉制過程中，部分承辦商利用手中政治權力，追求個人利益的最大化，極力榨取官辦工廠的剩餘價值，甚至不惜將部分官產化為私有，使企業由國家資本轉變為官商一體的官僚私人資本，官有資產發生不同程度的流失。一九二五年武昌造幣廠因經營維艱，乃將銀廠招商包辦。此舉事關金融秩序及人民生活，「因包辦人孫在贛省破壞銀幣而來，贛人至今尤有餘恨……若再以輕質銀幣行使，則物價又將無形漲高」[86]，激起武漢各團體反對之聲，要求組織監察會，每日派員到廠監督，如銀幣成色不合要求，即通知各界拒絕使用。再以漢陽鐵廠為例，大買辦、大官僚盛宣懷接辦漢陽鐵廠後，雖由官辦變成股份公司，但他將親戚黨羽安插進來，這些人貪圖享樂，其腐敗習氣遠勝官辦之時。辛亥革命後，民國政府全盤接收前清全部企業及財產，漢冶萍公司近千萬元官產理應歸政府所有，況且該公司關係到路政、軍政，但大權在手的盛宣懷無視其他股東權益，私借外債，最終使公司受制於債權人日本。一戰期間，漢冶萍有所獲利，但該公司既未按先前承諾歸還官本，也未借機緩解巨額債務，加之日本實際控制公司生產與銷售，直至「歐戰終止之後，鋼鐵市價一落千丈，凡營鐵業者莫不虧折，兼以頻年時局多故，工習囂張，在在妨礙業務，而萍礦所恃出口之株萍鐵路缺車滯運，尤屬痛切剝膚」，漢冶萍經營每況

86　《各團反對之激烈》，《銀行雜誌》第2卷第21號，1925年9月版。

愈下，連年虧損，漢陽鐵廠「亦因之坐廢」[87]。

同時買辦官僚控制官辦工廠後，憑藉大權使企業享有官辦企業的種種特權，把廠礦變為個人的封建領地，以「專利」「專賣」為名壟斷生產，使企業的封建性、壟斷性大大加強，大獲其利。一九一三年楚興公司承租湖北四局，「紗、布兩項在武漢出售，概免釐稅，如轉運他埠，在漢口江漢關只完正稅，沿途概免釐稅，仍存湖北官局名義。營業日增發達，每年利率有遞增之勢」。[88] 而漢陽鐵廠「運銷中外應徵稅釐」則予以准免。值得一提的是，有些承辦商還是將流入手中的官有資產用於擴大生產發展工業，創辦學校為企業及社會培養生產技術人員，甚至投身各種慈善公益活動，表現出服務於社會的積極性與進步性。例如一九一九年徐榮廷在楚興公司承租屆滿前，從湖北四局歷年公積金中抽出資金，創辦民族工業大興紗廠、裕華紗廠。

雖然不少武漢官辦工廠轉制後一改生存逆境，實現扭虧為盈，但由於北洋軍閥統治時期，連綿戰爭對官辦企業改革帶來嚴重影響和制約，以及官辦企業普遍存在的管理落後、內部腐敗、缺乏競爭力等頑疾根深蒂固，一時難以改變，加之有些承辦商不捨得對企業投入資本，不注重廣開市場銷路，生產經營管理不善，導致有些改制後的官辦企業難以產生經濟效益。一九二〇年

87 《漢冶萍鋼鐵續准免稅五年》，《銀行雜誌》第 4 卷第 2 號，1926 年 11 月版。

88 汪敬虞編《中國近代工業史資料》第二輯，科學出版社，1957 年版，第 591 頁。

有人在調查漢陽鐵廠後，就指出該廠營業部太不中用，不打廣告推銷產品，雖說「在漢口儼然有個漢冶萍公司經銷處，不過在我們眼光看起來，依然難滿意。什麼道理呢？因為他在廣告一方面還不注意，在上海的人知道漢陽鐵廠的人有多少？」而且認為漢陽鐵廠「只是空言救國，不肯把資本來投入」[89]，來減除日本巨額債務，以致一戰期間該廠賤賣生鐵給日本，讓對方大獲其利，而自己則吃了大虧。

・承租湖北官辦四局的楚興公司經理徐榮廷

尤其是商人的功利性決定了他們只圖近利，不作遠思。如果所承租工廠未能獲利，立即退租或轉租者大有人在。在此種情況下，部分官辦工廠始終擺脫不了一再轉租、一再失敗的命運。諸如一九一一年白沙洲造紙廠轉為商辦後，幾年之內數易其手，仍難以為繼。儘管官辦工廠轉為商辦並不總是一帆風順，但官辦工廠轉制的潮流畢竟不可逆轉。民國建立後，一些從清末即走上商辦之路的官辦工廠不改其途；有些官辦工廠則或官商合辦，或直

89 《武漢工廠紀略》，《少年世界》第 1 卷第 6 期，1920 年 6 月版，第 26 頁。

接加入商辦之列。

（一）漢陽鐵廠

辛亥革命爆發後，漢陽鐵廠全部停工，人員逃散和撤離。「漢陽鐵廠鋼鐵等軌減二十六萬一千擔，生鐵減一百萬擔有奇，共估值減二百二十一萬兩。」[90] 一九一二年十一月，漢陽鐵廠一號、二號高爐經修復投產，當年出產生鐵七千九百多噸，鋼三千三百多噸。

・漢陽鐵廠全景圖

一九一三年漢陽鐵廠鋼鐵產量六萬七千多噸，恢復至辛亥革命前水準，但由於其他行業還未復原，國內市場需求小，加上進口鋼鐵的競爭，導致鋼鐵銷售落後於生產，虧損洋例銀一百二十五點六萬兩。第一次世界大戰爆發，鋼鐵成為當時的緊俏物資，價格急劇上漲，漢陽鐵廠步入黃金時代。為了增加產值，漢陽鐵廠引進大量新設備，一九一五年六月四號高爐建成開爐。一九一六年漢陽鐵廠暫停鋼軌生產，日夜加工趕製工字鋼、槽鋼和角鋼等產品，以滿足國內外市場對鋼材的迫切需要。「當此歐戰期

90 汪敬虞編《中國近代工業史資料》第二輯，科學出版社，1957 年版，第 847 頁。

中，營業大盛，計新化鐵爐二座，舊化鐵爐二座，西門士煉鋼爐七座，全體開工，約需工人六千餘名。」[91] 一九一四至一九一八年一戰期間，漢陽鐵廠生產生鐵七十萬六千三百八十二噸，鋼二十萬九千九百一十三噸，所出之鐵多銷往日本，其次銷往美國、澳洲及南洋各地。至一九一〇年代末，漢陽鐵廠已創辦二十多年，「起首是由張之洞創議，後來盛杏蓀（盛宣懷字杏蓀）接辦下去，弄得負債累累，現在由吳任之先生經手後，已稍有生色了」[92]。

一戰結束以後，鋼鐵價格猛跌。一九一九年為適應國內鐵路建設的需求，漢陽鐵廠停止鋼貨生產，恢復鋼軌生產，但這時一號、二號高爐已破舊不堪，不能開工。因銷售停滯，鋼軌大量積壓，加之受日債契約束縛，「國內戰爭不已，鐵路不興，不但鋼廠受其影響，即生鐵銷於國內，亦不甚旺」[93]，漢陽鐵廠很快由興盛轉向衰落。一九二〇年漢陽鐵廠庫存鋼軌達四點四萬噸，到一九二一年增至四點八萬噸，因北洋政府交通部改變鋼軌式樣，庫存鋼軌全部報廢，被迫停產鋼軌。一九二二年漢陽鐵廠生產一百八十五噸鋼後，煉鋼爐全部停止冶煉。一九二三年九月，第四號高爐停煉，僅剩三號高爐一爐生產。到一九二四年十月，一度修復的第三號高爐也停爐熄火。至此，負債累累之下，苦心經營

91 《漢陽鐵廠調查記》，《銀行雜誌》第 2 卷第 10 號，1925 年 3 月版。
92 《武漢工廠紀略》，《少年世界》第 1 卷第 6 期，1920 年 6 月版，第 23 頁。
93 《漢陽鐵廠調查記》，《銀行雜誌》第 2 卷第 10 號，1925 年 3 月版。

三十多年的漢陽鐵廠被迫停產，一定程度影響到漢口鐵製品出口，「由民國六年之一百八十萬兩零落至民國十四年竟至斷絕，其故由於漢陽鐵廠之終年停工，而被制於國際強有力之競爭，為其主因」。[94] 一九二六年雖北洋政府財政部以「我國鋼鐵事業尚未發達，而該公司又係我國製煉鋼鐵之最大機廠。值此鋼鐵價落、本利虧折之時，不能不予以維持，用資提倡」為由，對「所有漢廠鋼鐵運銷中外，准即庚續前案，再予展免關稅釐捐五年」[95]，但漢陽鐵廠仍復業無期。

（二）湖北布紗絲麻四局

武昌起義爆發後，由大維公司承租的湖北布紗絲麻四局即停工，員工散失，機件損失甚多。時值民國初建，舉國實業救國之聲蔚為風氣，紡織市場日益開拓。應昌公司與大維公司為奪取四局承租權，爭執不下。鄂督黎元洪以「四局為鄂省實業命脈，力主不租大維，亦不租應昌，由鄂人自行辦理」，另租給楚興公司，從一九一三年二月起承租，年租金十一萬兩，一九一四年又加租八千兩。總經理徐榮廷、布局管事張松樵等精於管理，積極籌措資金，注重提高技術，狠抓產品質量，使營業日見發達，產品遠銷中南、西南、西北及江浙各省，成為武漢民辦紗廠的翹

94 戴銘禮撰《十年來之漢口進出口貿易》，《銀行雜誌》第 3 卷第 24 號，1926 年版。

95 《漢冶萍鋼鐵續准免税五年》，《銀行雜誌》第 4 卷第 2 號，1926 年 11 月版。

楚。一九一五年湖北徵集巴拿馬賽會參賽品，並舉辦展覽會評比，楚興公司出品的洋紗白布被農商部授予頭等獎。

一戰爆發後，「列強不復顧及貿易上之競爭，舶來品來源絕少，同時武漢尚無其他紗廠創辦。營業頗形發達，利率倍增，經營甫及九年，獲利達千餘萬元之多」[96]。湖北將軍團為之垂涎三尺，不待楚興公司租約期滿，「即有鄂籍有力軍人傅人傑、石星川、蔡漢卿等出面爭租於前」[97]。這些將軍團成員集資一百二十五萬銀元組成楚安公司，仰仗直系軍閥、鄂省都督蕭耀南之勢，於一九二二年九月強行承租四局。由唐春鵬任總理，韓惠安任經理。原訂租期十年，年租金十二點八萬兩。「自經楚安公司租辦後，以經營尚極得法，紡織兩局甚發展。其平湖門之麻布局現亦因該公司陸續聘有高等技師督率製造，出品益臻精美，銷路日廣，故營業大有蒸蒸日上之勢。」[98] 一九二三至一九二六年上半年，楚安公司獲利百餘萬兩。湖北省公署飭令增加租銀三萬兩，楚安公司拒未上繳。一九二六年北伐軍攻克武漢後，國民政府財政部以楚安公司不繳納增租銀為由，取消楚安公司承租權，將湖北四局收歸本部管理。

96 《漢口商業月刊》，第 1 卷第 5 期，1934 年版，第 25 頁。

97 《鄂紗布絲麻四局爭租之觀察》，《申報》1922 年 1 月 22 日。

98 《武漢之製造界近聞》，《銀行雜誌》第 1 卷第 4 號，1923 年 12 月版。

（三）白沙洲造紙廠

官商合辦武昌白沙洲造紙廠是武漢地區第一個近代化造紙工廠，一九一一年改為民辦。辛亥武昌首義打響，該廠機械破壞不少，停止生產。一九一二年湖北實業司任蔡存芳為經理，撥款復工，至十月即因虧損停辦。一九一三年轉租給商人馬稚庵經辦。出於開工廠資本巨大、抽水困難等原因，一九一四年馬稚庵無奈放棄，又有大展公司承租，訂立合同，試辦一年。由於抽水機械馬力過小，秋季枯水時節難以抽水，影響生產，該公司虧本數萬，旋又退租。一次爆發後，中國機器造紙工業有所發展。一九一八年福成公司代表王明文等租辦該廠，「備股本十萬元，每年租金八千元，押租公租票一萬元」[99]，試辦三年，僅過一年即因虧本再次停工。

一九一九年十二月劉子敬和王琴甫共同承租該廠，不久又因資金緊張，導致生產經營時斷時續，處於幾近停滯的狀態。一九二六年北伐軍攻佔武漢，該廠從此長期駐軍。

（四）湖北官磚廠

民國初年，武漢磚瓦工業呈衰退現象，湖北實業司撥款四萬銀元，派員整理湖北官磚廠。一九一四年春，因經營無方而停工。一戰爆發，西方各國在華勢力減弱，民辦企業產銷旺盛，商人楊毓麟呈請訂約包辦該廠，政府又撥款添置德式磚窯、房屋及

99 《商人租辦官廠之近聞》，《漢口新聞報》1918年12月8日。

機器設備。一九一五年該廠再次停工，嗣後與易某訂約接辦三年，仍無起色。一九一八年收歸官辦，一九二二年增設十八門德式窯一座，使日產能力高於清末五六倍。但因政局不穩，市場需求萎縮及經營不善而虧損，於一九二六年七月租與楚勝公司承辦。同年冬，該廠作為逆產被政府沒收，次年發還，重訂合同，改為官督商辦。

（五）湖北針釘廠

辛亥革命前夕，由南洋華僑梁炳農承辦的湖北針釘廠已有職工一百五十人，下設製釘廠及製針廠。辛亥軍興，梁炳農回爪哇（今印尼），又於一九一四年退租。當局派員加以保管，估價該廠地皮、機件約值四十一萬元。一戰後，洋釘進口中斷，市價上漲一倍，湖南商人郭嘉見有利可圖，乃集資承辦針釘廠。一九一八年改由中華鐵器公司租辦，「擬定草合同十六條，承租十五年，前三年為試辦期，每年繳租金四千元；後六年每年繳租金八千元；最後六年每年繳租金九千元」[100]。該公司「對於製造頗能盡心研究，出品精美，銷路極暢。其經理以吾國向少此項出產工廠，本廠雖經發展，然以範圍有限，尚不足挽回利權求萬一，故急謀擴充」。[101]

100 《商人租辦官廠之近聞》，《漢口新聞報》1918 年 12 月 8 日。
101 《局廠匯紀》，《漢口新聞報》1919 年 8 月 3 日。

（六）湖北氈呢廠

辛亥武昌起義爆發，湖北氈呢廠職員紛紛逃散，除機件外，其餘大受損失。武昌光復後，黎元洪委任張正基為廠長接辦，主要生產軍呢、氈毯、商呢三種，可因產品粗劣，管理不善，虧損嚴重，於一九一三年三月停辦，廠中所存物件由湖北省實業廳派員接收保管。同年九月，黎元洪複委派嚴開第承辦，試辦三月，仍無起色，於十二月停工。一九一四年曾有商人承辦，但仍告失敗。該廠停辦後，北洋政府陸軍部將其收歸部有，改名為陸軍織呢廠，但未開工，仍由實業廳派人看管。一戰期間，毛織品價格昂貴，湖北督辦王占元募籌資本三十萬元，計畫恢復該廠，未能成功。由於該廠積欠德商禮和、瑞記各洋行債務未清，而受德商控制，後由湖北省財政廳暫為墊還，得以復工。一九一五年八月，湖北徵集巴拿馬賽會參賽品，並舉辦展覽會評選，該廠出品的各色呢被農商部授予二等獎。之後又停辦數年，一九二三年由李雨金向省財政廳租辦。

（七）湖北模範大工廠

一九一二年湖北模範大工廠改為官商合辦，一九一四年又改商辦，由朱啟烈任經理。一九一五年由湖北實業司撥官本十九萬多元，轉為官辦，因管理無方，連年虧損。一九一七年王占元督湖廣時，當局對該廠詳加盤查，發現原料僅值六萬元，近乎虧空四分之三，遂決定改歸商辦。同年由商人吳幹丞集股承租，更名為公信公司，布機擴增至五百臺，工匠七百餘人，極力改良品種，製革分皮鞋、皮靴、皮包、皮夾、皮箱；縫紉分風衣、軍裝、洋式衣服，代辦綢緞便服。「對於內部之製造認真研究，故出品日漸精益，銷路亦愈益暢旺」，經營大有起色。經理吳幹丞不滿足於此，大力拓展業務，「聘求高等技師詳細研究各種製造，務期臻至精至美之地步；派員赴上下游各埠設立分店，以為將來設立分廠之初步；分期擴廠，內部每期添召一班二十名」。[102] 一九一八年盈利一萬四千兩，一九一九年獲利一萬五千兩。

（八）貧民大工廠

一九〇五年張之洞以禁煙款項下撥款設立礄口勸工院，專制簡易用品，旨在組織貧民自謀生計。之後湖廣總督瑞澂將其改為貧民模範工廠。一九一五年改為漢口貧民大工廠，屬官督商辦性質，有木織布機一百臺，產品為愛國布、條子布及大小提花布，安置貧民二千人。一九一八年兩湖兵撫使曹仲珊在該廠設立第一路總司令部後方醫院，治療受傷官兵。工人被解散，機件移存他處，貧民大工廠暫行停辦。一九一九年改為私營公信布廠，一九二五年布機擴充至二百五十臺。

102 《局廠匯紀》，《漢口新聞報》1919 年 8 月 3 日。

第六章

民國「黃金十年」武漢工業的發展與阻滯

民國「黃金十年」，又被稱為「十年建國」，是指一九二七至一九三七年由中國國民黨一黨執政的南京國民政府時期。在此期間，儘管先後爆發了蔣桂戰爭、中原大戰等戰事，但到一九三〇年，以蔣介石為首的南京中央政府合法性地位基本確立，開啟了中國政治、經濟、社會發展的新進程。伴隨著經濟發展新環境的出現，武漢工業進入一個新的發展階段。

武漢工業門類更加齊全，新興的化學工業開始出現；工業內部結構和布局發生深刻變化，重工業持續衰退，輕工業在全市工業中的比重不斷增加，成為三鎮工業的主要組成部分；民辦工業取代官辦工業成為全市工業主體；企業規模從大型向小型轉移，中小企業數量明顯增長。從整體上看，武漢工業取得了一定的成績，工業總量、資本額、產業工人人數、用工三十人以上使用現代動力工廠的數量都有顯著增長。但民國「黃金十年」時期，受多方面因素的綜合影響，武漢工業發展還是呈現出起伏不定的狀態，大致可以劃分為四個時期，分別是一九二七年的極速崩壞期，一九二八年到一九三〇年的恢復發展期，一九三一年到一九三五年的五年蕭條期，一九三六年到一九三七年的復蘇爆發期。這一時期另一個明顯的特點是，與全國其他城市相比，工業發展速度相對放緩，從某種意義上說，喪失了十九世紀末形成的僅次於上海的全國第二大工商業城市地位。

第一節 ▶ 工業發展的環境及影響

一九二七至一九三七年，武漢先後經歷大革命時期、桂系勢力控制時期，以及蔣系勢力控制時期三種不同的政治環境。一九二七年大革命時期歷時雖然只有數月，但處在革命風暴中心的武漢是各派政治勢力角逐的主戰場，政局瞬息萬變、跌宕起伏。受其影響，工業發展出現斷崖式下跌。一九二九年蔣桂戰爭後，武漢真正納入到南京國民政府行政序列之下，在政策層面上，工業發展外部條件較二〇年代明顯好轉，但省市一級地方政府的工業發展計畫和工業建設又存在著嚴重的缺失。

一、大革命時期的武漢工業

一九二六年十二月，國民黨中央執行委員、國民政府委員臨時聯席會到漢辦公，標誌著國民政府正式從廣州遷往武漢。一九二七年二月二十一日，武漢國民政府宣告成立。但武漢國民政府甫一建立，就遭中外勢力的聯合圍堵，面臨諸多棘手的經濟難題，再加上當局政策措施的失當，武漢成為獨立一隅的「革命孤島」，大批工廠倒閉、眾多工人失業，三鎮工業風雨飄搖。

（一）通貨膨脹、金融紊亂

武漢國民政府成立後，財政極為困難，每月僅軍費支出一項就有五百餘萬元，而可掌控收入只一百餘萬元。武漢國民政府實際管轄的湖南、江西兩地稅收，幾乎完全被地方截留。受蔣介石控制的全國金融中心上海，更不可能為武漢提供支援。與此同時，資金外流情況嚴重，北伐軍進入武漢後，上海、天津、香港等地的外資銀行停止了向武漢放款的金融業務，並不斷派人收回此前貸出的上千萬元貸款。在漢外國銀行，更是大量吸收存款，

・二十世紀二〇年代漢口福新第五麵粉廠磨粉車間

套走現金。出於對政治軍事局勢的擔憂和工潮影響，資本家也將現款大批向外轉移，據宋子文估計，武漢資金流入上海數額超過一千五百萬元。「一三事件」發生後，外商銀行又相繼停業，在漢英資滙豐、麥加利銀行，「自政府收回英租界時，無端停頓，將一般華人存款，概置不理，迄已兼旬，仍未復業」[1]。三月二十一日，漢口外資銀行華人員工全體罷工，外國銀行遂全部停業。

為緩解捉襟見肘的財政狀況，應對金融枯竭，四月十七日，以汪精衛為首的戰時經濟委員會頒佈《集中現金條例》，規定：凡完納國稅，流通市面，均以中央銀行所發漢口通用紙幣及中國、交通兩銀行所發之漢口通用鈔票為限；凡持有現銀及其他商業銀行紙幣者得調換三行紙幣；非經特許，絕對禁止現銀流出。

《集中現金條例》頒佈後，引發更為激烈的金融波動。《條例》出臺第二天，十八日，上海銀行公會即以「此種搗亂舉動顯係有意破壞市面」為由，決定「自即日起，與漢口各行暫行停止

1　武漢地方志編纂委員會辦公室編《武漢國民政府史料》，武漢出版社，2005年版，第368頁。

往來」，並致電北京、天津、濟南、杭州、奉天等地銀行公會，請各會注意，結果一時間「京津直魯各省亦相繼不能使用鄂省各銀行紙幣」，到四月二十九日，蔣介石也通電對武漢實施金融封鎖，「亟應電令長江下游各地，禁止現金運往武漢，並禁漢票在各地行使，以杜陰謀」[2]。

金融與外界聯繫的中斷，導致武漢經濟遭受巨大打擊。「凡平時恃漢埠以為集散之貨物完全梗塞，所有漢埠經濟之價值，貿易上之地位亦隨以消滅無餘」[3]。最直接的反應就是，運輸、裝卸等轉輸相關行業工人失業。而武漢國民政府從銀行封存的現金只有三千多萬元（亦有說 400 萬元或 1000 餘萬元），盡管當局借行政力量對內保持了貨幣的基本穩定，但因為不可通匯，武漢三行發行的紙幣對外迅速貶值，再加上紙幣超發，到一九二七年六月，武漢紙幣流通額從集中現金前的五千萬元，猛增至八千四百萬元之多，各地入口武漢貨物數額日益減少，價格飛漲，社會經濟生活劇烈動盪。

（二）交通阻滯，對外斷絕

京漢、粵漢鐵路和長江水道是奠定武漢「九省通衢」地位的交通生命線，但在大革命期間，各交通要道一一斷絕，「九省通

2　武漢國民政府資料選編編輯組編《武漢國民政府資料選編》，1986 年 12 月版，第 237 頁。

3　謙益撰《論漢口之金融封鎖》，《錢業月報》第 7 卷第 6 號，1927 年 7 月。

衢」變成「荒野沙漠」。京漢鐵路被張作霖截斷，武漢與京津、華北地區的聯繫始終未能打通，直至一九二七年六月，武漢二次北伐後，京漢鐵路也僅能通行到鄭州。廣東「四一五」事變和湖南「馬日事變」後，粵漢鐵路也停止通車，武漢與華南地區的經濟往來大受影響。長江水道方面，上海與漢口開行的華商輪船公司船隻多被徵用，或裝載士兵，或運輸軍需，基本處於停運狀態。比如招商局江輪被孫傳芳徵用九艘，廣東國民革命軍亦扣留三艘，使該公司的長江航運完全中斷。上海至漢口交通全部依靠外輪，被英國的怡和、太古公司和日本的日清公司把持。「四三」事件發生後，英資輪船公司停運，「以致滬漢班內，單留日清八輪行駛，影響所及，百貨全阻，甚至近海口，外洋去貨，亦連帶減弱」[4]。「四一二」政變發生後，各帝國主義國家調遣軍艦，停泊長江，致使「長江交通，極感不便，商旅尤感困難」，擁有治外法權的外輪則完全壟斷了滬漢航運，並肆意抬高運價，四月底，漢口特別市商民協會第一百三十八分會報告，外輪規定日期駛滬，票價漲了二三倍。運輸成本的增加直接轉嫁到物價上，高昂的物價反過來又加劇了貨運停滯。川江航線方面，重慶「三三一」慘案發生後，川鄂交通斷絕，武漢與長江上游的聯繫受阻。到四川軍閥楊森東下宜昌、沙市，漢宜交通也多有不便。交通斷絕致使工業急需的原料難以運抵，棉紗、針織用品、蛋加工品等工商品無法外銷，鮑羅廷在國民黨中央執行委員會政治委員會第

4　《晨報》1927年1月4日。

十四次會議上的發言中指出：「自從漢口中外交通斷絕以來，失業工人的數目逐日增加，建築工人失業的有四萬，磚瓦製造工人失業的有兩萬，只這兩項已六萬之多！而因為來往的船隻一天比一天少，碼頭工人失業的也是很多。」[5]

（三）企業倒閉，工人失業

在一九二六年十一月，北伐軍剛到武漢，英國就關閉了位於六合路和礄口的兩個捲煙廠，致使三千八百餘名工人失業。緊接著楚安紗廠、日商泰安紗廠等一批企業相繼停產。「漢口最大的工廠揚子機器廠老闆卷走資金棄廠而逃」，[6] 七百餘名工人失業。工人運動興起後，過激的「左」傾工潮，不僅沒有緩解勞資矛盾，反而愈演愈烈，工潮迭起，「三日遊行，五日罷市」，「一月之間，遊行示威幾費半月之時日」，而且「遊行示威之舉特別繁多，只需晚間聞有鑼鑼銅鑼，無論

・二十世紀三〇年代武昌機廠生產車間

5 羅重一著《共產國際和武漢國民政府關係史稿》，湖北人民出版社，2000 年版，第 243 頁。

6 皮明庥主編《近代武漢城市史》，中國社會科學出版社，1993 年版，第 345 頁。

如何，皆非按時參加不可」，[7] 部分工人「常對雇主提過度之要求，甚或以武裝之糾察，封閉廠店。強迫雇主行不可能之條件」，[8] 諸多資本家迫於壓力，不得不消極生產，更加重了企業倒閉風潮。裕華紗廠因難以承受工運帶來的影響，定下不進原棉，能撐即撐，否則即停工了事的方針後，董事長徐榮廷和經理張松樵遠避上海，董事蘇汰餘西上重慶。武昌第一紗廠和申新第四紗廠同樣出現生產急劇下降，經營僅能維持的局面。

在交通斷絕和《集中現金條例》實施後，三鎮工業再遭打擊，一批較具規模的工廠相繼停工或倒閉。作為武漢工業主體的紡織業情況尤為嚴重，一些大型紡織企業均出現大幅減產和虧損，震寰紗廠不堪虧損之巨而倒閉，造成三千餘名工人失業；申新第四紗廠亦因原料短缺停工，虧損額達到一百零二點七五萬元；武昌第一紗廠更是累計虧損一百五十萬元。榨油業、針織業等工業門類，出現全行業的關停。據中央商民部統計，漢口「倒閉者以錢業為多，表面明白倒閉者不過一二十家，實際暗中停頓等於倒閉者大約七八十家」，在經濟封鎖後，「茶業與棉花業情形較佳，染業最壞，國貨紗布業次之。緣工價既增，匯兑不通，貨物不來，又無生意可作，於是生產不足消耗。尤以染織業自去

---

7 天津《益世報》1927 年 4 月 5 日。

8 王清彬等編《第一次中國勞動年鑑》，北平社會調查部，1928 年版，第 261 頁。

歲戰事迄今，直無生意可言」。[9] 工廠的相繼關停，帶來大規模的工人失業問題。一九二七年五月十九日《漢口民國日報》報導：「綜計武漢各業失業的工人數約十萬至十二萬人，十餘萬人的工人失業問題，誠是武漢目前最大的政治問題和社會問題。」而在武漢政府內部報告中，外交部長陳友仁預測「失業的將近二十萬人」。汪精衛更估計「已不下三十萬人」。

在政治、軍事、經濟多種因素作用下，由於整個社會秩序的空前混亂，大革命期間的武漢工業出現嚴重倒退。

二、工商業利好措施的制定

從一九二九年三月起，繼晚清之後，武漢再一次進入中央行政序列，工業發展受到來自中央和地方兩個方面的作用和影響。就中央層面而言，主要表現在一系列政策利好措施的推行，在宏觀上為武漢工業提供了一定的發展助力。

（一）制定國地分稅制財政體制

一九二八年經全國第一次財政會議議決，當年十一月，國民黨政府正式頒佈《劃分國家收支地方收支標準案》，規定屬於中央財政收入來源有：鹽稅、常關稅、海關稅、內地稅、煙酒稅、郵包稅、印花稅、所得稅、國家營業收入、中央行政收入及其他

9 武漢地方志編纂委員會辦公室編《武漢國民政府史料》，武漢出版社，2005年版，第380-381頁。

・一九三〇年漢口五豐麵粉廠成立。圖為該廠註冊的「得利」牌麵粉商標

屬於國家性質的現有收入；地方財政收入來源為：田賦（包括地丁、漕糧、租課及各項附加收入）、契稅（所有不動產典當契稅和各項附加收入）、牙稅（牙行登錄稅、營業稅和各項附加收入）、當稅（所有典當、押店登錄稅、營業稅和各項附加稅）、屠宰稅、內地漁業稅、船捐（係指航行內河的帆船、劃船等捐項）、房捐（係指都市、城鎮的房捐和各項附加收入）、營業稅（所有牙行、典當等設有專稅者以外的各種商業營業稅收入）、市地稅（係指較繁華都市的宅地稅和各項附加收入）、地方財產收入（所有地方公有財產的各項收益）、地方事業收入（係指地方非營業性收入）、地方行政收入（指地方機關各項行政收入）、補助款收入、地方營業收入、其他收入等各項收入。地方財政並被劃分為省、縣、區、鎮、鄉或特別市、省屬市、區、坊兩個系統。在分稅制體制確定後，逐漸形成了以關稅、鹽稅、統稅為主的中央財政收入結構，以及以田賦、契稅、營業稅為主的地方財政收入結構。國地分稅制的建立，改變了過去混亂的財政狀況，解決了國地稅收矛盾，有其積極的意義，但分稅制本身亦不完善，主要表現在中央對地方稅收沒有統一的徵收方案和稅率標準，埋下地方稅徵收稅率過高，雜稅、雜捐過多等隱患。

（二）裁撤釐金辦統稅

釐金是晚清政府為籌措軍費，鎮壓太平天國運動而設立的，在主要水陸關卡向過往客商徵收的貨物通過稅。因其造成市場分割、商品成本增加，在民國前十六年一直深受詬病，但因釐金是地方軍閥的重要資金來源之一，在軍閥割據的政治環境下，裁釐一直只能停留在輿論層面。一九三〇年，南京國民政府宣佈裁釐，「定於民國二十年一月一日廢除釐金制度，以減輕人民負擔，而謀工商業之振興」[10]，所有全國之釐金，及由釐金變名之統捐、專稅、貨物稅、鐵路貨捐、郵包稅、落地稅及正、雜各稅中之類似釐金者，並海關五十里外常關稅、內地常關稅、子口稅、副子口稅均一律廢除。一九三一年六月又將五十里內常關稅裁撤。國民政府在裁撤釐金的同時舉辦了統稅，對國內工業品按一物一稅原則一次性徵稅後即可通行全國，不再徵收其他稅捐。一九三一年一月設立統稅署，對捲煙、麵粉、棉紗、水泥等項並征統稅，後又擴大範圍至啤酒、燒酒、熏煙等項。廢釐改統措施的實施，改變了釐金制度下關卡林立，商品流通過程中被反復徵稅的亂象，在一定程度上扭轉了中國民族工業同外國工業競爭時所處的不利地位，客觀上促進了民族工業的發展。裁釐措施，受到武漢工商業者的歡迎，一九三〇年六月，裕華紗廠董事長、湖北全省商會聯合會主席蘇汰餘就裁釐致電蔣介石，懇請如期推行，「以國民雖有於本年雙十節裁撤釐金之令，但為時伊邇，能

10　榮孟源《中國國民黨歷次代表大會及中央全會資料》上冊，第902頁。

否如期裁撤，不無疑慮，決議電呈鈞長籲懇積極進行，如期實現，以拯民生，而維商業」[11]。一九三一年漢口市啟動裁釐，一月十日漢口市財政局局長吳國楨致電財政部，說明裁釐進展，「職局所轄牛皮蛋捐及豬牛羊捐兩徵收處已於一月一日實行裁撤，業經佈告，並督飭該徵收處趕辦結束。惟漢市稅收，均係就原有稅目整理。自國楨接事以後，凡屬苛細擾民之捐，先後呈准裁撤者計十二項之多，從未增加新稅。今遵電令，將類似釐金之牛皮蛋捐、豬牛羊捐又復裁撤，每年約減收三十餘萬元，明知與本年度預算不無牽掣，支應極感困難」。吳國禎同時希望營業稅徵收辦法儘快出臺，彌補裁釐後出現的財政缺口，「鈞部對此項稅法必有成規，敬乞頒示，俾有遵循」[12]。三〇年代，隨著裁釐改統在武漢的推行，稅收問題的焦點轉移到營業稅稅率問題。

（三）統一度量衡

長達十六年的軍閥割據連年混戰，國內各地度量衡極為混亂，給地區之間的經濟往來帶來很大不便，嚴重阻礙社會經濟發展，如僅漢口一地，「通常實用之度量衡種類，已不下二三十種」[13]，以量器為例有公斛、漢斛、樊斛、衡斛、雜量斛，衡器

11　中華民國史檔案資料彙編第五輯第一編財政經濟（三）稅制與稅收，江蘇古籍出版社，1994年版第315頁。

12　中華民國史檔案資料彙編第五輯第一編財政經濟（三）稅制與稅收，江蘇古籍出版社，1994年版第327頁。

13　《漢口市政公報》第2卷第9期，第127-128頁。

有錢秤、曹秤、加一秤，極為混亂。一九二八年，工商部擬定《中華民國度量衡標準方案》，決定採用萬國公制並輔以市用制。一九二九年宣佈實施《度量衡法》，一九三〇年一月成立國家標準局。為配合《度量衡法》的實施，一九三一年二月，漢口市成立漢口市度量衡檢定所，檢查和檢定全市度量衡器具，規範全市度量衡器具製造、販賣、維修。一九三三年之後全國一般的稅款和關稅、鹽稅的徵收都以新的度量衡為標準。

(四) 開啟關稅自主運動

南京國民政府建立後，於一九二八年六月五日發表關稅自主宣言，宣佈北京國民政府時期與各國所訂的各種不平等條約，「應進一步遵正當之手續實行重訂新約」，著手收回關稅自主權。其後，南京國民政府分別與各國談判收回關稅主權問題，到一九二八年底，除日本外，美、德、挪、比、意、丹、荷、葡、英、法等，相繼與南京國民政府簽訂了「友好通商條約」或「新關稅條約」，承認了中國的關稅自主權，將協定稅則改為國定稅則，進口稅率由值百抽五改為差等稅率，由值百抽 7.5 起，最高達值百抽 27.5。此後在一九三一年、一九三三年、一九三四年三次修改並提高進口稅率，最高達值百抽 80。雖然關稅自主運動沒有獲得關稅的完全自主權，限定對外國貨物所課最高稅率，不能超過一九二五年關稅會議所規定的差等稅率，海關行政仍沒有獨立，但關稅自主權的部分收回，對帝國主義商品傾銷起了一定的抑制作用，保護了國內民族工業的發展。

三、地方政府工業發展計畫的實施與不足

一九二七至一九三七年，武漢三鎮的行政區劃歷經了頻繁的變動。一九二七年四月十八日，武漢市政府正式成立，武昌、漢口、漢陽首次統一在一個行政區劃內。一九二九年四月五日，蔣介石中央軍接收武漢，改武漢市政府為武漢特別市政府，隸屬於國民政府行政院，以武昌、漢陽、漢口為轄區。同年六月，武漢特別市政府又改為漢口特別市政府，轄漢口、漢陽為管轄區域，武昌所有行政事務移交省政府，在湖北省建設廳內設武昌市政工程處。一九三〇年五月，漢陽併入漢陽縣由省政府管轄。一九三一年七月，漢口特別市又改為漢口市政府，直接隸屬於湖北省政府。一九三二年四月，漢口市政府再次改為特別市，隸屬行政院，到七月復改為省轄漢口市。此後直至一九三七年，武漢三鎮區劃再未出現大的變動。三鎮行政區劃的分合無常，導致地方政府對工業發展措施缺乏統一規劃，實際上按照省建設廳、漢口市兩條線分開進行（漢陽劃歸省轄後，工業建設也在省建設廳安排計畫之內）。就具體開展情況而言，更是不如人意。

（一）省建設廳武漢地區工業建設乏善可陳

根據一九三二年呈湖北省政府的《修正湖北省建設廳辦事細則草案》，省建設廳第四科第一股份管全省省有工業之計畫管理事項和全省民有工業之監督取締及改良。從實際開展情況看，省建設廳工業建設主要圍繞既有省屬工業的修繕與水電基礎工業建設，但成績寥寥。一九三二年到一九三四年，省建設廳開展的工

業建設只有如下數項：

修補湖北省紡紗官局廠屋改建地坪。一九三二年「於八月經建設廳擬具計畫，呈請本省政府九月間按照計畫搬遷機器，本月除繼續搬遷機器十分之二，合上月共為十分之六，並拆除地板，以符原定計畫，並將搬遷機器部分之地坪底腳填土約五十方」[14]。到一九三三年「紡紗管局修理房屋工程五月底內可以完工，一俟計畫完善後即行籌備開工」。但直到一九三七年重開紗局計畫依舊沒有實現。設立手工造紙傳習所。一九三二年十一月啟動，「為輔助農村經濟而設，前由建設廳呈准有案，本月下旬白沙洲造幣廠駐軍開拔後，著手就該廠辦公室及經理室計畫修理，作為廠址並由該廠佈告招考學徒」[15]，到當年十二月修理竣工招徒開學。

修建武昌水廠。「武昌自來水廠歷年均有計畫只因預算需款過巨，未能見諸實行」，一九三三年四月省建設廳「從儉設計，利用製麻官局被焚廠址及慮缸水池部分，加以改革，就武昌西區分設水站七處，預算全部工程費約四萬五千元」，「預計六月底可以放水供給」[16]。後工程一再拖延，限於經費短缺，從大規模水廠計畫改為臨時水廠，到一九三四年三月始試車送水，「每日

14 湖北省檔案館藏：湖北省政府關於造送湖北省十月份省政報告書表的呈文 LS1-1-62。

15 湖北省檔案館藏：關於造送湖北省十一月份行政報告書的呈文，LS1-1-63。

16 湖北省檔案館藏：湖北省政府建設廳關於一九三三年四五六二個月行政計畫祈核的呈文附：湖北省政府指令公市 3625 號，LS1-1-66。

・二十世紀三〇年代，漢口瓦斯燈廠技術人員裝配燈頭零件

出水量為一百萬加侖，足供城內五分之一居民應用」[17]。

招商承租湖北氈呢廠。一九三三年湖北省建設廳將湖北氈呢廠招商列入當年十、十一、十二三個月行政計畫書，但直到一九三七年招商工作沒有取得任何進展。

籌設機器廠。同樣在一九三三年開始籌畫，「本廳以僅修船費一項年需貳萬元，倘自營此項企業不特較為經濟，且對於華中各項機械工業可資促進發展，茲就白沙洲已廢棄造紙廠原址」，「向財政部武昌造幣廠撥用保管機件籌畫設立」[18]。到一九三四年五月開工，「利用舊有紗局機械」，承修各輪船木駁。當年維修各種類型輪船五十餘艘。[19]

整理武昌電燈廠。此項工作被列入一九三三年省廳四、五、六三個月行政計畫，經過整理，「初步計畫完成，照度已經距標

17 湖北省檔案館藏：湖北省政府一九三四年全年施政綱要實施情形報告，LS1-1-112。

18 湖北省檔案館藏：湖北省政府建設廳關於一九三三年四五六三個月行政計畫祈核的呈文附：湖北省政府指令公市3625號，LS1-1-66。

19 湖北省檔案館藏：湖北省政府一九三四年全年施政綱要實施情形報告，LS1-1-112。

準所差無幾」[20]。

一九三五年到一九三六年，省廳工業建設則處於停滯狀態。在一九三五年度湖北省政府全年計畫中，工業類下只列實行工廠檢查一項。[21] 到一九三六年，湖北省政府行政計畫建設廳工作中，乾脆不再列入工業類。

（二）漢口特別市國有工業建設基本缺失

相較於省建設廳乏善可陳的工業建設實效，在一九二九年到一九三一年漢口特別市設立時期，對國有工業建設則處於完全缺失的狀態，甚至沒有相應的建設計畫。一九三〇年，國民政府制定包括特別市和普通市在內的《市組織法》，在市職務中明確有「農工商業之改良及保護事項」。但顯然此時期漢口特別市政府對工業建設沒有給予足夠的注意力。根據漢口特別市政府一九三一年四、五、六三個月行政計畫，涉及工業的事項，僅有組織中國工商管理協會漢口分會、設立工商諮詢委員會、編制各項工商調查表等內容，工業建設則根本未列入計畫。漢口特別市時期，唯一帶有官辦工業色彩的是有社會救濟性質的貧民大工廠和貧民教養所下設的貧民習藝工廠。「本市貧民大工廠，創自前清，規模頗大，極盛之時，曾開機數百乘，容納工人數千人」，但因

20 湖北省檔案館藏：湖北省政府建設廳關於一九三三年四五六三個月行政計畫祈核的呈文附：湖北省政府指令公市 3625 號，LS1-1-66。

21 湖北省檔案館藏：湖北省政府關於報送、分發湖北省一九三五年行政計畫的呈文、諮文、訓令、函，LS1-1-129。

「歷任虧累，遂致營業日行衰敗」[22]。一九二九年十月漢口市政府二十一次會議修正通過《貧民大工廠監察委員會之組織》，設立監察委員會在廠帳目稽查、基金用途上予以監督。貧民習藝工廠原是貧民教養所下的簡易工廠，一九三〇年十一月改為貧民習藝工廠，「內分八部，1. 織工部，2. 縫紉部，3. 木工部，4. 竹工部，5. 鞋工部，6. 草工部，7. 襪工部，8. 鞭爆部。每部設藝師一人，共有工徒一百七十餘人」，而且「經費困難，材料既時虞缺乏，工餉亦無從籌措」，「該廠出品，則現有毛巾絲光襪，以及草鞋，竹墊種等類」[23]。從上不難發現，漢口特別市政府在工業建設方面的嚴重缺位。唯一可以圈點的是，對漢口工業區域布局上的安排，一九三〇年六月，漢口特別市工務局對全市分區計畫，對工業區設計為「襄河上游礄口以上宗關一帶，及揚子江下游諶家磯附近原有磚廠、石灰廠、麵粉廠、紡紗廠、香煙廠、肥皂廠、造紙廠等重要工業，水有江河之便，陸有鐵路之利，根據原有事實，故仍劃為工業區。宗關一帶沿襄河者為第一工業區，日租界以下諶家磯附近沿揚子江者及平漢鐵路一帶為第二工業區」[24]。

22 《漢口市政公報》第 1 卷第 4 期，第 196 頁。
23 《漢口市政公報》第 2 卷第 10 期，第 87 頁。
24 《漢口市政公報》第 1 卷第 12 期，第 167 頁。

四、地方政府基礎設施建設對工業發展的部分促進

與工業建設的嚴重不足相反，省市地方政府在基礎設施建設方面走上快車道，尤其是漢口市政建設在現代城市規劃理念下取得了不俗的成績，同時湖北省內公路交通、省際民運航空、郵電等方面也發展迅猛，為武漢工業發展創造了一定的硬軟體條件。

（一）市內道路建設

一九二七年之後，武漢市政府尤其注重以現代化道路修建為主的市政基礎設施建設。從一九二九年民生路的修建，到一九三二年十月民族路的竣工，漢口實施了民生路、三民路、民權路、民族路等現代化柏油馬路的修建，鋪設了除德租界、俄租界和日租界外沿江大道上下兩段華界的柏油路，改善了漢口商業區的市容面貌，促使港口貨物交通的直達和快速聯繫，增強了漢口港埠的吞吐功能。在鐵路外的新市區，先後修建了航空路、新華路、比楊路、石橋路、江橋路、中黄路、惠濟一路、惠濟二路等碎石路、煤渣路和土路幹道。民國中期，漢口還多次翻修了中山路（今中山大道）和中正路（今解放大道）。同期，武昌也進行了大規模的道路建設和改造。一九二九年拓寬修建了漢陽門正街，改築了漢陽門輪渡碼頭和附近堤岸，一九三二

・一九三〇年修築漢口三民路時安裝下水管

年改擴建大東門路（今武珞路閱馬場至街道口武漢大學門前），一九三三年新修擴寬平湖門江岸至東廠口平閱路（今彭劉楊路和武珞路自湖北劇場至首義路段），一九三四年沿江馬路正式路面延伸至文昌門，一九三六年開闢武昌環城馬路，同年修建中正路，改善了武昌中心城區的交通、商業、市容和環境衛生。

（二）省域交通建設

完成京川幹線、汴粵幹線和洛韶幹線湖北境內公路的修建。三條幹線公路湖北境內共一千七百八十七公里，支線十五條，境內長二千三百四十二公里，其中京川、汴粵兩條公路在武漢交叉，加快了商品運銷，促進了武漢工業品向內陸腹地和西南農村的延伸、擴張。作為京川幹線鄂境東段，柳子巷至界子墩公路從一九三一年開始分段整修，到一九三七年完工。漢宜公路是京川幹線鄂境中段，從一九二九年起，分東、中、西三段，在漢宜鐵路路基上進行修建，到一九三六年冬竣工。巴石公路屬京川幹線鄂境西段，經建始、施南（今恩施）、宣恩、咸豐至鄂川交界的石門檻，長三百四十三公里，至一九三六年十月全線路面鋪設完畢。一九三六年，全省已建成公路長度總計四千零一十六公里，是一九二八年七百七十六公里的五點一五倍。在武昌進出城交通方面，一九二七年，武昌至豹澥公路通車；一九二八年，武昌至金口公路建成。到一九三六年武昌去江西、湖南、咸寧、江西等地的郊區公路和城區進出公路先後通車。

（三）水路航運擴展

長江航運方面，一九三一年民生公司開發川江航線成功，一九三二年民生公司在開通渝滬直達航線的同時，在漢口設立辦事處，將航線延伸至長江中下游，先後在漢運營「民康」「民貴」等二十艘船舶，總噸位共約一點三萬噸。武漢本地輪運業也發展較為迅猛，一九三八年漢口本埠民營輪運業從一九二六年的 116 家發展到 196 家（除部分原有企業外，大都為新開航業），輪船 254 艘，其中約 80% 為一九二六年之後下水的新船，貨運中拖帶方式已較為普遍，其中拖輪達 105 艘，8357 匹馬力，噸位 5852 噸。客貨輪 149 艘，總噸位達 19452 噸。

（四）民用航空線路開闢

南京國民政府時期，武漢民用航空實現突破，開通多條航空線路。一九二九年，中美合營的中國航空公司（簡稱「中航」）正式成立，十月十二至十三日，上海至漢口航空線試飛成功。十月二十一日滬漢線正式開航，經停南京、九江。一九三〇年七月，中航公司與滬蓉航空管理處、中國飛運公司合併成立新的中國航空公司，由中美合資經營。一九三一年，中航公司新開闢了沿長江的漢宜航線和漢渝線，中途停宜昌、萬縣。一九三一年二月，交通部與德國漢莎航空公司合辦的歐亞航空公司在漢設立辦事處，一九三四年五月開闢北平—太原—洛陽—漢口—長沙—廣州線，並開闢北平—鄭州—漢口、漢口—香港、漢口—西安等航線。

(五) 郵電事業發展

三十年代中期，湖北郵政網路、業務量及營業收入均達到民國時期最高水平。一九二七年，全省郵路為 9977 公里，到一九三七年郵路總長度增長至 25668 公里，其中機動運輸工具郵路增至 7305 公里，占 27.5%；郵政業務方面，一九二七年全省各類郵件 2223.3 萬餘件，包裹 15.8 萬餘件，匯票 392.4 萬餘元，到一九三七年度，郵件增至 5874 萬餘件，包裹達 50 萬餘件，匯票共 1559 萬餘元。一九二七年之後，電信發展非常迅猛。電報方面，一九二七年全省電報杆路 4867 公里，線條 9672 公里，到一九三八年九月，全省報話線路杆路增至 9242 公里，線條 27643 公里，全省 87% 的市、縣有長途電信線路通達。長途電話在 30 年代中後期得到長足發展，一九三五年國民政府交通部籌建九省長話，到一九三六年南京至漢口、漢口至長沙、漢口至鄭州長話線路相繼竣工，開放通話；一九三七年，漢口、廣州間開放直達通話。市內電話方面，一九三五年武漢電話局線路里程達到 33832.42 公里，比一九三一年增加 8623.78 公里，電話機 8500 部，增加 3240 部，[25] 且全部使用自動式電話機。

第二節 ▶ 「黃金十年」武漢工業的跌宕發展與衰退

據漢口市政府社會局統計股一九三〇年六月統計，漢口市用

25 《湖北省年鑑》，1937 年卷，第 747 頁。

工三十人以上民族工業企業共有一百四十七家，工人人數約在二點四萬人[26]，到一九三六年八月實地調查，漢口市同等規模民族工業企業達到三百八十五家[27]。從漢口一地工業發展前後資料的對比上可以窺見，「黃金十年」武漢工業實現了較快增長。但細究增長的軌跡和品質，一九二八年之後，全市工業發展起伏不斷、極具波折，呈現出一條 U 形走勢，而且與全國其他工業城市相比，增長速度較為緩慢，到三〇年代中期，武漢在全國重要工商業城市中的地位出現明顯下滑。

一、武漢工業的進步與發展

儘管在一九二八至一九三七年，武漢工業有過半的時間處於蕭條和探底期，但並不代表武漢工業沒有取得任何成績，事實上，這一時期武漢部分工業行業克服了多種不利因素，繼續向前發展。

（一）部分行業取得較快發展

一九三〇至一九三六年，全市新建符合《工廠法》規定工廠有四十九家（包含新改組企業），新建符合《工廠登記法》工廠更達到將近三百家，工業門類也更加齊全。

在機器工業方面，新建大隆機器廠、公記機器廠、中國煤氣

26 《漢口商業月刊》1934 年第 1 卷第 5 期。
27 從《湖北年鑑》第一卷中分析得出。

機製造廠三家民營機械企業。其中於一九三四年成立的中國煤氣機製造廠，資本額五萬元，年產值十萬元，可以生產木炭代油爐煤氣汽車、木炭代油爐煤氣抽水機、木炭代油爐煤氣發電機、木炭代油爐煤氣汽船、木炭代油爐煤氣引擎等。紡織業方面，出現此一時期屈指可數的投資上百萬元的穗豐打包廠。

・一九三七年六河溝鐵廠的煉鐵爐與熱風爐

化學工業取得長足進步，先後建立漂染廠、肥皂廠、油餅廠等各類企業十一家，其中資本總額達五萬元以上企業有六家，十萬元以上企業三家。火柴業方面，一九二七年，燮昌火柴廠因宋煒臣投資失敗停產，於三年後以三十萬銀元價格賣給上海大中華火柴公司。一九三二年，楚勝火柴廠正式開工生產，填補了燮昌倒閉帶來的行業空缺，楚勝火柴廠起初規模較小，只能日產火柴二十四箱，一九三五年添置設備後，日產量達到一百箱。

煙草業方面，漢口南洋兄弟煙草股份有限公司礄口仁壽路製造廠，於一九三四年八月一日正式開工，到一九三七年，該廠有新捲煙機十一臺、舊捲煙機十八臺，最多每月製煙二千五百箱。

飲食業發展尤為顯著。一九三〇年，五豐機製粉廠設立，資本額達到三十五萬元。植物油榨油廠新開辦五家，其中位於漢陽的立豐油廠在一九三〇年開辦，投資額達二十萬元，擁有較為先進的水壓機式榨油設備五部。全市小規模機器碾米廠更是達到上百家。

（二）工業現代化程度提高

在水電工業的發展帶動下，全市工業現代化水準得到較快提升，一批手工業工廠向現代工廠轉變。三〇年代，全市新成立的小規模工廠（符合《工廠登記規則》）共有二百六十七家，其中百分之九十以上均實現以水電為動力進行生產。

同時，一批企業進行了技術革新，生產設備得到改良。在棉紡織工業方面，到一九三五年，裕華紗廠細紗機全部改為立達式（Leiter）大牽伸，原來細紗機牽伸倍數只有七倍左右，而立達式大牽伸的牽伸倍數可達十一至十二倍。一九三四年災後重新投產的申新第四紗廠，擁有撥拉脫細紗機二萬錠，三千千瓦拖平發電機全套，水管式高壓鍋爐二座，動力由「過去天軸轉動，現時全部改為馬達單獨轉動」，「過去車間機器縱橫，連一條大路都沒有，現時機器排列成行，巷道四通八

・二十世紀三〇年代裕華紡織廠的織布機

達」[28]。

榨油業的機械化水準得到一定提升。到戰前全市電力水壓式榨油機達到十四部，與傳統人工手搖螺旋機相比，出油率更高。肥皂製造業方面，在一九二六年後，三鎮較大的肥皂廠相繼擺脫手工生產，添置肥皂及香皂等生產機器。漢昌燭皂無限公司向德國訂制甘油提煉機，祥泰肥皂廠向日本購買香皂機，並開辦「廠中之廠」——中新香皂廠。

機器製造業方面，周恆順機器廠各種機床達到六十多臺，其中有德製十六英尺平面落地車床、英製二十英尺龍門刨床、德製萬能銑床和擂床、六角車床、自動螺絲車床等新式設備，動力也由蒸汽機發展為煤氣機、柴油機，共有動力設備三百匹馬力。

（三）形成一批漢產名牌產品

隨著工業技術水準的進步，創立了一批信譽好、市場認可度高的工業產品，武漢製造在國內打響了工業品牌。

作為僅次於上海的全國第二大棉紡織工業基地，武漢棉紡織業形成一批在全國有較高市場知名度的產品。武昌第一紗廠的「黑飛艇」、「藍飛艇」8 支、10 支紗，「黑獅球」牌 10 支紗，「黃獅球」、「白獅球」牌 10 支紗，「藍獅球」、「綠獅球」牌 16 支紗，「金獅球」、「銀獅球」牌 32 支紗；裕華紗廠的「賽馬牌」

28 龔培卿：《李國偉和他所經營的企業》，《武漢工商經濟史料》，武漢市政協文史資料委員會編印，1983 年版，第 163-164 頁。

．漢口第一紡織股份有限公司（亦稱武昌第一紗廠）「獅球」牌棉紗商

10 支標紗，「萬年青」牌 14 支紗、16 支紗、20 支紗，「雙雞」牌 16 支紗，「天壇」牌 32 支紗；震寰紗廠「全藍福祿」牌 10 支紗，「紅邊彩福祿」和「藍邊彩福祿」牌 16 支紗，「黃邊福祿」牌 20 支紗，「紫色福祿」牌 24 支紗；申新第四紗廠的「人鐘」牌 10 支、16 支紗，四平「蓮」牌 20 支、32 支紗。由於有著良好的產品聲譽，新中國建立後，還長期使用原有的產品品牌，如武漢第四棉紡織廠（原裕華紗廠）保留專用的「天壇」牌、「萬年青」牌商標，自一九五八至一九八五年，該廠生產的三十二支以下的紗支均用「萬年青」牌，三十二支以上的紗支沿用「天壇」牌商標；第五棉紡織廠（原震寰紗廠）從一九八〇年起，棉布恢復使用「福祿」牌商標。

在機器製造業上，周恆順機器廠在一九三一年，設計製造成功十二至十六匹馬力單缸立式煤氣機、四十五匹馬力立式煤氣機發電機組，煤氣機產量占全廠各種產品的一半以上。到一九三七年，武漢機器工業已能製造五千噸拖輪，十六至二百四十匹馬力煤氣機、一百三十五匹馬力煤氣發電機、小型柴油機、農副產品加工機械及簡易機床。

粉麥加工業方面，福新五廠生產的「牡丹」牌麵粉，色澤潔白、筋力長、無牙塵，產品口感絕佳，暢銷湖北全省以及全國各埠（北至東北、京津一帶）。

此外，武漢生產的「漢陽造」，「雙獅」牌火柴，「大公」牌乾電池，「黃鶴樓」、「警鐘」、「長城」牌肥皂等產品行銷外省，在國內有著較高的市場認可度，頗受人們的歡迎。

二、三〇年代前期武漢工業的蕭條與衰退

工業發展的蕭條與衰退，是民國中期武漢工業發展進程中最為顯著的特點之一。一九三一年是武漢工業發展的一個重要分水嶺。首先從一九三一年開始，工業發展跌入長達五年的下行區間；其次，武漢工業的蕭條程度，較其他城市更為嚴重，這是武漢喪失在國內工商業城市中優勢地位的重要原因之一。

（一）工業衰敗的表現

在全市經濟探底的一九三四年，據《二十三年度漢口百業盈虧調查》顯示，漢口「就業別而言，則有贏無虧者僅只三數業，即銀行業、證券業、油業等是。其贏虧互見而贏多於虧者，亦不過六七業」，而「虧多於贏者竟占十之九」，「至同業全體虧折毫無盈利者竟有二十七業之多」[29]。

一九三四年，有學者對平漢、粵漢兩鐵路沿線出品展覽會進行了分析，從側面反映了武漢市面的蕭條。「漢口既屬九省通

29 《漢口商業月刊》1935 年第 2 卷第 8 期，第 7 頁。

衢，腹地聚散中心，則該兩路之出產，自應十九以漢口為集中地」，然而平漢沿線「工藝品三百二十有八，在漢口集中者不過二十有八而已」，粵漢線「工藝品一百一十六，集中漢口者三十九」[30]，漢口對全國工業品吸納程度之低，出乎人們的意料。

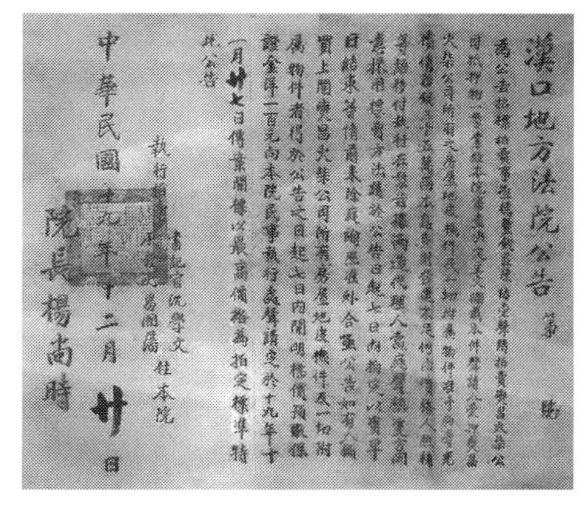
漢口地方法院公告

此公告

中華民國十九年十二月廿日

院長楊尚時

・一九三〇年十二月，漢口地方法院發佈的漢口燮昌火柴廠整體拍賣公告

經濟不景氣直接導致工業發展困難。紡織業方面，從一九三二至一九三五年，武漢各紗廠相繼出現停工、改組情況。其中，民生紡紗公司在一九三二年紗局 5 萬錠停工，一九三三年布局停紗機 5280 錠、布機 455 臺，一九三五年紗布局 90592 紗錠、655 臺布機全部停工；武昌第一紗廠在一九三二年停紗錠 10500 錠，線錠 2240 錠，布機 500 錠，一九三三年 88000 紗錠、1200 臺布機全部停工，直到一九三六年十月租與復興公司開工；震寰紗廠一九三三年六月二萬六千七百三十六枚紗錠、二百五十臺布機全部停工；情況較好的裕華紗廠在一九三二年停布機三十六臺，一九三四年停線錠一千枚；申新第四紗廠在一九三三年遭遇火災，紗錠損毀殆盡，直到一九三四年秋才重新開工。到一九三五年，

30 《漢口商業月刊》1934 年第 1 卷第 7 期，第 2 頁。

武漢市開機紗錠數，不足一九二九年的三分之一，全市紗廠失業工人達到二萬餘人。

針織業方面，一九三三年，漢口一地針織廠停產五十餘家；飲食加工業方面，全市碾米廠減少百分之四十，腸衣廠停業三家；化學工業方面，肥皂廠停業六家，一九三四年，火柴業在「民國二十年前，漢市整個銷場月四千箱，現僅能月銷二千箱」[31]。

由於武漢經濟發展的持續低落，出現設立漢口為國內自由市，以及建立武漢為中國工商業中心的建議。一九三四年，湖北省建設廳科長張延祥發表文章《提倡國貨與建設漢口為國內自由市》，文中提出「漢口市場不發達，則工業不振」，「為漢口市場計，為全國工商業計，漢口應建設為一國內之自由市場」，「凡國貨從漢口運往國內任何口岸，漢口及到達口岸，均免徵關稅，又凡國貨從國內任何口岸運到漢口，其起運口岸及漢口亦均免征關稅，而洋貨凡未經我國任何海關徵稅者，到達漢口，或經漢口起運，照章仍須納稅，餘所謂之國內自由市，係對內而言之自由市」[32]。一九三五年，武漢大學校長王星拱進一步提出建立武漢為全國工商業中心的提議。同年，李肇民在王星拱建議的基礎上，提出明確漢口為國內自由市，建設武漢為中國工商業中心的建議。上述種種提議的出發點，皆在於挽救異常衰落的武漢工商

31 《漢口商業月刊》1934年第1卷8期，第87頁。
32 《漢口商業月刊》1934年第1卷5期，第84頁。

業。

（二）工業衰退的全域性原因

二十世紀三〇年代，由於國內經濟發展基本面的惡化，包含武漢在內的全國各地工業發展都出現嚴重困難，造成這一現象的原因主要有以下幾個方面：首先，國際金融波動的衝擊。爆發於三〇年代的白銀風潮，是近代中國面臨的最大的以貨幣金融為核心的嚴重經濟危機。在此打擊下，全國經濟呈現整體不景氣狀態，武漢工礦企業也難以置身其外。

一九二九至一九三三年的全球性經濟大蕭條，並未直接波及國內，反而由於自一九二九年金融市場上持續的金貴銀賤趨勢，以及中國銀本位貨幣制度，吸引了大量外來資本，國內市面貨幣充足，利率水準下降，出現不同於歐美等國的「特殊繁榮」。但隨著一九三三年世界經濟會議《白銀協定》，及一九三四年美國《金法案》和《購銀法案》的實行，美國擴大在國內和國外同時收購白銀，致使國際白銀價格暴漲，一九三四年一月世界白銀價格為每盎司 035 美分，美國宣佈向國外購銀後，很快上升至每盎司 0.81 美分，到一九三五年年中，世界銀價從一九三二至一九三三年的低水準猛漲到峰值。世界白銀大漲給中國帶來災難性的影響，大量白銀不斷外流，在華外國銀行大量裝銀出口，白銀存量從一九三三年十二月到一九三四年十二月銳減二點二一億元。白銀外流導致幣值升高，物價下降，通貨和信用緊縮，市場購買力迅速下降，產品銷路呆滯，大批商品被積壓，價格一跌再跌。

第二，不合理的稅制。以棉紗為例，根據一九三一年一月二十八日公佈的《棉紗火柴水泥統稅條例》，棉紗統稅為兩級從量稅，23 支以下之粗紗，每包徵稅 8.58 元，23 支以上之細紗每包徵稅 11.625 元。紗支越細，納稅越輕，紗支越粗，納稅越重。華商紗廠在價格較低的低支紗上佔據較大份額，外資紗廠優勢體現在高支紗上，在此種不合理稅制下，華商反而承擔了更大的稅負。見表 6-1。

表 6-1 全國各籍紗廠外銷棉紗支數分配百分比

支數	1932-1933 年			1933-1934 年			1934-1935 年			1935-1936 年		
	華商	日商	英商	華商	日商	英商	華商	日商	英商	華商	日商	英商
1-10 支	97.1	2.1	0.8	95.4	3.8	0.8	97.4	1.9	0.7	96.9	2.1	1.0
超過 10-13 支	97.7	2.3	—	96.5	3.5	—	95.9	4.1	—	95.4	4.6	—
超過 13-17 支	74.1	25.6	0.3	75.6	24.3	0.1	77.9	22.1	—	76.9	23.1	—
超過 17-23 支	64.1	29.2	6.7	62.8	33.2	4.0	62.5	33.9	3.6	62.1	35.4	2.5
超過 23-35 支	48.6	50.7	0.7	45.5	54.2	0.3	46.8	52.5	0.7	39.4	57.9	2.7
超過 35-42 支	25.6	74.4	—	24.7	75.1	0.2	21.9	77.7	0.4	20.7	77.9	1.4
超過 42 支	18.0	82.0	—	27.8	72.2	—	15.8	84.2	—	13.3	86.7	—

從上表中可以看出，華商棉紡廠在低支紗上佔據優勢，而日商恰恰相反，在高支紗上比例更高。因而，一九三一年二月八日的《每日新聞》對稅率這樣評價：「日商紗廠獲得最有利的條

件。……日商對華商之優越地位，即在稅率之劃分，所謂二十三支為界限是也」[33]。

對統稅中出現的土洋稅率失衡問題，南京國民政府內部也有不同意見。一九三四年，實業部向財政部提出改善國貨稅捐和待遇的提案，「現行統稅稅率，棉紗卷煙兩項分級失平，重價稅輕，低價稅重，多不利於華商製品。酒精一物行銷國內，應照洋酒類稅章程購貼每百斤二十元之印花，而在租界發售，則不負擔此種稅項，亦欠平允」[34]。

印花稅稅率的修改特別具有典型意義。一九三四年，南京國民政府議決《印花稅法》，其中「稅率之規定，自三元以上至十元者貼一分，以後每滿十元加貼一分，至一元為止，較之現行印花稅條例所載關於上開各項以二分為止之稅率，驟增至五十倍之多」[35]。此舉使國內市場一片大嘩，反對聲四起，迫於壓力，一九三五年九月一日起實行的《印花稅法》做了部分妥協，在發貨、收據、帳單三個環節，以三元、十元、百元三級，各徵收印花一、二、三分。此種方案稅率雖較原印花稅條例有所增長，但已比之前議決辦法要大幅減少。

除劃歸中央的稅收設置不合理外，各地私自設立的各種稅捐，也給工業發展造成困難。一九三一年二月，在裁釐改統後，

33 嚴中平著《中國棉紡織史稿》，科學出版社，1955年版，第219頁。
34 中華民國史檔案資料彙編第五輯第一編財政經濟（三）稅制與稅收，江蘇古籍出版社，1994年版第455頁。
35 《漢口商業月刊》1934年第1卷第11期，第93頁。

南京中央政府曾有各地稅捐徵收的設定需經中政會討論後方可進行的命令，「中央地方一切對於人民強制之徵收，無論其稱為稅或捐或費或他種名目……其設定及廢止，均應先經中央政治會議決定原則，立法院審核內容，始得成立」[36]。但實際情況上，各地方政府尤其是實際由地方軍閥勢力統治的東南、西北等省，各種苛捐雜稅層出不窮。「（一）二十年秋，長沙徵收紗布堤公捐。（二）二十年冬，湖南舉辦產銷稅，棉紗每包六元。（三）二十一年夏，皖省徵收紗線特種營業稅。（四）二十一年夏，江蘇舉辦特種營業稅，棉花亦在其列。……目前紗銷不振，湘省為銷紗要區，如有徵稅，關係非淺。然雖函電交馳，湘省政府終以築路無資，堅持不允」[37]。

一九三五年廣東省又擬開徵進口餅類附加稅，為中山大學籌集建築費，「每擔洋二角五分，定於九月一日起實行」，此舉引發上海、漢口、無錫、常州、山東等油餅商反對，在各地油餅業同業公會的聯絡下，採取一致行動，向中央呈請禁止，甚至採取全行業停工停業的方式向廣東方面施壓。但由於彼時廣東正處於粵系軍閥陳濟棠的掌控之下，與中央分庭抗禮，即便是以全國性的行業力量向中央政府請願也難以取得實際效果。

第三，顛倒的關稅影響。南京國民政府建立後，發起收回權

36 中華民國史檔案資料彙編第五輯第一編財政經濟（三）稅制與稅收，江蘇古籍出版社，1994年版第316頁。

37 裕大華紡織資本集團史料編輯組編《裕大華紡織資本集團史料》，湖北人民出版社，1984年版，第126頁。

利運動，進行十年關稅自主改革，陸續與英、美、意等國締結新的關稅條約和友好通商條約，但新關稅的出發點不是保護國內工業企業的發展，而是以打著爭回利權的旗號增加政府財政收入。

一九三四年六月，財政部以「（甲）為補助財政暨維持實業起見，對於若干種進口貨物，酌加稅率。（乙）為調劑海外貿易起見，對於若干種進口貨物，酌減稅率」為原則對進口稅率進行修改，其中，「在甲項原則之下者，如棉花、金屬及製品、機器工具、葷食、日用雜貨、菜蔬、果品、子仁、化學產品及染料（一部份）、木材等」；「在乙項原則之下者，如印花機染紗織布匹、高級毛絨線呢絨、魚介海產品（一部份）、香菌、紙（一部份）、鞋底皮、椰子乾肉、白楊木等」[38]。在新修訂的關稅稅則中，棉花與棉布一項，棉布類減稅百分之十到五十，棉花則加稅百分之四十三。這樣的關稅稅制對洋布輸入有利，卻提高了國產棉布的生產成本，沒有起到關稅應有的保護作用，一增一減使國內棉紡織業遭受雙重打擊。

（三）工業衰退的地域性原因

除一般性原因外，武漢工業的急速衰退又與工業自身的內在結構矛盾、危害度強烈的自然災害迭次爆發等等區域性因素息息相關，使得同樣面對不景氣發展環境，武漢工業下滑程度表現得

38 中華民國史檔案資料彙編第五輯第一編財政經濟（三）稅制與稅收，江蘇古籍出版社，1994 年版第 102 頁。

更為嚴重。

根據一九三四年《實業部統計資料》顯示，在武漢、上海、天津、無錫、南京、青島六城市部分工業指標比較中，武漢綜合指標總評在六城市中名列第五位，其中大型工廠數在六城市中居第六位，大型工廠的職工數處於第四位，大型企業的資本規模居第五位元，動力設備居第四位，工業年產值居第五位。工業地位的變化，從全市工業支柱紡織業來看尤為明顯。一九〇八年，武漢華商的紗錠數占到全國華商的總紗錠數的 20.6%，比之於上海的 30.6% 只相差 10 個百分點。到一九三五年，武漢華商的紗錠數隻占到 3.0%，而上海則達到 31.9%，與無錫的 6.5%、天津的 4.6%、南通的 3.9%，都還少得多。

・一九三一年武漢大水，三鎮盡成澤國，一派百舸爭流的景象

這一時期武漢工業發展面臨的特殊性原因主要有：第一，武漢天然的區位優勢受到近代交通網絡發展的影響。武漢地處中國腹心並依傍長江黃金水道，控南扼北，承東啟西，享有獨一無二的自然交通條件。但到一九二七年隴海線陝州靈寶段完工，隴海線、津浦線組成沿海與中西部地區鐵路聯繫網，二〇年代川滬航線開通並日漸發達，促使沿海地區工業品可以直達西南、西北地方，至此武漢原先所享地理條件不復存在，上海等沿海地區工業觸角可以延伸至內陸地區。在鐵路運價上，平漢鐵路高漲的運費，也讓

商家頭疼不已，「平漢鐵路在民國十六年以前所訂各貨運價，尚稱平允，自後則年有增加，而加又複數倍，常有同一物品，同一路程，由平漢路運轉往來者，較之津浦隴海兩路所訂運價，高至百分之八十及百分之百不等……以致豫省出產各土貨，向之由平漢鐵路運漢而改裝出口者，今已改由隴海路東運入滬矣」[39]。

第二，自然災害的迭次侵襲。三〇年代國內自然災害頻發，華中數省的情況尤為嚴重。自然災害的氾濫加劇了農村經濟的衰退，對原已凋敝的農村市場，可謂雪上加霜。從一九二九年開始，湖北及其周邊省份，連年遭遇災害，城鄉居民購買力更加薄弱，造成武漢工業發展動力不足。

一九二九年，「各類蛋品來源缺乏，因天時不正，瘟疫流行及禾稻歉收所致，各種油類及芝麻等亦見蕭條」。

一九三一年，長江全流域大水，破壞嚴重。僅就湖北省來看，一九三一年大水，全省三十個縣被殃及，55% 耕地面積被淹，一百零二萬餘人受災。全省受災農家每家損失五百一十九元，災後重建只能以有限的資金解決急需之糧種、農具、牲畜等農業生產必須物品，對工業商品的需求度降低。

一九三二年，「上年慘遭空前水災，疲弊狀態依然如故」。

一九三四年，「本年華中諸省，由於旱災蔓延，頓呈悲慘痛心之景象，尤以湖北為最。鄉民之缺乏食物及其他生活資料者，

39 《對於平漢運價及營業稅整賣等問題呈省府文》，《漢口商業月刊》1934 年第 1 卷第 1 期，第 68 頁。

為數不下三百五十萬。農產因旱災所受之損失，總計達八千四百萬元以上之數字……每縣因受旱災影響，平均有十萬災民，或將近此數。至如黃陂、孝感二縣，災民均在二十萬人以上。」[40]

一九三五年，「漢口附近，所受水災，雖屬輕微，而出口土貨來源之鄂西及漢水流域，則慘遭淹沒……所有苧麻、棉花，收穫均歉。棉花產額僅供六十六萬九千八百公擔，以視客歲，銳減四十八萬五千八百公擔」。

依據《湖北省年鑑》（1937 年卷）統計，一九三五年湖北受災情況，較人們普遍熟悉的一九三一年大水災更為嚴重，一九三一年，湖北全省受災面積四萬六千四百二十一平方公里，而一九三五年，則達到了五萬六千五百七十二平方公里，增加一萬　一百五十一平方公里。棉花產量銳減，棉價上揚是自然災害的一個直接後果，一九二〇至一九二九年，湖北省年平均產棉三千五百八十二千公擔，而從一九三一年開始，棉花就出現長期歉收，見表 6-2：

表 6-2 二十世紀三〇年代湖北棉產量統計（千公擔）

年份	1931	1932	1933	1934	1935
棉花	1121	1641	2251	1595	1452

與之相對應的是，棉花價格一直居高不下。一九三五年十二

40　《漢口商業月刊》1934 年第 1 卷第 12 期，第 19-20 頁。

月九日，裕華在複江漢關的信中寫道：「本年本省棉產因災害影響，較之上年只有一半收成，以致價格峰提。紗布價格因亦稱提，但終不及花價之高漲。」結果「難以〔得〕利」[41]。其造成的「花貴紗賤」結果，是形成三十年代棉業危機的重要原因之一。

自然災害還對武漢工業造成了直接衝擊。以一九三一年大水為代表，武漢各類型工業都受到嚴重波及。「武漢三鎮，被災人口，據二十年八月底當地公安局調查，計漢口為 113368 戶、550087 人，武昌 31358 戶、144988 人，漢陽 18861 戶、107112 人……而水災之後，自表面視之，市面似已逐漸復蘇，但各業所受之損失，不論間接直接有形無形，一時時難恢復原狀也」。[42] 根據實業部調查統計，一九三二年武漢工業元氣還遠未恢復。

分開來看：針織業方面，漢口襪廠水災前有一百餘家，災後陸續倒閉停工，到一九三二年僅存五十餘家，而且資本額在一千元以下者達到四十一個，均是旋起旋滅的家庭作坊類小廠；手工織布業方面，「水災發生以前，本業大小尚有十家，水災以後，倒閉協記合作社華中等三家，其餘亦交易清淡，收賬不靈，極感困難」；絲邊業在「水災以前，情形甚佳，水災發生，近地銷場停滯，出品亦逐日減低」，漢口兩家駝絨生產企業，水災以後

41 裕華公司複江漢關函，1935 年 12 月 9 日，武漢市檔案館藏檔 109-1-268。

42 實業部編《武漢之工商業》，1932 年版，第 20 頁。

「雖仍勉力維持原狀，然實際上已無營業可言，較前減少一半」；礦米業各廠「因地位接近河道關係，損失極巨，各廠有形損失，約計十餘萬元，無形損失，與水災前較，約損失百分之三四十」；榨油業「各廠完全停工，迄今未能恢復原狀，企業以原料無多，運輸困難，不能發展」；紐扣業「水災以前，營業頗佳，自水災發生後……民間困苦達於極點，影響所及業務凋落，十之六七相繼停業，存者僅能支持而已」；六河溝鐵廠（原揚子機器廠）「全廠淹沒，機件均被水浸生銹，尚須重修，本廠圍牆，亦全部沖毀」[43]。

第三，沉重的地方稅負。僅以裕華公司為例，一九二八至一九三〇年間，裕華各項稅捐為 290251.02 元，而同期裕華的帳面盈利總額不過才 605197.43 兩元，繳稅額達到利潤的 48%。賦稅壓力使得武漢紗業發展十分困難，一九三三年，湖北紗廠聯合會曾向國民黨政府致函，要求減低稅捐，呼籲「我國紗廠暗中頗受其（日本）傾軋，倘再加重捐稅，則國貨廠紗益失競爭能力，將來日貨之充斥，恐尤甚於近日，因小失大，遺患無窮」[44]。

43 實業部編《武漢之工商業》，1932 年版，第 30 頁。
44 陳真編《中國近代工業史資料》第一輯，生活．讀書．新知三聯書店，1961 年版，第 716 頁。

表 6-3 裕華棉紗產量與稅負增長比較表

年份	裕華			
	紗產量（件）	指數	稅額（元）	指數
1930	33520	100.00	58908	100.00
1931	24756	73.85	150939	256.23
1932	40802	121.72	308133	523.07
1933	41107	122.63	383340	650.74
1934	46639	139.14	427912	743.38
1935	33994	101.41	354399	601.61
1936	41977	125.23	428418	727.27

從表 6-3 可以看出，自一九三〇年到一九三六年，裕華棉紗產量增長 25.23%，而稅負總額卻增長了 627.27%。同樣的，震寰紗廠在一九二九年一年就被武漢市政府及公安局以「借用」為名勒索了白銀六萬多兩，這還不包括每年攤派的各種債券以及苛捐雜稅。

在漢口市商會第四次會員代表大會上，各行業工會紛紛把矛頭對準苛雜的各項稅捐，劇場業公會在提案中指出，「敝會各劇場在惜，原經市府稅捐稽征處定有遊藝場捐，教育附加捐兩種……民二十年水災以後……複更將教育附加捐改作遊藝捐，再加以遊藝場捐，廣告捐，內外海報捐，傳單捐，戲單捐，遊行捐，廣告燈捐，燈片捐，牆壁捐，等等。名目繁多」。

而最受苛責的是加之於商品流通領域的高額營業稅，使得三鎮市面更加蕭條。「查營業稅為裁釐後創辦之新稅，以為較釐金簡單，殊不知營業稅為一種行為稅，在釐金完納一次，則可通行全省，統稅更可通行全國，在營業稅則不然，於同一區，如有二個或數個營業行為，均須課稅，較之釐金實為變本加厲」。在徵收對象上，完全違背統稅要求，「營業稅舉辦之處，對於已完納統稅之紗布，應在免徵營業稅之列，與火柴，水泥，香煙，麵粉已徵統稅者，同一待遇，用昭平允，而後獨對紗布一業稅率，定為千分之一五，迭經據理力爭，施改徵千分之〇七五，（每包棉紗以三百元計，須完納稅洋二角二分五釐。）……年來迭次增加，現課徵至千分之五，每包棉紗須納完稅一元五角有奇」。且稅率不斷增加，「本省現行之營業稅率，失之過重……原訂稅率，尚屬適中，乃自改照三級制徵稅以後，所加不止倍蓰」。

在稅率設計上也是問題重重，「又查民國二十年全國裁撤釐金，舉辦營業稅項，事關通案，允應遵行，惟本省原訂徵收章程，對於整賣與零賣業完稅辦法，本有不同，係規定凡屬於批發整賣者，其營業稅率得按定章減半徵稅，開辦之初，尚稱便利，嗣後修改章程，竟將此條取消，致與零賣業同等繳稅，待遇顯有不平，商賈相率他徙。蓋以整賣商號，其貨物完全以銷售外省為目的，若本市稅率加重，則成本高而售價自當較巨。在外省客商欲買廉價之貨，勢必舍漢口而向無稅或稅之較輕之省埠購辦，則本市之貨，僅賴本市之銷售，不惟市面難期其繁榮……」[45]。

即使在災年，武漢營業稅也沒有絲毫減少。一九三五年水災後，省財政廳援引一九三一年成例，豁免了部分災區營業稅，但「漢口區營業稅局所轄之漢口市，未被水淹沒，毋庸免徵」，並

45 《漢口商業月刊》1934年第1卷第1期，第68頁。

且還加重了稅收比重，「特根據二十二年度實徵加一成數為標準」[46]。甚至因為市面蕭條，營業不暢，而把徵收方法從實收實徵，改為扯計法。一九三五年，嚴重的衰退使營業稅問題再次成為眾矢之的，「商品價格減低出售，而政府之營業稅不能比例地減低，反而逐年增高，甚而因營業額減少，而實行扯計法」。

營業稅的壓力下，武漢各工業廠商為增加銷售，不得不減少流通環節，向外發展。「廠方因有營業稅法第一條除外規定之解釋，予以直接向外埠設棧銷貨之機能」。也導致武漢本地一些民族中間廠商的倒閉。「一九二六年，除了德昌、德華二家外尚有華商腸廠十餘家。他們把腸衣賣給輸出的洋行，漸漸這些洋行自己設了腸廠，不再向華商腸廠收購腸衣。到抗戰前夕，華商腸廠幾乎全部停工了」[47]。

「在民國二十年前腸業廠莊俱為華商經營，並無外商設廠製造，迨營業稅創始之初，我華商腸業計十數廠莊，每廠納營業稅捐五七十元至百餘元不等，是時外商僅德昌洋行設立腸廠，因外商不完納廠內營業稅捐，致華商經營之腸廠腸莊受稅捐重複負累難持，逐漸歇業……現華商腸廠僅春記，義生兩廠名義存在，實際上係代外商腸廠製造監工而已。」

第四，地方保護主義的限制。地方保護主義是武漢工業發展

46 《漢口商業月刊》1935 年第 2 卷第 10 期，第 111-112 頁。
47 曾兆祥主編《湖北近代經濟貿易史料選輯》第 2 輯，1984 年版，第 323 頁。

面臨的又一項困難。南京政府建立後，在形式上建立了統一的中央政府，但全國性統一市場遠未形成。漢產工業產品，除行銷本埠外，向以湖南、江西、四川為主要銷售市場。一九三四年，湖南省府為了保護湖南第一紗廠，頒佈《湖南省棉紗管理規則》限制外省棉紗入境，《規則》規定：外省「棉紗運到設有管理所地方，向管理所登記；棉紗銷售時，須請由管理所填發運單，每件繳費 2 角；管理所考察棉紗需要之情形，方能填發運單，以免供過於求」。湖南棉紗管制措施實施後，立即對武漢棉紡織業產生不利影響，裕華董事長在托人給湖南棉紗管理所所長的信函中說明，「裕華紗廠，其所出之十六支雙雞、萬年青兩種棉紗，原以常德、漢口、貴陽為其主要銷場。自貴所成立以後，半載以還，僅運過一百包」[48]。

三、一九三六年後武漢工業的復蘇和畸形繁榮

一九三五年底，隨著南京國民政府幣制改革的推行，以及農業的豐收，市場豐盈度增加，國家經濟形勢日漸好轉，武漢工業觸底反彈，得到較快發展。一九三七年七月，全面抗戰爆發後，隨著華東地區的一一淪陷，武漢成為全國僅有的工業門類齊全城市，受戰爭刺激，工業發展進入為期數月的短暫畸形繁榮期。

48 裕大華紡織資本集團史料編輯組編《裕大華紡織資本集團史料》，湖北人民出版社，1984 年版，第 121 頁。

（一）工業形勢的全面扭轉

一九三五年十一月四日，南京國民政府以財政部名義，發佈《財政部關於施行法幣佈告》，廢除銀本位制，實行匯兌本位制，行使法幣，實施紙幣政策。幣制改革啟動後，定每1元法幣合英鎊1先令2便士，按照世界銀價市場計算，1元法幣應合英鎊1先令10便士，即每1元錢的實值被壓低為6角5分，實際是變相貶值。貨幣價值降低，貨幣流通量得以增加，之前因白銀外流而導致通貨緊縮、物價不正常下跌現象消失，物價水準開始回升。同時，一九三六年全國重要農作物豐收，「米稻產量增2500萬市擔，棉花產量增670萬擔，小麥增3500萬市擔，豆類增2400萬市擔，農產品價值當增10萬萬元以上」。在幾方面綜合作用下，城鄉居民購買力上升，進而帶動全國工業復蘇。武漢工業也隨著經濟大勢的好轉，開始強勁反彈。

・漢口申新第四紡織廠「松猿」牌商標

首先是棉紡織業全面復興。一九三七年裕華董事會上的報告道出了武漢棉紡織市場的良好態勢，「上年（1936年）下半年營業狀況，半年盈利七十萬元有奇……以迄於今均屬直步青雲。實為歐戰後所僅見，乃紡織廠否極泰來之良好機會」。[49] 與裕華相同，武漢各大紗廠經營形勢紛紛向好。以一九三三至一九三六年申新第四紗廠四年盈利狀況為例，見表 6-4：

表 6-4 一九三三至一九三六年申新第四紗廠盈虧情況（千元）[50]

年份	1933 年	1934 年	1935 年	1936 年
盈虧	－551.17	——	－1.22	＋498.03

從上表中可以看出，申新第四紗廠在使用全新機器設備復工後的一九三五年依然處於虧損狀態，到一九三六年才大獲盈利。同年，申新第四紗廠購進寶豐布廠舊布機 150 臺、達豐布廠舊布機 45 臺、美昌漂染機全套，同時，建造第二布廠和染廠，添購蒸缸 2 只、拉幅機 1 臺，軋絲光機全套，多滾筒軋光機 1 臺，及刮絨機兩臺充實漂染廠的後處理，又向無錫公益鐵工廠購入新布機 80 臺，向美國購入舊布機 200 臺。第二布廠裝機 475 臺，連同第一布廠的 412 臺，共有布機 887 臺，可日產各種棉布 1 500 匹，染廠可每日整理各類漂白色布 2000 匹，其中有新新藍布，各色陰丹士林布，漂白細布，斜紋布，各色嗶嘰、直貢、斜紋等，以及 42/2 支、60/2 支白底藍條府綢和呢布等，暢銷西南各

49 《湖北省志・工業志》（下），湖北人民出版社，1995 年版，第 1467 頁。

50 依據上海社會科學院經濟研究所編《榮家企業史料（上）》（上海人民出版社 1980 年版）資料整理。

省。申新第四紗廠發展成為當時國內少有的華商紡織漂染聯合企業之一。

裕華紗廠則完全走在低谷，從表 6-5 的三〇年代中後期裕華生產經營情況中可以看出。

表 6-5 一九三二至一九三六年裕華紡織公司帳面資產損益表（元）

年份	1932 年	1933 年	1934 年	1935 年	1936 年
盈虧	829073	688615	159406	89399	703965

儘管裕華紗廠在棉業危機中應對得當，沒有出現虧損，但在一九三四年到一九三五年，盈利金額直線下降，到一九三六年已與一九三三年水準相當。武昌第一紗廠、民生紗廠走出困境，相繼復工，已停工三年之久的震寰紗廠由常州大成紡織公司接辦，改為武昌大成紡織染第四廠，於一九三六年九月正式復工。

市場的巨大需求，也帶動了手工紡織業的發展，一九三六年武漢三鎮織帶戶發展到三百餘家，襪類產量達到 65 萬打，比一九二九年增長了 62%。

其次，食品加工業保持強勁發展勢頭。一九三二年，武漢五大麵粉廠全部年產量只占生產能力的 47.16%，一九三五年在勝新麵粉廠未開工的情況下，全部年產量占生產能力的 85.27%，一九三六年，各大麵粉廠開工率依然保持了 80.40%。另依據《湖北省年鑑》（1937 年卷）顯示，一九三六年武漢市投產的食品加工類企業共四十六個，其中碾米業新辦企業達到四十四個。榨油業發展也較為迅速，一九三六年，南京國民政府實業部發起，與四川、湖北、湖南、浙江、安徽、江西六省官商合辦「中國植物油料廠」，設總辦事處於漢口，武漢一度成為「中國植物油工業的中心」。日用化工行業也有一定發展。肥皂業產銷情況良好，一九三六年，華興盛肥皂廠投產。醫藥工業方面，一九三五年十一月，漢口氧氣製造廠成立，標誌著醫藥業發展進入全新的發展階段，第二年，又新成立華中黃丹廠等數家醫藥企業。

（二）戰時效應帶來的短暫井噴發展期

七七事變後，日本發動全面侵華戰爭，南京國民政府為避免經濟資敵，迅速啟動工廠內遷工作，在淞滬會戰期間，國民政府資源委員會成立上海工廠遷移監督委員會，督促上海工廠內遷，不久又成立工礦調整委員會，動員華東沿海城市工廠內遷。其中，不少工廠把內遷目的地定為武漢，據統計，共有一百七十多家工廠內遷到江城。由於外地工廠的遷入，武漢在全國的工業地位迅速躍升，比如，機器工業方面，上海就組織了六十六家機器廠及技術工人一千五百人，各種物資五千餘噸，內遷到武漢。一九三七年，武漢工廠數量達到近七百家，年工業產值達到二億元以上。武漢成為抗戰前期全國工業門類最為齊全的工業中心。

三鎮本地企業進入高速增長期。戰爭帶來的巨大物資需求刺激下，武漢本地工礦企業生產狀況達到歷史最好水準。棉紡織業方面，抗戰爆發後，上海、無錫、南通等東部沿海受戰火影響，紗廠大量關停，棉紗產量大幅銳減，再加上日貨中斷，武漢一時成為全國輕紡工業主要的生產中心，各紗廠開足馬力生產，市場紗布仍然供不應求，價格不斷上漲。以武漢 20 支紗為例，一九三三年每件售價（銀元）200 元，一九三五年 250 餘元，一九三七年九月則為 340 元，至一九三八年上漲到 374 元，五月再漲到 470 元。戰爭帶來的意外紅利，再加上湖北棉花因無法外銷，價格跌落，紗花比價一路高企，到一九三八年六月達到 1：4.04，使得各紗廠盈利額大幅度增加。一九三七年，裕華盈利 190 萬元，申新盈利 105 萬元。原一直虧損的震寰紗廠在一九三六年到一九三八年，實現盈利二百萬元。其他工業行業情況相似，火柴加工業方面，由於抗戰爆發後外埠火柴運銷受阻，楚勝火柴廠日夜開工，最高日產達一百箱，每箱售價八十元，最高賣到四百元一箱，一九三五至一九三七年，淨盈利達百萬餘元。

因戰爭而帶來的繁榮，也必將很大程度上受到戰爭發展走向的左右。一九三八年，隨著武漢會戰週邊戰場的一一丟失，遷漢工廠和武漢本地工礦企業再次向內陸遷移，江城工業受到嚴重打擊，進入另一個艱難發展時期。

第三節 ▶ 武漢工業結構的新變化和特點

與二〇年代相比，民國「黃金十年」時期，武漢工業在結構變化上延續了前期走勢，民辦企業取代官辦企業成為全市工業主體。細化到各個工業門類內部來看，全市工業在單體投資規模、投資方向、各工業行業發展程度等方面表現出一些新的變化。

一、官辦工業的整體衰落

從一八九〇年到一九一一年，晚清時期武漢地區先後共建立

・一九二六年十一月，《漢口新聞報》登載的漢口民信肥皂廠廣告

各類官辦企業三十二個，形成輕重工業相互挹注的工業格局，一舉奠定了武漢近代以來的工業地位。到南京國民政府時期，武漢地區各官辦企業按其歸屬來看，形成三類，一是由軍政部、交通部等管轄的南湖製革廠、被服廠以及平漢鐵路、粵漢鐵路部門下設企業等，二是由湖北省建設廳、武昌市政處接管的企業，三是招商承辦的官有民辦企業。民國三〇年代，官辦工業與晚清時蔚為大觀的情景相比，大批官辦企業停工停產，機器老化報廢，廠房破損甚至成為難民安置所。到一九三六年，經拆分組合，武漢地區官辦工廠僅剩餘二十個。

(一) 官辦企業的衰敗情況

根據一九三三年湖北省建設廳調查，大部分官辦企業廠房機器設備損毀嚴重，處在報廢的邊緣。

湖北織布局在一九三一年由民生公司承租後，由於「機件廠棧，因年代過久，朽壞甚多，尤以各車號鋼絲，鋼圈，帽子，及地板為甚」，紡紗機器「若以其運轉實況，及使用年期，與現代紡織機器進步而論，則早應全部換新」。在一九三二年民生公司投入維修費用總計「共洋五萬貳千一百四十八元三角二分」。

紡紗、繅絲、製麻三局設備情況更加糟糕，一九三三年調查顯示，湖北紡紗官局「自福源公司承租以後，即為開辦」，而且「承租公司，亦僅知製作成品，可以獲利，於願已足」，可投入生產紗錠 3 萬枚，廠房「曆充兵舍，及災民收容所，已凋敝不堪，至主要生產廠屋，空氣不甚流通，暑期尤礙衛生。去年各廠地板腐爛，機器傾倒，天頂則玻璃破碎，瓦片脫落，滿目蒼涼，不忍卒觀」；湖北製麻官局「迨福源公司承租，僅就該局布機，織帆布花布而已，紡麻織物甚少，民生公司承租後，僅派員保管」，機器設備方面，第一工廠在一九二六年北伐戰爭中被完全毀壞，計有織布機一百部、紡細麻機六十六部、繅線機及其他十九部、引擎一部、小引擎三部、抽水機三部、鍋爐三部、發電機多部，「自十五年焚毀後，歷經風雨侵蝕，幾成廢物」，第二工廠房屋「因年久失修，亦均破敗，織布紡麻兩廠，且有塌陷，各機器亦多銹蝕，零件損失甚多」；湖北繅絲官局「自楚興公司以後，迄未開工，瀕年以來，迭充兵舍，及災民收容所，廠屋機件，損壞不堪，以至不能恢復程度」[51]。

一九〇七年設立的武昌善技局（繼稱「模範大工廠」），被軍政部借作被服廠。貧民大工廠，則因受大機器工業之壓迫，已不復存在。

相當一批官辦工廠關停後，限於財力，無法重新啟動，只得派員保管了事。如：漢陽針鐵廠停閉後，在一九二六年，全部發

51 湖北省政府建設廳編《湖北建設最近概況．工業》，1933 年版，第 1-56 頁。

歸漢陽省立第二中學校使用保管；由湖北銀元局和銅幣局合併而成的武昌造幣廠，由財政部保管；湖北氈呢廠、白沙洲造紙廠均由省建設廳派人保管，廠區狀況極為破敗。湖北氈呢廠「房屋及辦公廳，已大半傾，工程師、經理等住宅，亦岌岌可危」；白沙洲造紙廠在一九二六年北伐軍進攻武昌期間「該廠機器，多被駐軍損壞」，一九三一年大水後，「沿江石坡，廠後水池，及水泥溝，均沖壞，堆疊倒塌，工人宿舍，亦塌陷一部分」，機器「除磨料機外，餘均殘缺鏽爛，修理房機器，且僅剩床架一部」。

堅持開工的官辦工廠狀況也不容樂觀。湖北官磚廠在一九三一年水災中，「三十四門窯堆疊，及工人宿舍均被淹塌，生產機具，損壞過半，二十一年春，始行復工」。在修繕後，能夠投入生產的「僅十八門窯一座，燒鏈磚瓦，若開全工制坯，實不敷使用」。湖北南湖製革廠在一九三一年夏，以月租洋一千元價格，租與軍政部，在當年大水中，「各衛兵房，物料庫樓房，煙熏房，公務廳，職員住室，工人住室，廚房，廁所，及全廠四周圍牆等，均行倒塌」。到一九三二年春，才復工生產。

唯有湖北官紙印刷局因壟斷政府機關用紙，尚能較正常運轉。「十七十八兩年間，本廳為謀文化的建設，皆極注意該局經營，迭請通令自省政府以下各機關，凡公用印刷與簿冊，統由該局承辦。十九年秋，乃招商由乾記印刷公司承辦，每月租洋二百六十元，租期十年。二十一年夏，該公司因營業黯淡，退租。同年秋，由廳撥洋二千元，委員整理改善，仍援前案，呈准嚴令自省政府以下各機關，專用官紙」[52]。

（二）官辦企業的整合

三〇年代，湖北省建設廳對部分已經破敗的官辦工廠，進行了為數不多的整合。一九三三年，在白沙洲造紙廠廢棄辦公地點，籌設湖北省手工造紙傳習所。一九三四年，湖北省建設廳組建武昌機械廠，將湖北紡紗官局修理間、合彈間和白沙洲造紙廠部分廠房劃撥作為武昌機廠廠房，並由制幣局、紡紗局、織布局和官紙印刷局撥付機器，同時，增購翻砂、鍋爐、車鉗、木樣等設備，具有生產淺水輪船、軋花機、打包機、農具各種應用機械及配製零件，修理輪船、汽車等能力。

二、民族工業成為三鎮工業主體

・一九三二年萬澤生、陳鏡堂、周繡山等人合資創辦楚勝火柴廠。圖為該公司註冊的「舞童」牌火柴商標

三〇年代，武漢民族工業類型共有紡織工業、機械工業、化學工業、飲食工業、雜類工業及特種工業六大類，共計二十一種。到一九

52 湖北省政府建設廳編《湖北建設最近概況．工業》，1933 年版，第 1-56 頁。

三六年，全市共有合工廠登記規則以上規模民族工廠 470 家，資本總額達到 3721.2 萬元，年產值 1.5 億元，占全市工業年產值的 71.4%[53]。

（一）輕工業是全市工業的主要組成部分

一九三三年，全市整個工業行業中，輕紡工業佔有 80% 左右的份額，其中輕工業企業占全市企業數量的 80%，輕工企業資本總額占全市工業資本總額的 69%，職工人數占全市職工人數的 80%，輕工業的年產值更是佔據全市工業總產值的 90%。[54]

曾作為武漢工業主體的重工業在工業比重中的份額不斷減小。從冶煉行業來看，漢陽鐵廠在二〇年代就已停工，南京國民政府成立後，曾經有過挽救漢冶萍公司的動議，並成立整理漢冶萍公司委員會，頒佈《農礦部整理漢冶萍公司委員會暫行章程》，但終因資金有限和日本方面的阻擾，停留在計畫層面，終究沒有實現。一九一八年，揚子機器廠改組為揚子機器公司，加入漢冶萍公司，一九二一年，因日債不能清償而停工，一九二二年轉讓給六河溝煤礦公司。

碩果僅存的六河溝鐵廠，是在九一八事變遼寧本溪湖鐵廠、鞍山鐵廠國內兩大鋼鐵廠相繼淪入敵手後，國內最主要的煉鐵廠，但生產規模上過於弱小，「每年僅產二三萬噸，實不敷全國

53 根據《湖北省年鑑》1937 年版第一卷中資料計算。
54 《武漢指南》，漢口廣益書局，1933 年版。

之用」。根據全國第五次礦業紀要記載：六河溝鐵廠有化鐵爐 1 座、化鐵爐能力 100 噸、年生產最高額 30000 噸。一九二九年出鐵 11094 噸、一九三〇年停工、一九三一年出鐵 4072 噸、一九三二年出鐵 19283 噸、一九三三年出鐵 29347 噸、一九三四年出鐵 16960 噸。[55] 六河溝鐵廠與漢陽鋼鐵廠的生產設備、煉鐵能力都有較大差距，難以支撐起整個武漢重工業。

・一九二八年京漢鐵路漢口機車修理廠

機器工業方面，雖然全市工廠數量較多，但規模都較小，真正具有製造機器能力的工廠僅有兩家，絕大多數機械企業只開辦維修業務。據《申報年鑑》統計：一九三四年，全市漢口機器工業資本三千元以上者七家，資本萬元以上者三家，機器工業資本總額八萬元；一九三五年，武漢機器廠二十一家，資本總額二十二點零三萬元，其中漢口機器廠工人一千三百八十四名。規模以數千元至二三萬元者居多。[56]

船舶工業發展遲緩，三〇年代雖有十多家修造船廠，但設備

55 《申報年鑑》1936 年，第 319～320 頁。
56 《申報年鑑》1936 年，第 322 頁。

簡陋、技術落後，多為手工操作，以修船為主，僅能造三百噸以下鐵殼鉚釘運輸輪駁。當時武漢最大的造船廠江漢造船廠，也只有幾臺機床，三四十名工人。

（二）紡織工業成為工業支柱

三〇年代，在五大紗廠的基礎上，武漢紡織業有了進一步的發展，到一九三六年，全年全市用工 30 人以上，採用現代動力的中等以上紡織工業企業共有 14 家。資本總額達到 1091 萬元，占全市同等類型企業的 26.02%；年產值 2852 萬元，占全市同等類型企業的 16.57%。[57] 武漢紡織工業有以下幾方面特點：

第一，位居全國第二大紡織工業中心。一九二七至一九三七年，武漢棉紡織業發展勢頭強勁，緊跟上海之後。就華商紗廠紗錠數來看，武漢華商紗廠紗錠數在全國所占比例自一九二九年的峰值 12.4% 曲折下降，但在紗錠存量上依然是全國前五名城市。另外，工業產品實現多樣化，產業鏈條完整。紡織工業發展出棉紡織、毛紡織、麻紡織、絲織、針織、毛巾、印染等多個門類，形成原料生產、布匹染色加工、成衣針織品製作的完備產業鏈。一九三六年全市中小棉紡織廠、手工工場達到三十五個（採用現代動力或用工 30 人以上）。生產紗、布品種三十個，棉布增加了絨、紗直貢、府綢等三十餘個，色織布則有西服呢、華達呢等二十多種，針織產品種類增多，由民國初年只生產一種單紗

57　據一九三七年《湖北省年鑑》中「工業表格」分析得出。

襪發展到可以生產雙紗男女襪、粗絨襪、駝絨襪、童襪等五種以及各種針織汗衫、背心、羅宋帽、運動褲等十個品種。

第二，關係市計民生。一九三六年，全市從事紡織行業的工人數量達到 13824 人，占全市同等類型企業的 48.93%。棉紡織業在全市經濟中的比重，決定了其發展情況直接影響全市經濟、社會的穩定。民國前期，湖北官布紗局官營失敗，停工停產，而又招商無望之時，該局工人呈文中稱：「具呈人湖北布紗四局失業工人八千餘人，為布紗四局停工半載，迄今官辦不成，招商又複不能實現，開工之望渺渺無期，則工人困苦情形，迭次呼懇，呈請救濟……現今時屆隆冬，饑寒交迫，工等數萬生命，盡在水火之中。」二十世紀三〇年代棉紡織業危機時期，各大紗廠紛紛出現困難，情形更為嚴重，一九三三年五月，「武昌民生紡線公司（即官布紗局）近因紗布滯銷，營業不支，援照全國紗廠聯合會決議案實行停工減資，致引起工人反鄉，發生衝突，軍隊開槍擊傷工人五名」。[58] 再如申新第四紗廠火災後的調查報告稱：「湖礄口宗關一帶，在我廠未開辦以前，人煙寥落。自我廠開辦以來，近日增至六萬餘人。此次失慎以後不僅廠中職工日處愁城，即附近店鋪亦惶惶不安之象。」[59]

第三，產業集中度高。行業規模冠絕全市，一九三六年四大

58 聚興誠銀行關於黨、政、軍、財各方面的大事紀要，1933 年版，武漢市檔案館藏檔 104-1-4。

59 榮偉仁《申新火災後總公司赴漢調查報告書》，1933 年版，武漢市檔案館藏檔 113-0-605。

紗廠以及民生公司等大型棉紡織企業資本總額為 582 萬元，占到全市同等規模企業（含外資企業在內）資本總額的 14.3%；年產值 2345.2 萬元，達到全市同等規模企業年產值總量的 14.1%。大型紗廠同時帶動了針織、漂染等相關行業發展，基本上影響了全市近一半的工業產值。

三、「黃金十年」武漢工業發展特點

與二〇年代相比，受自然條件、經濟環境、政策措施等多因素的影響，「黃金十年」武漢工業在企業規模、產品投放市場、各工業行業發展水準、企業管理等四個方面，呈現出新的特點。

（一）大型企業建設嚴重不足

在一九三三至一九三四年，中國經濟統計研究所對全國十四個省工業發展情況開展調查，其中，「漢口大工廠為數極少，除水電廠、麵粉廠及一、二鐵工廠與打包工廠外，其餘類皆小工廠與手工工廠，而一般小工廠所用動力，均係馬達，電力大都由既濟電廠供給，其在租界或特別區者，則由外商電氣公司供給，至發生動力之燃料，均以煤為主體」。[60] 雖然此說有失準確，但卻道出了當時武漢工業的一個不爭的事實：大型企業數量過少，對工業發展的帶動能力極為有限。在一九三一年，實業部國際貿易調查局對水災前武漢三鎮工業的調查中顯示，全市機器翻砂業

60 劉大鈞《中國工業調查報告》，1937 年，第 28 頁。

・一九二八年湖北建設廳南湖製革廠機械科動力房

・一九二八年湖北建設廳南湖製革廠炮製科工作實況

中，屬於較大規模的共有二十一家，但無一家資本額超過四萬元。一九三六年《國際勞工通訊》更直接指出：一九三五年，漢口機器廠共有七十一家，但符合《工廠法》要求，即同時滿足三十人用工規模並使用現代動力的「僅有四家，工人四百三十六人」。[61]

相較於二〇年代，武漢在三〇年代投資規模上百萬的大型工礦企業數量明顯偏少，企業規模從大型轉向小型，同時期除南洋兄弟煙草公司武漢煙廠投資 1125 萬元，穗豐打包廠投資 100 萬元以外，三〇年代新設立的工廠，資本額都在 10 萬元以下。其原因主要在兩個方面：一是受經濟發展環境影響，與二〇年代一戰前後工業發展黃金時間相比，三〇年代武漢經濟長期蕭條，市面不景氣，大規模高投入的投資設廠意願受到壓製；二是商業環境的影響，武漢作為內地水陸碼頭，重商思想濃厚，投資實業動

61 《漢口市工廠統計》，《國際勞工通訊》，1936 年 16 期，第 25-28 頁。

力不足，據《湖北省年鑑》第一回一九三六年統計，全武漢市總人口（包含漢口市及武昌城區、漢陽城區，不含外僑及特三區，日法租界人口未計算在內）達 73.75 萬人，其中從事工業人口計 13.98 萬人，占全市總人口的 11.41%；商業人口計 16.36 萬人，占總人口的 13.94%。[62] 商業人口數量多於工業人口，是武漢長期存在的一個鮮明特點。

（二）外部市場依存度高

從產品銷售的主要地域來看，武漢各類工業產品銷場可以大致分為兩類，一是面向中南、西南、華南等初級農村市場，一是外資農副產品加工後直接出口海外。這導致武漢工業對外部市場存在較高的依存度，容易受到外界不定因素的影響。

儘管三〇年代，武漢形成一些民族工商業品牌，但主要是一些低端產品，如武漢五大紗廠所產棉紗以粗支紗為主，多生產三十二支以下紗支，四十支以上則不能生產。「漢口棉紗，以十六支，二十支為最多。概供土布經紗及毛巾織造之用。此外三十二支者，為織細斜紋布之用。三十二／二支、三十二／三支者，為縫線之用。四十二／二支者，為織愛國布、市布等之用」[63]，由於武漢各紗廠主要面向農村市場，提供粗紗供農村手工紡布之

62 《湖北省年鑑》1937 年卷，第 115 頁。

63 曾兆祥主編《湖北近代經濟貿易史料選輯》第 1 輯，湖北省志貿易志編輯室編印，1984 年版，第 116 頁。

用，粗紗生產在各廠比例較大，「裕華在武昌時，是以生產粗支紗為主，二十支紗只有二十多臺車子紡，其他都是十六支和十支紗。十支紗開始是為紡下腳，大量銷四川時紡得較多，約占產量的百分之二十」[64]。

再比如捲煙，南洋兄弟煙草公司漢口煙廠多生產劣質品牌香煙，一九三四年正式開工生產後，「專制『金斧』『千秋』『紅金龍』『黃鶴樓』等牌中下級香煙，運銷鄂、湘、川、贛等省……至市場銷售之『白金龍』，『七星』以及聽裝等香煙，均為滬廠出品」[65]。

外資工業所產的蛋加工品、磚茶、腸衣等均是直接面向國外。其中，蛋加工廠所產的乾濕蛋白、蛋黃、全蛋及飛黃、飛白、全飛各類產品，國內市場沒有消費習慣，基本全部出口。其他如磚茶、腸衣、油餅、精煉桐油等產品均與之類似。桐油在一九三〇年和一九三一年「運銷國內桐油數量平均每年約在九萬擔上下」，若「加入桐油運銷北方者。據油商稱每年運往北方之桐油，平均約在二萬擔以上」，兩項合計約為十一擔。而漢口「運銷國外桐油數量平均每年當在八十萬擔以上」[66]。腸衣業方面，「抗戰前在漢口設有腸廠的輸出商全部係外商，華商僅是把毛貨

64 裕大華紡織資本集團史料編輯組編《裕大華紡織資本集團史料》，湖北人民出版社，1984 年版，第 45 頁。

65 武漢輕工業局編印《武漢南洋煙廠的發生發展與改造史料類編》，未刊稿，第 19 頁。

66 曾兆祥主編《湖北近代經濟貿易史料選輯》第 2 輯，湖北省志貿易志編輯室編印，1984 年版，第 188 頁。

運往上海而已。由於輸出時僅限淨貨（腸衣），所以實際是外商獨佔的」，腸衣「民國十八年出口之數如下：英國一百六十八擔，其他各國一百零七擔，上海九擔，國內各埠三擔，共計二百八十四擔」。[67] 榨油業方面，「豆油除銷售於武漢之油行油坊供給本地食用外，客路方面亦有少數輸出於長江下游一帶。豆餅則完全出口，銷行於廣東潮州及上海各鄉以充肥料（潮州地方用以肥甘蔗，上海各鄉用以肥田地）」。[68]

民族工業發展水準落後，以及武漢的地理位置和原料輸出地地位是武漢工業呈現這一特點的主要原因。就工業品質量來看，武漢出產與上海差距明顯。一九三四年漢口國貨展覽會上，「漢廠參加數雖為五十一，然各貨大都為滬廠出品，故全部貨物均謂來自滬地，實不為過」[69]。而且在這次博覽會上，參展各家武漢本地企業銷售額超過一千元的只有九家，而上海企業則達到四十九家，從一個側面表現出漢廠企業工藝水準落後，市場吸引力低的事實。就地理位置來說，作為華中地區工商業中心城市，市場競爭激烈，本土企業為維繫生存不得不向外擴展，紗廠的表現尤為顯著，見表 6-6。

67 曾兆祥主編《湖北近代經濟貿易史料選輯》第 2 輯，1984 年版，湖北省志貿易志編輯室編印，第 323-325 頁。

68 曾兆祥主編《湖北近代經濟貿易史料選輯》第 4 輯，1986 年版，湖北省志貿易志編輯室編印，第 187-188 頁。

69 《漢口商業月刊》1934 年第 1 卷第 5 期，第 7 頁。

表 6-6 1935 年武漢紗廠的棉紗銷售區域[70]

銷售區域		銷紗數量（件）	百分比（%）
本地	武漢	4613	36
	本省他埠	20895	
西南腹地	四川	28114	56
	湖南	11510	
	貴州	100	
北方	河南	5394	8
合計		70626	100

據統計資料顯示，一九三五年武漢所產機制棉紗僅在四川一省的銷售數量就要超過其在湖北本地的銷售數額。而據匹頭業公會估計，機制棉布「每年銷於本省者，在五十萬匹左右，占各紗廠總產量百分之五十左右，其餘則分銷於川湘豫贛諸省」[71]。

為維持生存，武漢各紗廠在西南腹地搶佔市場展開激烈搏殺。三〇年代，裕華紗廠與震寰紗廠在重慶市場的爭奪就是一則明顯的事例。一九三三年，裕華董事長蘇汰餘在董事會上報告，「十支粗紗實為我公司之生命線」，彼時，武漢、上海兩地在重慶設立紗線分銷的紡織企業共有 7 個，但銷售粗紗的只有裕華和震寰兩廠，「當時震寰的紗每柄重 9 斤（老秤 16 兩制）。裕華的

70 《湖北省武漢紡織業概況》，1938 年版，上海社科院經濟研究所藏中國經濟統計研究所檔案：04-253。

71 《湖北省武漢紡織業概況》，1938 年版，上海社科院經濟研究所藏中國經濟統計研究所檔案：04-253。

10 支賽馬紗每柄只有 8 斤半重，銷量不大，競爭不過震寰。後來裕華改為 10 支甲賽馬紗，做到每柄 24 絨、9 斤多重，每年銷量增加到五六千包。一九三四年以後，震寰的紗增加為每柄 25 絨、10 斤重，裕華又改紡特賽馬紗，每柄也增加到 25 絨、10 斤重。這樣就把震寰的紗打垮了」[72]。震寰紗廠重慶市場的丟失，也是其最終被迫關停的原因之一。

過於依靠外部市場，致使武漢工業發展自主性受到影響。三〇年代中期四川抬高匯價與一九三四年湖南限制棉紗入境，皆給予武漢棉紡企業重大打擊。據一九三四年九月二十日裕華董事會記錄，「查本公司棉紗銷場，除兩湖以外，端賴川省…… 詎近來川劉因友軍不能合作，態度消極，曾向中央辭職，川中匯兌，即因此發生變故……川中匯兌既有如此變化，以致本月完全未曾售貨，但如放棄川銷，則本廠生產苦無出路，是以不得不於穩健之中仍然前進不可，惟前途如何，殊不可測。」[73] 到一九三五年八月，「渝莊蝕 47000 元，幾因匯價受政府宰割，致受其累……又萬莊賺 15000 多，老河口賺 19000 多，兩相抵除，計虧 13000 幾，加上上海、鄭州、陝靈各分莊繳用共計純損 46000 餘元」。外資工業所受影響同樣顯著，「在一九二九年美國未曾增加蛋類進口稅時，漢蛋輸美數量尚在二萬擔以上，一九三〇年美國提高

72　《裕大華紡織集團史料》編寫組編《裕大華紡織集團史料》，湖北人民出版社，1984 年版，第 164 頁。

73　《裕大華紡織集團史料》編寫組編《裕大華紡織集團史料》，湖北人民出版社，1984 年版，第 123 頁。

進口稅以後，竟減至一萬五千擔」，「以一九二九年漢蛋輸美數量作 100，則一九三〇年為 77.3，31 年為 36.1，32 年為 26.2，33 年為 6.3，34 年雖比前年略有增加，但比一九二九年仍減去百分之 19.4，幾乎降至零點。若美國再提高蛋類進口稅，則漢蛋輸美瀕於絕跡矣」[74]。

（三）發展不均衡

各行業發展水準不平衡，是二十世紀三〇年代武漢工業發展的又一重要特點。基礎性工業水電工業發展較快，新興電料、電鍍等行業則較為落後，企業規模偏小而且數量較少。

武漢電力工業在一九二七年後取得了長足的進步，一九三七年三鎮發電量達到 9038.5 萬度，比一九二七年猛增了近三倍，裝機容量達到 40781 千瓦。武漢各水電公司也發展迅猛，發電容量大幅度增加。漢口電燈公司電廠從開辦時發電容量 750 千瓦，到抗戰前已裝置發電容量達 5750 千瓦。美最時電廠從發電量 250 千瓦，到一九三七年達 740 千瓦。漢口最大的民營電力公司既濟水電公司，在三〇年代更新發電設備，訂購 6000 千瓦交流發電機 1 臺，新式水管鍋爐 3 臺，並擴建了新機爐房。到一九三五年，既濟水電公司發電量增加至 5800 千瓦時，至抗戰前夕，既濟水電公司大王廟電廠總容量達到 16500 千瓦時，約占全省公用電廠發電量的 90% 以上。武漢企業自備發電廠發電容量也增

74 《漢口商業月刊》1935 年第 2 卷第 7 期，第 3 頁。

長迅速，一九三六年，武漢自備 50 千瓦以上發電能力的工礦企業共有 13 個，發電量 17119 千瓦時。自來水廠建設方面，漢口宗關水廠進行了擴充和改建，日供水量由 2.7 萬噸發展到 9 萬餘噸，並改造了化驗消毒設備，保證了日常用水乾淨衛生。一九三三年，湖北省建設廳利用湖北織麻局用於工業生產供水的斜橋纜車取水閘、水池和水庫等設施，添築沉澱池，改裝機器，建成臨時水廠，到一九三四年七月一日供水，武昌城區實現自來水供應。一九三五年，水廠與武昌竟成電燈公司合併為武昌水電廠，改擴建了供水設施，日供水能力從 2200 噸增加至 7200 噸。在水電工業發展帶動下，全市工業的機械化水準得到明顯提高，一批手工工廠向現代工廠轉型。以一九三六年全市工業來看，使用現代動力的小型工廠達到 389 家，其中三〇年代新設立工廠有 230 家，占到 59.1%。與水電工業發展的突飛猛進相比，武漢部分工業領域發展明顯落後，行業支撐性企業缺失。比如電料行業，到一九三六年武漢共有電料企業 7 家，資本總額 2.7 萬元，企業規模最大的亞新蓄電池廠資本總額只有 1 萬元，用工 20 人。

（四）企業管理水準落後

企業管理水準落後，是武漢本土工業企業長期存在的一個問題，到二十世紀三〇年代，依然沒有改觀，表現在抗風險能力差和投機性的經營管理方式。首先，資金有限，抗風險能力差。三〇年代，武漢各工業行業出現的大面積停工停產，雖然有經濟大環境的全域性因素，但三鎮工業企業突出的資金瓶頸問題也是重要原因之一。四大民營紗廠的表現最具有代表性，能安然度過危機的裕華和申四紗廠，皆在資金上具有優勢。

裕大華對資金的積累和運用，採取了很多「肥底子」的方法，「計算成本時，提高花價，計算庫存時，則降低花價，以減少帳面利潤……機物料、房屋建築及其他若干應攤提的費用，均不另外攤提，即在利潤中開支。自提保險費，減少賬面利潤。外莊利潤不計入公司利潤，以應付意外損失。公司積累增多，股東爭吵分紅時，即採取發行公司債，分期十年付款的方法，以減少現金支出，便利公司周轉。由於採取了以上種種方法，公司積累日益增多，流動資金雄厚，很少向銀行貸款，更不作抵押。所有資金，均集中用於生產，不買賣黃金白銀，不進交易所，不拋空頭，不搞投機活動」。這樣一來，「雖有意外風險……公司因有充裕資金可資運用，得以渡過難關」。[75]

申四紗廠秉承榮氏企業「肉爛在鍋裡」的資金處理方針，儘管在一九三三年罹受火災，並向銀行貸有鉅款，但在榮家企業的全力支持下，最終亦安然度過了危機。

漢口第一紗廠和震寰紗廠在二十世紀三〇年代時，都已身負巨債。漢口第一紗廠在一九二四年即因無法償還貸款而將工廠交給安利英洋行接管。安利英洋行接管紗廠後，在各種規定中優先考慮洋行利益，利潤優先償還洋行貸款，虧損則由工廠負擔，嚴重影響了企業的生產經營。震寰紗廠在一九二二年建廠時，就因

75 黃師讓撰《裕大華企業 40 年》，《中華文史資料文庫 · 經濟工商編》第 12 卷，中國文史出版社，1996 年版，第 582 頁。

匯率問題，欠下一百萬元外債，借下巨額高利貸，資金緊張，一九三一年更以其全部現金流投機美棉，結果美棉價格下跌，損失十六萬多兩白銀，導致企業停產。

其次，經營方式過於冒險，企業運營資金多向金融機構貸款，市場反應敏感，處理風險能力較弱。武漢民族蛋加工廠三〇年代悉數倒閉就與此有關。「有些民族資本的工廠雖以生產為其主要業務，但卻先接受外商洋行預定貸款，由外商供給流動資金，購買原料進行生產，待產品製成後，再把產品賣給外商」。「漢口最大的華人工廠元豐就是這樣的，它預先向安利英（英商）洋行借款經營生產，但由於民國八年美國頒佈禁止蛋粉輸入令，產品銷售困難，結果只好將廠權讓給安利英」[76]。

第四節 ▶ 在漢外資工業的發展與演變

一九二七至一九三七年，德資、美資、法資、日資、英資工業依然是在漢外資工業的主體。分開來看，各國工業企業的側重點有所不同，德資、美資、法資企業以農副產品初加工為主，日資、英資則集中在製冰、捲煙、紡織、榨油等其他輕工業領域。這一時期，各國在漢工業實力出現較大變化：俄資工業實力急劇下降，德資工業喪失了在部分工業領域的優勢地位，日資企業後

76 曾兆祥主編《湖北近代經濟貿易史料選輯》第 1 輯，1984 年版，湖北省志貿易志編輯室編印，第 206 頁。

來居上，英、美企業呈穩步增長之勢。同時，與天津、大連等國內其他城市相比，「黃金十年」期間外資在漢工業投資力度明顯減弱。

一、俄、德在漢工業頹勢

受國際關係變動、世界經濟危機以及工業競爭加劇的影響，一九二七至一九三七年間，一戰後俄、德在漢工業，依然沒能走出戰爭帶來的陰影，延續了二〇年代開始的頹勢走向。

（一）俄資磚茶製造業的發展變化

以清末開辦的順豐、新泰、阜昌三家磚茶廠為代表，在漢俄資工業集中在製茶業領域，並一度處於壟斷地位。十月革命後，俄國國內政治環境的巨大變化，也影響到漢口俄資磚茶廠。這種影響一直持續到南京國民政府時期。首先，產供銷模式發生改變。蘇聯計畫經濟體制逐漸完善後，建立起貿易專營體制。一九二〇年六月十一日，蘇俄人民委員部發佈命令，決定將貿易及工業人民委員部改編為對外貿易人民委員部，並設立「西伯利亞遠東對外貿易局」，以蘇維埃政府名義，集中處理對華進出口貿易業務。在份額配比制的限制下，俄國磚茶市場也成為計畫經濟的一部分，施行統購包銷政策，設立茶葉托拉斯國營機關專門負責茶葉的進口和銷售。並成立協助會作為全俄中央消費合作社的駐華代理，直接向中國產地茶商採購原料，交由當地磚茶廠壓製。

具體到漢口，「協助會辦茶方法，係包與購茶（買原料）製茶（製茶磚）兩買辦分別辦理，每年新茶上市由購茶買辦知會茶販，（販賣茶葉商人），推派代表若干人，赴駐滬俄協助會接洽，約定茶葉數量與山價，然後茶販按照所定數額及價格，分往各產茶山地採辦，運交該會漢口堆疊，再由該會酌定工價，包與製茶買辦，製成茶磚，運交駐滬協助會查收，付給茶葉山價。」[77]

購茶由忠信昌茶棧代理。「各地販賣茶商運茶至漢，凡屬外銷者，均由茶棧介紹於洋行。此種茶棧對於茶商，富有銀錢借貸之責。對於洋行，負有擔保茶葉對樣及出口後之一切責任。如發現偽物或劣貨，均係棧方擔負責任。漢口茶棧共有四家，各家均有其固定洋行與之往來，忠信昌茶棧代理協助會、太隆永茶棧代理太平洋行、協順祥茶棧代理怡和洋行、永興隆茶棧代理協和洋行。」[78]

製茶則交由新泰茶廠。受十月革命影響，二十世紀二〇年代前後，順豐、阜昌相繼停產，一九三〇年順豐磚茶廠更是將廠房作價五十萬元售予穗豐打包廠。在漢僅存的新泰茶廠從一九二二年恢復購買紅茶，改裝運銷歐美；磚茶生產，則從自主生產企業變為代壓，生產受到局限。根據曾在新泰茶廠工作過的歐陽維德回憶，從一九二四年開始，新泰茶廠在蘇聯協助會委託下，代壓製青、紅茶磚及代購紅茶，蘇聯協助會在新泰洋行二樓辦公，並每年輪派兩名茶葉專家進行審評，「新泰壓製茶磚，是代蘇聯協

77 《漢口銷俄茶近況》，載《漢口商業月刊》1934 年第 1 卷第 8 期，第 85 頁。

78 《中國茶之經濟調查》，192 頁。

會壓得，壓出成品全數交給蘇方。每季由協會派船來漢，隨時裝運。銷售權由蘇方處理。原料全由新泰代付」[79]。在新的產購銷模式下，新泰磚茶廠轉變為來料加工性質的工廠。其次，中蘇關係波折不斷，製茶業受到牽連。國共決裂後，國民黨便決定改變聯俄政策，斷絕與蘇聯的關係。南京政府建立後不久，即在一九二七年十二月十三日發表《對蘇絕交決議》。十四日，以蘇聯駐廣州領事館及國營商業機關充當中共廣州暴動的指揮機關為由，南京政府頒佈命令：「應及將駐在各省之蘇維埃社會聯邦共和國領事一律撤銷承認，所有各省的蘇俄國營商業機關應一律勒令停止營業，以杜亂源。」[80] 一九二九年，中東路事件爆發後，中蘇外交關係徹底斷絕。直到一九三二年，中蘇才恢復了外交關係。

中蘇關係的波折，加重了對已經陷入困境的漢口俄商磚茶廠的打擊。雖然由於資料缺失，無法確知新泰磚茶廠在中蘇斷交期間的生產經營情況，但從漢口磚茶對俄出口的總體資料前後的變化上，可以推斷出新泰磚茶廠受影響情況。依據漢口商品檢驗局一九二九至一九三三年統計，中東路事件後，漢口輸出綠磚茶數量，見表 6-7：

79 曾兆祥主編《湖北近代經濟貿易史料選輯》第 2 輯，1984 年版，第 27 頁。

80 朱漢國、楊群主編《中華民國史》第 4 冊軍事外交卷，四川人民出版社，2006 年版，第 280-281 頁。

表 6-7 漢口輸出綠磚茶數量

年份	1929 年	1930 年	1931 年	1932 年	1933 年
綠磚茶	187613 擔	113524 擔	136252 擔	175569 擔	173980 擔

作為蘇聯協助會的代理和買辦，經營綠磚茶輸出的太平洋行和忠信昌商行，一九三二年兩行輸出磚茶達到 174932.96 擔，占到上表所列同期漢口輸俄磚茶九成以上。兩行所有老青磚茶皆由新泰茶廠壓製，因此可大概推知新泰茶廠綠磚茶生產數額。從中不難看出，新泰茶廠生產磚茶數量與漢口外輸茶葉數量大致相當，或稍許偏低。由此發現中蘇政治關係的變動，對新泰茶廠的影響還是較為嚴重的，兩國斷交後，一九三〇年生產數額比上年大約下降 39.4%。

第三，俄資磚茶工業的衰落與對漢口磚茶市場的控制。儘管與清末和二十世紀初期相比，俄資磚茶工業衰落非常嚴重，但因磚茶市場完全取決於俄國，「銷售內外蒙古之老茶，亦被其把持操縱，故常濫貶華茶山價。茶農茶販交受其困，以致華茶業務一蹶不振」。如一九三二年和一九三三年漢口輸往各國茶葉量上，俄國分別占到 91.97% 和 78.37%，在漢口外輸茶葉份額上，佔據著絕對的市場份額，「俄國銷路，完全由俄國國營協助會駐漢分會包辦」，對此漢口華商不無惋惜：「俄商停業，華商營業雖可乘機興盛一時，但近年來仍受俄商之操縱，不能直接運銷。不僅營業無以發達，抑且大有日趨沒落之勢。吾國大好之企業，盡為外人壟斷，良堪痛惜。」[81]

（二）德資工業恢復緩慢

一戰後，德國在漢工業衰落明顯，「黃金十年」時期，德資工業有了一定的恢復，但遠未達到歷史最好時期。

傳統優勢工業領域丟失。在蛋品加工業方面表現尤為明顯。辛亥革命前，德資蛋品加工廠共有五個，占漢口十二家中外蛋廠總數的 42%，行業優勢明顯。到戰後，雖然重啟禮和、美最時、嘉利三個蛋廠，但發展環境已經發生很大變化，一九二二年和一九二三年，先後成立的英資安利英和培林蛋廠處於行業龍頭地位。在生產工藝上，英資蛋廠皆擁有先進的冷凍設備，可以生產凍黃、凍白、凍全蛋等，生產能力和規模優勢明顯，比如和記蛋廠每日加工鮮蛋最高額可以達到一千五百擔，而德資蛋廠多為傳統的真空乾燥法工藝，且蛋廠日加工總和只有英資和記蛋廠的一半有餘。一九二八年，漢口蛋製品輸出達到一千一百七十七萬海關兩，達到蛋品對外出口峰值，但主要是由於英資和記蛋廠、培林蛋廠冷凍製品產量增加，而德資蛋品加工廠已經退出武漢蛋品加工業的第一陣營。

在桐油精煉加工方面，德國廠商實力也在銳減。一九一七年，漢口共有外商澄油廠十一家，加工能力一百六十萬擔，其中

81 曾兆祥主編《湖北近代經濟貿易史料選輯》第 1 輯，1984 年版，湖北省志貿易志編輯室編印，第 28 頁。

德資油廠有四家，加工能力達到九十一萬擔。

而在一九三五年，據李昌隆在《中國桐油貿易概論》中的不完全統計，美最時、禪臣、嘉柏三家德資澄油廠油櫃儲油能力總和僅一千二百五十噸，趕不上美資美孚油廠一家的加工儲存量。

數量規模大不如前，且不斷遞減。根據《漢口租界志》對辛亥革命前武漢外商工廠統計，德商工廠在一九一一年前，共有八個，主要集中在蛋廠和機械維修方面；水野幸吉一九〇七年在其所著《漢口》一書中對外商在漢開辦工廠的統計，德資工廠更是達到十二個、其中蛋廠三個、軋花廠四個、機器加工廠二個，腸衣加工廠一個、磚瓦廠一個、不明類型一個。而在一九一八年由張鵬飛編纂的《漢口貿易志》對一九一七年在漢外國工廠數目統計中，德資工廠共有十個，而從類型上看，機器加工維修業只剩機昌機器鐵廠一家。到一九三五，經過十數年發展，在對漢口英、德、日、比廠商調查中顯示，四國共在漢口開辦工廠二十四家，其中英資工廠十四個，德資工廠五個，日資工廠四個，比資工廠一個。[82] 工廠數量的減少，從一個側面顯示出在漢德資工業力量的萎縮。

二、英、美、日在漢工業不同發展特點

佔據在漢外資工業比重最大份額的英、美、日資工業，在南京國民政府時期，發展呈現出不一樣的特點，英美企業依靠其強

82 《漢口商業月刊》1935 年第 2 卷第 9 期，第 90-91 頁。

大的資金實力、行業壟斷優勢，打壓民族工業發展，而日資企業更多地體現在工業品傾銷上。

（一）英美工業打壓競爭對手

維護壟斷地位，確保利益最大化，是英美在漢工業最為顯著的特點。突出表現在煙草和石油行業。

・二十世紀二〇年代漢口英商和利冰廠，廠前站著法租界巡捕房的中國巡捕

一九一四年英美煙公司在漢設立推銷機構，同年，在漢口舊德租界六合路開辦製煙工廠，又於一九二四年將礄口鄒家街煙廠開闢為第二煙廠。而在此之前，早在一九〇七年，其煙草銷售業務已經有三江煙公司代銷其產品，在漢口設立推銷機構後，形成「五大經理」（三江、德馨、恆利、秦樂記、蔡福記），「七大同行」（先後有晉和、益昌祥、漢昌、公記等）龐大的銷售網路。英美煙公司兩廠共有捲煙機九十五臺，月產捲煙在一萬一千五百箱上下。一九三四年，英美煙公司更名為頤中煙草運銷公司。幾乎在英美煙公司在漢成立的同時，一九一六年，民族企業南洋兄弟煙草公司來漢設立辦事處，推銷產品，一九二一年漢口南洋大樓建成後，正式成立漢口分公司，並於一九二六年在礄口仁壽路建設煙廠。南洋兄弟煙草公司在漢銷售情況起初十分理想，「一九二二至一九二四年的營業月銷五千箱上下」。一九三四年，南洋漢口

煙廠正式投產生產捲煙。

為了對抗南洋兄弟煙草公司，英美煙公司採取多種方式對其打壓。在原料方面，兩公司都在煙葉產地河南許昌、安徽劉府設置收購複烤廠，英美煙公司依靠雄厚的資金實力，通過貸給葉款、收買青苗、抬高市價等方式試圖掌握原料；在推銷方面，英美煙公司削價銷售，用多種品牌輪流上市擠壓南洋煙草的市場空間。比如，南洋公司在湖南以五十支「白金龍」、五十支「金釜」為主銷品種，英美煙公司即以金頭「華芳」「大前門」「五花」等牌售一元兩聽，打擊「白金龍」煙，又以五十支「小哈德門」「金盾」「意中人」等牌均售一元四聽打擊「金釜」。

一九三六年末，南洋十支「小長城」煙又在江西盛銷，英美煙公司即推出十支小「司太飛」牌進行抵制。而且，英美煙公司還使用十分卑劣的手段，打擊南洋煙廠的聲譽。南洋在推出「愛國牌」香煙後，廣受國人歡迎，英美煙公司雖然另立「哈德門」牌來抗衡，但銷路不佳，就暗地收買「愛國牌」香煙，放置黴爛後再投入市場，致使「愛國牌」香煙銷售額一落千丈。在英美煙公司的長期打壓下，南洋兄弟煙草公司一直難以迅速壯大，見表6-8：

表 6-8

年份	英美煙草漢口分公司		南洋兄弟煙草漢口分公司	
	金額（千元）	件數（箱）	金額（千元）	件數（箱）
1931 年	—	114779	1923	—
1932 年	—	658	2098	—
1936 年	—	144560	7854	—
1937 年	—	190733	5224	22790

上表雖不能直觀地對兩公司運營情況進行類比分析，但一九三七年，從兩公司銷量上，可以看出英美煙公司是南洋兄弟煙公司的八點四倍，而且英美煙公司除一九三二年外，一直保持持續增長，而南洋兄弟煙公司則波動性十分明顯。一九三五年，由於長期受外資打壓和營業虧損，南洋兄弟煙公司加入全國華商捲煙業建立的「國貨捲煙維持會」，以尋求境遇的改善。

在石油工業上，利用壟斷地位聯合打壓競爭對手的表現也十分鮮明。到二十世紀二〇年代初，英資亞細亞漢口分公司，美資美孚公司漢口分公司、德士古漢口分公司已經基本壟斷漢口石油市場，市場佔有率上，德士古占到 15％，美孚和亞細亞占 85％。一九三二年，中蘇複交後，國民黨官僚許世英與他人合夥承包蘇聯石油，創辦「中國光華煤油公司」，並在漢口組建漢口光華煤油公司，並購置地皮，建造油棧、金屬油罐、倉庫房等。對於這個「攪局者」，美孚、亞細亞、德士古採取一致步調，通過暗貼殺價等方式，帶動整個漢口油價步步下落，擠壓光華生存空間。「二十二年十一月份美孚鷹牌及亞細亞僧帽牌煤油，漢市行盤每箱均為九元九角，自是以降，則隨俄油步步下落，至二十三年四月，每箱竟跌至五元七角五分，就其成本言之，所得價值僅敷關稅鐵桶及傭金轉力之需，而箱內之油，等於無代價之贈送」[83]。

到一九三五年，光華再無力與三大外資石油公司競爭，被迫與之談判，同意其提出的條款：其一，光華煤油總銷量占10%，德士古仍占15%，餘下75%由美孚和亞細亞平分；其二，光華所買之地皮以及油池、倉庫、設施、物料，均由美孚、亞細亞按原價收買；其三，光華今後進口與銷售油料，概由美孚、亞細亞核存握銷，其所交外埠代銷店的油量，輸流每月一次由美孚、亞細亞兩公司當地的油棧憑該行的棧單交貨，彙報上海結算。光華的存儲銷售，皆被三大外資石油公司掌握，難以自由發展。到抗戰勝利後，漢口市場上已經難以看到光華牌石油。

（二）日資對漢工業品傾銷

民國「黃金十年」時期，日本在武漢投資設廠規模沒有明顯增長，但從全國範圍來看，一戰後，日本在華投資力度大幅增長，一九一三年，日本在華工廠共有154家，到一九二一年增加為222家，增長幅度達到44.2%。一九二七年後，儘管日本鮮有在漢設立新的工礦企業，但到一九三一年後，隨著世界經濟危機的加劇，日本在華大肆推行工業傾銷政策，呈現出實體工廠不

83 《漢口商業月刊》1934年第1卷第8期，第84頁。

多，但三鎮充斥著大量日資工業產品的局面。

・一九三一年漢口大水中的日商日華製油會社

《漢口商業月刊》轉登一九三四年實業部對日本在華傾銷商品顯示，共有煤炭、紗布、人造絲、紙張、水泥、魚類六大商品。以水泥為例，傾銷地點包括上海、漢口等地，其成本每桶計價 5.64 兩，而在上海交貨價只有三兩左右，國貨水泥每桶稅後則有 5.35 兩，比日貨貴 2.3 兩以上。同樣，「日煤在漢口每噸亦只售約10 元」，而我國「自北方運至上海，運費已不止 10 元」，造成「開平二號煤屑積存秦皇島漢口蕪湖者不下一百萬噸」。日本對華商業傾銷在棉紡織工業表現尤為明顯。一戰後，日本國內棉紡織市場飽和，市面蕭條，趁各傳統西方列強實力尚未恢復時機，以及一戰前訂購的紡織機械紛紛到貨，日本大規模在華設立棉紡織工廠。一九二一至一九二二年，日本就在華新建了十一家棉紡織廠，一九二四至一九二五年新建廠達到十五家，到一九二五年，日資紗廠已經在華確立了棉紡優勢地位。一九二五至一九三一年，日本沒有在華另設新的棉紡織廠，而是不斷對既有工廠進行擴充。根據《漢口商業月刊》一九三四年第六期刊載的國內棉紗統計結果顯示，南京國民政府前六年，日資紗錠占外國人在華紗錠數的比重，見表 6-9：

表 6-9 一九二七至一九三二年占外國人在華錠數的比重

民國前六年	1927 年	1928 年	1930 年	1931 年	1932 年
外國人在華紗錠總數	3612606	3850 016	4222956	4210 338	44979 02
日本在華紗錠總數	1351704	1514816	1673844	1630 436	1821280
日本紗錠所占比重	37.4%	39.3%	39.6%	38.7%	40.5%

日資紗廠背後有實力雄厚的財閥支持，比如其在武漢設立的泰安紗廠，就是由江州財閥出資建設的。依據嚴中平的統計，一九三一年，日本五大財閥，控制了開設在華的二十家棉紡織廠。資金的充足，使得日資紗廠較華資紗廠投入更多，設備更為先進，生產成本也更為低廉。日華紗廠二十支紗包成本上，華紗超過日紗 114%。一九三一年，隨著「九一八」事變發生後，日本對中國內地展開以棉紡織業為主的經濟攻勢。從上海市場日華紗廠不同紗支批發售價對比上，可以推測出漢口的情況。一九三〇年，十支、二十支、三十二支、四十二支紗線，日華兩方售價對比，還互有高低，從一九三一年開始，日商棉紗全部低於華商棉紗。以一九三二年為例，十支日廠「水月」牌棉紗比華廠人鐘牌低 29.73 元，二十支日廠水月牌棉紗比華廠人鐘牌低 27.03 元，三十二支日廠藍鳳牌棉紗比華廠金城牌低 81.92 元，四十二支日廠藍鳳牌棉紗比華廠金城牌低 134.03 元。

而在武漢市場，一九三二年，第一紗廠的經理宋立峰在給湖北省政府主席及建設廳廳長請求扶持國貨的呈文中稱：「……漢口一埠竟成為日貨之市場。近日以來，每日銷售劣貨疋頭約有六百箱之多，每日輸出之現金綜計二十萬之巨，以致國貨布匹大受打擊，社會經濟日趨於崩潰之現象。商公司雖抱犧牲主義將所產國貨出品減價抵抗，而購者自購，售者自售，利權終無挽回之一日。」[84] 根據裕華紗廠的王子江回憶，武漢附近的漢陽、陽邏以及新洲，本來都是裕華的銷售市場，但逐步為日紗所奪，「武漢大水以後〔民國 21-23 年〕的兩三年，日紗傾銷最厲害，來的紗很多，價錢又便宜。日紗在這些地區傾銷最多的是 20 支「雲馬」牌紗，每件只 160-170 元左右，裕華 20 支「綠馬」，每件要 180-190 元，每件紗價高出 10-20 元一匹。日本的「四樂鳥」細布，只 8 元一匹，裕華的 13 磅「萬年青」12 元一匹，12 磅「蘆雁」9 元多一匹。紗布賣不過日本。

過去裕華的紗布沒有積壓過，一直是分貨，而民國二十二年底、二十三年春，倉庫裡經常積壓，最多達一千多件紗（相當於 10 天左右的產量），資本周轉也發生困難。[85] 一九三四年春，日紗已經在武漢佔據絕對的優勢，「日商不過泰安一家，然這個市場卻全為滬市日廠所霸佔。同年四月間，漢口每日紗交，日貨占五分之四，而國貨只占五分之一。棉布銷場日貨更占百分之九十以上」[86]。

84 湖北省建設廳呈乎字第 1597 號，1932 年 12 月 29 日，湖北省檔案館藏檔 LS1-5-4764。

85 《裕大華紡織資本集團史料》編寫組編《裕大華紡織資本集團史料》，湖北人民出版社，1984 年版，第 118 頁。

86 曾兆祥主編《湖北近代經濟貿易史料選輯》第 1 輯，1984 年版，第 120 頁。

三、在漢外資工業發展趨緩的原因分析

根據《湖北省年鑑》(1937 年卷)對一九三六年武漢市符合《修正工廠法》要求，使用機器動力，平日雇工在三十人以上，合乎《工廠法》，或者滿足《工廠登記規則》條件，統計得出的結果顯示，截至一九三六年，外資投資設立的工廠共有二十六個，而其中屬於建立於一九二七至一九三七年十年間的，除德士古煤油廠、公大紐扣廠分別設立於一九三二年、一九三四年之外，外資沒有在華新設工廠。[87]

與天津等處於同一發展水準的城市相比，武漢外資工業的發展速度明顯較為緩慢，截至一九三七年七月，天津共有各類外資工廠二百一十七家，其中有一百一十家是一九三〇年以後建立的。這其中，日資工業佔據較大份額，達到天津外資投資總額的66.6%。[88] 而同期，由於受日本對華發展戰略的影響，日資在漢幾乎沒有新設立工廠。除此之外，一九二七年之後，武漢外資工業發展緩慢的原因還有以下幾點因素：

(一) 民族工業企業的成長

隨著民族工業企業的成長進步，在投入資金要求不高、經營周轉快速的工業行業，一些民族工礦企業突破外資壟斷限制，甚

87 資料來源：《湖北省年鑑》(1937 年卷)298-335 表格統計得出。
88 羅澍偉主編《近代天津城市史》，中國社會科學出版社，1993 年版，第 508 頁。

至逐漸掌握行業主導權，在一定程度上抑制了外資的擴張和發展。

以漢口打包業為例，進入南京國民政府時期後，漢口棉花打包業逐漸形成五家分立之勢，分別是平和、隆茂、穗豐、利華、日信。其中，日信打包廠由日資日信洋行開辦，專為其自購棉花打包，並不承接外來棉商打包業務；穗豐是華資企業，但成立時間較晚，一九三一年正式營業；利華打包廠又名漢口打包公司，由漢口鉅賈劉季五創辦，是華人出資，英籍華人企業；而平和、隆茂皆是英資工廠，兩廠各有水壓打包機兩臺，日夜打包件數總和為三千二百件，而華商兩廠只能加工一千九百件。平和打包廠和隆茂打包廠分別成立於一八八〇年和一九一六年，在較長時間內一直獨享棉花打包業的豐厚利潤；但進入二十世紀二〇年代後，隨著漢口打包公司和穗豐打包廠先後於一九二〇年和一九三〇年成立，對英商之前在棉花打包行業的絕對壟斷地位形成一定威脅，英商優勢地位全然無存。

根據穗豐公司營業報告顯示，一九三二年七月到一九三三年六月，漢口市打包機花共計八萬餘包，其中穗豐打包廠占四萬餘包；一九三三年七月到一九三四年六月，「漢口中外四家公司占 517832.47 擔，其中洋商三公司占 273086.76 擔，本公司占 244745.71 擔，若以漢口四家公司營業比較計算，本公司占

42.80%」[89]，華資棉花打包業的興起，對英商產生很大的衝擊。所以到抗戰勝利後，漢口四家打包廠，組織聯合議價，統一打包費價格，「規定每月開一次碰頭會」，而華商在價格議價會上，更有話語權，迫使英商制定更加公平合理的打包價格。

肥皂生產、麵粉加工等方面，更是將洋貨擠出市場，「就洗衣服的肥皂而言，各種進口肥皂已完全為本地產品取而代之」[90]。

（二）世界經濟危機的影響

一九二九年爆發的世界性經濟危機，促使各國紛紛實行貿易保護政策，設置極高的貿易壁壘，保護本國工業，這對各殖民地半殖民地工業的衝擊同樣非常巨大。以武漢蛋品加工業為例，美、英兩國是武漢蛋品的主要輸入國，但是在一九二九年之後，美國提高蛋類進口稅，武漢輸美數量即刻呈現逐年下降趨勢。

‧一九三一年漢口大水時的英商和記蛋廠

一九二九年，武漢蛋品出口美國 20165 擔，一

89 曾兆祥主編《湖北近代經濟貿易史料選輯》第 2 輯，1984 年版，第 115 頁。

90 〔英〕穆德和等著《近代武漢社會與經濟：海關十年報告》，香港天馬圖書有限公司，1993 年版，第 160 頁。

九三一年減少為 7270 擔，一九三四年更是只有 1729 擔，下降 82%。一九三一年，南京民國政府又對蛋類出口徵加重稅，乾蛋白出口稅增加一倍，每擔抽關銀四兩五錢；一九三四年，美國再對華蛋品增加進口稅三角一分，至每磅五角八分，而蛋品原有價格只有一角五分，稅價是貨品原價的三倍以上。同時，法國於一九三五年四月提高雞蛋等進口關稅，並對部分蛋加工品設置進口限額，以鮮蛋為例，每百公斤稅率由一百二十五法郎提升至二百五十法郎，增長一倍。在美國進口額減少，而「法國對我蛋品銷納量，竟為第二位」，漢口又是國內主要出口地區的情況下，對漢口蛋品加工業不啻又是一重打擊，並直接轉嫁到在漢外資工業上。一九三一年後，武漢蛋品加工工廠僅存七個，全是外資企業，華資工廠均已倒閉，其中德資三個，英資三個，比利時投資興建的一個，且都進行蛋品加工出口業務，國際貿易局勢的惡化直接作用於在漢外資蛋廠，生產經營狀況都出現一定困難。

（三）原材料轉口地位的反向作用

在漢外資工業發展緩慢的另一個重要原因，與武漢的地理位置和商業地位有著重要關係，在一定程度上，武漢商業優勢影響了外資工業投資的熱情。武漢地處華中腹地，是全國重要的農副產品集散地，從漢口開埠開始，就被各外國列強視為廉價工業原料和農副土特產品輸出地，儘管進入二十世紀二〇年代以後，資本輸出已經成為外資侵華的主要方式，但就武漢一隅的實際情況來說，有著獨特的個案特點，外資通過控制原材料進出口貿易就可獲取巨額利潤，造成其工業投資動力不足。武漢的貿易樞紐地

・一九三一年漢口大智門鐵路外英商怡和牛皮廠大樓

位，時人就有洞見，《漢口商業月刊》曾有一篇文章指出：「漢口一埠乃內地之樞紐……蓋其不處海濱，外國航輪，無由直達，只司集中土貨，運滬出口，收納洋貨，散銷內地，最為適宜。」[91] 一九一八年，外國在漢開辦洋行達到一百四十二家，另據一九二四年《在漢口帝國總領事館轄區域內事情》記載，在未將德商洋行統計在內的情況下，當時漢口歐美商行共有 91 家，其中英國 44 家，美國 13 家，法國 11 家，俄國 8 家，義大利 3 家，丹麥 3 家，瑞典 2 家，荷蘭 1 家，外商合資 6 家；日本 75 家；另計葡萄牙、奧地利、土耳其洋行，總數達到 168 家。各洋行基本壟斷了武漢農副產品原材料的出口管道，比如桐油出口貿易，本土開辦該業務的只有聚興誠國際貿易部、得庸公司，而洋行專營以及兼營桐油出口貿易的達到 15 家之多，一九三五年，得庸公司和聚興誠總計出口桐油 38288.9 公擔，只占全年桐油出口額的 10.9%。與之相似，英資洋行在蛋品、紅茶的出口上居於首位，德資洋行在牛羊皮、五倍子等出口中佔有巨大份額，日本洋行在棉花、雜糧、豬鬃的出口貿易中處於壟斷地位，在腸衣出口貿易

91 《漢口商業月刊》1935 年第 2 卷第 2 期，第 17 頁。

上，中資企業更是被完全排除在外。

一九三七年之後，隨著武漢淪陷，日本接管、強佔了大批中資企業，並進一步壟斷工業品原料來源，在漢外資構成上，日資企業一家獨大，外資工業進入到全新的戰時畸形發展時期。

昌明文庫・悅讀歷史　A0604006

武漢近代工業史 第二冊

作　　者　唐惠虎、李靜霞、張穎
版權策畫　李煥芹
責任編輯　呂玉姍

發 行 人　陳滿銘
總 經 理　梁錦興
總 編 輯　陳滿銘
副總編輯　張晏瑞
編 輯 所　萬卷樓圖書股份有限公司
排　　版　菩薩蠻數位文化有限公司
印　　刷　百通科技股份有限公司
封面設計　菩薩蠻數位文化有限公司

出　　版　昌明文化有限公司
桃園市龜山區中原街 32 號
電話 (02)23216565
發　　行　萬卷樓圖書股份有限公司
臺北市羅斯福路二段 41 號 6 樓之 3
電話 (02)23216565
傳真 (02)23218698
電郵 SERVICE@WANJUAN.COM.TW
大陸經銷
廈門外圖臺灣書店有限公司
電郵 JKB188@188.COM

ISBN 978-986-496-506-9
2019 年 3 月初版
定價：新臺幣 480 元

如何購買本書：
1. 轉帳購書，請透過以下帳戶
合作金庫銀行　古亭分行
戶名：萬卷樓圖書股份有限公司
帳號：0877717092596
2. 網路購書，請透過萬卷樓網站
網址 WWW.WANJUAN.COM.TW
大量購書，請直接聯繫我們，將有專人為您服務。客服：(02)23216565 分機 610

國家圖書館出版品預行編目資料

武漢近代工業史　第二冊 / 唐惠虎, 李靜霞, 張穎著. -- 初版. -- 桃園市 : 昌明文化出版 ; 臺北市 : 萬卷樓發行, 2019.03
　冊 ;　公分
ISBN 978-986-496-506-9(第 2 冊 : 平裝). --

1.工業史 2.湖北省武漢市

555.092　　108003229